VANDEYNES & FILS
RELIURE INTRO
BREVETÉ S.G.D.G.

UNE HÉROÏNE
DE LA CHARITÉ

AU DIX-NEUVIÈME SIÈCLE

PAR

LE P. MARCEL BOUIX

DE LA COMPAGNIE DE JÉSUS

LIBRAIRIE VICTOR LECOFFRE

PARIS
90, RUE BONAPARTE, 90

LYON
2, RUE BELLECOUR, 2

UNE HÉROÏNE
DE LA CHARITÉ

SCEAUX. — TYP. CHARAIRE ET FILS

UNE HÉROÏNE
DE LA CHARITÉ
AU DIX-NEUVIÈME SIÈCLE

PAR

LE P. MARCEL BOUIX

DE LA COMPAGNIE DE JÉSUS

LIBRAIRIE VICTOR LECOFFRE

PARIS | LYON
90, RUE BONAPARTE, 90 | 2, RUE BELLECOUR, 2

1880

PRÉFACE

Tandis que, dans ce siècle, une fille de Saint-Vincent de Paul illustrait la capitale par les prodiges de sa charité, une sœur de Nevers faisait éclater dans le midi de la France l'héroïsme de son amour envers les pauvres. Ces deux vierges, dont le nom ne périra jamais, sont Rosalie Rendu et Élisabeth de Brugelles. Nées, l'une à Comfort, au pays de Gex, le 8 septembre 1787, et l'autre à Castelnaudary, le 15 mai 1784, elles sont témoins, dès leurs plus jeunes années, des scènes sanglantes de la Terreur. Rosalie voit l'évêque d'Annecy caché dans la maison de sa mère. Bientôt elle compte un martyr dans sa famille. Son cousin, maire d'Annecy, est fusillé sur la place publique pour n'avoir pas voulu livrer à la profanation et au feu le corps de saint François de Sales.

Élisabeth voit son père, le chevalier de Brugelles, jeté dans un cachot; Claude de Brugelles, son oncle, qui était prêtre, est emprisonné au fort du Hâ, parce qu'il refuse un serment sacrilège.

La vie de ces deux vierges, à cette époque, est celle des premiers chrétiens dans les catacombes. Avec le souvenir, elles en conservent la ferveur. Mûries par de si grandes leçons, voyant le néant de tout ce qui passe, elles se hâtent de s'enchaîner, en qualité de servantes des pauvres, à Celui dont le règne n'aura point de fin. Le 25 mai 1802, Rosalie Rendu est au noviciat des sœurs de Saint-Vincent de Paul, à Paris, et, le 26 septembre 1803, Élisabeth de Brugelles se dirige vers celui des sœurs de Nevers.

Ces deux vierges se montrent bientôt des types accomplis de la vie religieuse. Elles brillent par la sainteté de leur vie, par l'élévation et la beauté de leur caractère, par l'ascendant qu'elles exercent sur les âmes, par l'héroïsme de la charité la plus maternelle. Elles excellent, l'une et l'autre, dans l'art de gouverner saintement leurs compagnes, leur faisant goûter toute la suavité du joug de Jésus-Christ. Pendant plus d'un demi-siècle, la sœur Rosalie est la providence du faubourg Saint-Marceau, à Paris. Mais elle ne peut se renfermer dans de si étroites limites. Comme saint Vincent

de Paul, elle ouvre son âme à toutes les infortunes, et l'action de sa charité devient universelle.
« Les individus, les œuvres, les ordres religieux, l'Église, l'Etat, la société, tout le monde, nous dit son historien[1], s'adressa à elle, et tout le monde fut accueilli ; elle fut, sur la terre, la représentation de la Providence et réalisa, autant qu'il était au pouvoir d'une créature humaine, la promesse de l'Évangile, car elle a ouvert à quiconque a frappé à sa porte, elle a donné à tous ceux qui lui ont demandé, et sa charité a répondu à toute voix qui l'appelait. »

Chaque jour de sa longue carrière est un jour plein, selon l'expression de l'Écriture sainte. Elle laisse après elle les magnifiques créations de sa charité. De son vivant, elle est déjà entourée d'un culte de vénération. A sa mort, le deuil est universel ; on la pleure comme une mère et une sainte. Paris gardera un éternel souvenir de ses funérailles. Le nom béni de cette vierge demeure gravé dans les cœurs. Avec quelle piété filiale on la visite à son tombeau, au cimetière Montparnasse !

En l'appelant à lui, Dieu a voulu que son portrait restât au milieu de nous et qu'une des plus belles vies de ce siècle fût léguée à la postérité.

---

1. M. le vicomte de Melun.

Grâce à l'éminent écrivain qui a si noblement rempli cette mission, la sœur Rosalie vivra d'âge en âge. Elle demeurera au milieu de ses sœurs d'Europe ; elle visitera ses sœurs d'Orient et des autres contrées du monde ; elle encouragera non seulement les filles de Saint-Vincent de Paul, mais encore toutes les servantes des pauvres, à quelque institut qu'elles appartiennent ; elle les affermira dans leur sainte vocation. En récompense de son zèle en cette vie, elle ne cessera de conquérir à Jésus-Christ des âmes jalouses de se dévouer pour les pauvres. Les jeunes vierges, émues de ses exemples, voudront marcher sur les traces de cette sainte héroïne. De siècle en siècle elle répandra, au sein de la société catholique, un parfum de charité, excitant les âmes à aimer Dieu et à se dévouer comme elle au soulagement de toutes les infortunes. Tel est le glorieux avenir de cette vierge, de cette mère des pauvres, de cette femme apostolique, l'honneur de la capitale, de son institut et de l'Église.

Nous mettrons sous les yeux du lecteur, à la fin de cet ouvrage, le tableau des funérailles de la sœur Rosalie. Et comme à côté de sa tombe repose une autre fille de Saint-Vincent de Paul, une des plus illustres conquêtes de la grâce en ce siècle, Natalie Narischkin, née le 6 mai 1820 à Saint-Pétersbourg, et morte en odeur de sainteté à Paris, le 5 août 1874, nous tracerons son portrait historique.

Sans doute la mission remplie par Élisabeth de Brugelles dans le midi de la France est loin d'être aussi éclatante que celle de la sœur Rosalie dans la capitale. Mais quant à l'héroïsme des vertus, on ne sait à laquelle de ces deux vierges il faut décerner la palme. Elles figurent noblement l'une à côté de l'autre.

La charité d'Élisabeth réalise l'idéal de ce que peut faire une vierge qui voit dans les pauvres et les infirmes la personne même du Sauveur du monde. Souvent ce cri sublime s'est échappé de son âme : « Pour moi, je suis forte ; un peu de pain et d'eau me suffit : mais les pauvres sont les membres souffrants de Jésus-Christ ; nous leur devons nos soins les plus tendres ! »

Tandis qu'en 1835 le choléra multiplie ses victimes à Castelnaudary, elle déploie un dévouement surhumain ; elle est l'ange de toute la cité. Pendant toute la durée du fléau, elle ne quitte pas le chevet des cholériques. Jour et nuit, elle est auprès d'eux, leur prodiguant ses soins, les consolant, les préparant à bien mourir.

A la fin de sa carrière, ses vertus éclatent plus héroïques que jamais. Les désastres de la guerre en 1870 peuplent son hôpital de blessés et de malades. Malgré ses quatre-vingt-sept ans, elle les entoure tous des soins les plus maternels ; elle panse leurs blessures, elle console leurs âmes, elle parle du ciel aux mourants et les dispose à paraître devant Dieu.

Son courage, sa charité, eussent encore dominé les fatigues ; mais l'abandon et la captivité du Pape la fausse nouvelle de l'incendie de Rouen et de la mort d'un prince de l'Église, le cardinal de Bonnechose, son ancien évêque, qu'elle vénérait, font à son cœur deux blessures qui l'enlèvent en peu de temps. Le 1er février 1871, elle quitte cette terre. Le récit de ses derniers moments nous montrera comment sait mourir une héroïne de la charité.

Dieu voulait que la mémoire d'Élisabeth de Brugelles, comme celle de la sœur Rosalie, fût transmise à la postérité.

En 1825, au mois de septembre, nous traversions, bien jeune encore, le Midi pour nous rendre au noviciat de la compagnie de Jésus, à Avignon. A l'hôpital de Castelnaudary, gouverné déjà depuis deux ans par Élisabeth de Brugelles, se trouvait une de nos trois sœurs religieuses dans l'institut de Nevers, Marie-Félicité Bouix. Nous ne voulions nous arrêter que quelques heures pour la saluer ; mais la Mère de Brugelles, qui était grande en tout, et qui cédait d'ailleurs, sans le savoir, à une inspiration d'en haut, nous retint près de huit jours. Elle nous traita avec cette bonté, cette noblesse, qui lui étaient naturelles. Nous eûmes alors le bonheur de voir et d'entendre cette grande servante de Dieu. A notre départ, elle nous promit de prier pour nous. Qui eût dit alors que c'était à son futur historien qu'elle faisait cette promesse? C'était pourtant la vérité. Dieu ne nous a point accordé la faveur de revoir sa sainte servante en ce monde; mais à l'heure marquée, le souvenir de cette unique entrevue suffira pour réaliser son dessein.

A notre insu, ce Dieu de bonté nous réservait la grâce d'écrire sur Élisabeth de Brugelles et la grâce incomparablement plus grande d'écrire sur Notre-Dame de Lourdes. Dès l'année 1871, il nous prépare à ce double travail en nous conduisant à la maison mère de Nevers, où habitait Bernadette. Là, sur les instantes prières de la supérieure générale et des sœurs, nous publions successivement les nouvelles *Constitutions* approuvées par Pie IX, la *Vie de Marcelline Pauper écrite par elle-même*, les *Écrits* du fondateur, le Père de Laveyne, et un *Tableau historique* de la congrégation. Une pareille étude nous donnait cette connaissance approfondie de l'institut de Nevers qui nous était nécessaire pour la *Vie d'Élisabeth de Brugelles*. Et d'autre part, nos rapports avec Bernadette de Lourdes nous préparaient à devenir son historien. Jamais néanmoins, durant notre séjour à Nevers, Dieu ne nous donna la moindre pensée de la double mission littéraire qu'il nous réservait.

Deux ans après, en 1873, il réveille en notre âme le souvenir d'Élisabeth de Brugelles, et il nous inspire un ardent désir d'aller prier sur sa tombe. Nous nous rendons à Castelnaudary uniquement dans ce but. Agenouillé devant le saint tombeau, nous nous recommandons à celle qui en 1825 nous avait accueilli avec une charité si maternelle. La considérant dans la gloire, nous lui demandions de nous obtenir une mort aussi sainte que la sienne. Nos visites se multipliaient, nous ne pouvions nous arracher de ce tombeau, parce que nous nous sentions auprès d'une sainte. Le moment de Dieu était venu. Les filles de la vénérable Mère de Brugelles, qui souhaitaient ardemment que sa vie fût écrite, nous disent que notre arrivée est providentielle, et que Dieu nous amène dans ce dessein. Elles nous conjurent d'entreprendre ce travail. Quelques-uns des principaux habitants de la ville nous expriment le même désir. Nous demandons lumière à Dieu, il ne tarde pas à nous la donner. Par une sorte d'intuition, il nous fait voir non seulement le bien spirituel que cette *Vie* doit produire, mais encore l'économie, le plan et la fécondité du sujet. Enfin, tout semble préparé à l'avance pour ce travail. Les documents abondent, les archives de la ville et de l'hôpital sont sous la main. Les témoins qui vont être interrogés sont les hommes les plus graves de la cité, les contemporains de la Mère de Brugelles : c'est le confesseur qui l'a dirigée quarante ans, ce sont ses filles qui ont vécu de longues années avec elle, et une d'entre elles pendant cinquante ans. Une allégresse universelle s'empare des âmes à la pensée que cette *Vie* tant désirée va être écrite ; tous s'estiment heureux d'y concourir ; et grâce à ce pieux élan, en moins de deux mois les éléments de la *Vie d'Élisabeth de Brugelles* se trouvaient entre nos mains.

Notre travail sur Élisabeth de Brugelles était terminé le jour de la fête du Sacré-Cœur de l'année 1875. Un prince de l'Église, le cardinal de Bonnechose, qui avait intimement connu la servante de Dieu quand il était évêque de Carcassonne, recevait en hommage le premier exemplaire de notre livre, et nous écrivait en ces termes :

« Montivilliers, le 2 juillet 1875.
« En visite pastorale.

« Mon révérend Père,

« J'apprends par votre lettre du 30 juin que vous avez bien voulu m'envoyer à Rouen la *Vie de la Mère Élisabeth de Brugelles*, composée par vous. Je vous suis très reconnaissant de votre attention, et je vous prie d'en recevoir mes bien sincères remerciements. C'est une excellente pensée que vous avez eue de perpétuer ainsi le souvenir de cette sainte religieuse : son exemple sera de la plus grande utilité à celles qui lui survivent. Je crois, comme vous, que nous pouvons la supposer au ciel, et ainsi compter sur sa charitable intercession.

« Selon votre désir, je prie Dieu de vous bénir, et je vous offre l'assurance de mes sentiments bien affectueux en Notre-Seigneur.

« † H., Cardinal DE BONNECHOSE,
« Archevêque de Rouen. »

Tous les lecteurs de la *Vie d'Élisabeth de Brugelles* ont reconnu et admiré en cette vierge une véritable héroïne de la charité.

Une des personnes dont le jugement est du plus grand poids en cette matière, la supérieure générale des sœurs de Saint-Vincent de Paul, avait à peine parcouru la *Vie d'Élisabeth de Brugelles*, qu'elle éprouvait pour cette héroïne ces sentiments d'admiration que nous éprouvons tous pour la sœur Rosalie. Elle voudra bien nous permettre de publier ici la lettre qu'elle nous a écrite :

« Paris, 31 juillet 1875.

« Mon très révérend Père,

« Une absence un peu prolongée dans le Midi, où m'avaient appelée les récents malheurs de l'inondation, m'a privée de recevoir votre bienveillante visite; mais, ma sœur économe m'ayant remis ce matin le livre dont vous avez daigné me faire hommage, je ne veux pas tarder à vous en exprimer ma sincère reconnaissance, regrettant, mon révérend Père, l'intervalle déjà trop long qui s'est écoulé depuis que vous m'avez fait l'honneur de me destiner cet intéressant ouvrage.

« Je viens de parcourir rapidement ce volume, et ce sera avec un véritable intérêt que je prendrai connaissance de la *Vie de Mme Élisabeth de Brugelles;* les exemples de charité qu'elle renferme, et que vous avez reproduits avec tant de charme et de piété, apportent avec eux un encouragement tout particulier et font naître dans l'âme un désir toujours plus ardent de pratiquer une vertu si chère au divin Cœur de Jésus. C'est donc pour moi, mon révérend Père, un devoir et une consolation de vous témoigner ma reconnaissance, et je me ferai un plaisir de recommander la lecture d'une *Vie* si édifiante aux personnes avec lesquelles j'ai quelques relations.

« La Providence ayant permis que je vous adresse ces lignes le jour même de la fête de votre saint Fondateur, permettez-moi de vous demander un souvenir particulier dans les prières que vous lui adresserez, et, en vous priant aussi de penser quelquefois à notre communauté dans vos saints sacrifices, j'ai l'honneur d'être, avec un très profond respect en l'amour de Notre-Seigneur,

« Mon très révérend Père,

« Votre très humble servante,

« Sœur L. Lequette,

« Supérieure générale de la compagnie des Filles de la Charité de Saint-Vincent de Paul. »

A Londres, les catholiques qui ont lu cette *Vie* saluent avec un ineffable respect la vierge chrétienne qui, pendant près d'un siècle, s'est immolée au service des pauvres. Lady Georgiana Fullerton, si connue dans le monde littéraire et qui vient de publier elle-même la *Vie* d'une des vierges les plus apostoliques que l'Espagne ait données à l'Église, *Louise de Carvajal*, nous parle en ces termes de l'héroïne de Castelnaudary :

« Mon révérend Père,

« Je vous remercie sincèrement d'avoir bien voulu m'adresser la *Vie* de la sainte sœur Élisabeth de Brugelles.

« C'est bien des âmes vaillantes et dévouées comme celle de cette héroïque religieuse dont nous aurions partout besoin de nos jours. Puissent vos pieux efforts pour la faire connaître et honorer et votre beau travail éveiller dans les cœurs le désir de l'imiter!

« Je vous prie, mon révérend Père, de vouloir bien agréer l'expression de ma reconnaissance et de mes sentiments les plus distingués.

« Georgiana Fullerton.

« Londres, 8 novembre 1875. »

La *Vie* d'une héroïne de la charité, on le voit, a le grand privilège de plaire à toutes les classes de la société catholique et de faire du bien à toutes les âmes. Qui peut s'empêcher d'admirer une vierge qui, par amour pour Jésus-Christ, fait des prodiges pour soulager ses membres souffrants? et qui, par de tels exemples, ne se sent encouragé à servir Dieu?

Mais il est un âge et une classe de personnes sur lesquels les *Vies* des héroïnes de la charité produisent une impression particulièrement salutaire. Ce sont les jeunes filles chrétiennes qui vont terminer leur éducation ou qui, l'ayant terminée, vont bientôt prendre leur place dans la société. Si Dieu les veut dans le monde, à l'école de ces héroïnes, elles deviendront des femmes fortes, selon l'expression de l'Écriture; elles apprendront quelles sont les souffrances et les misères de l'humanité ; elles partageront l'amour de ces vierges pour les membres souffrants de Jésus-Christ et leur dévouement à les soulager. Elles puiseront dans ce sublime exercice de la charité le mépris des vanités du monde. Pleines de la pensée de l'éternité, elles la prendront pour règle de leur conduite. Elles auront sans cesse devant elles la lumière de cette parole de Jésus-Christ : *Que sert à l'homme de gagner l'univers, s'il vient à perdre son âme ?* On verra alors des femmes chrétiennes modèles, des mères de famille accomplies. Par le doux empire de leurs exemples, elles entraîneront avec elles au ciel tous ceux qui leur sont chers, et, comme Jésus-Christ, elles passeront en ce monde en faisant le bien.

Quant aux jeunes vierges en qui Dieu aurait mis le germe de la vocation à l'état religieux, elles sentiront ce germe se développer en lisant les *Vies* de ces saintes héroïnes, et Dieu leur fera connaître l'institut auquel il les appelle.

Ainsi, transmettre aux âges futurs les *Vies* de ces héroïnes de la charité, c'est perpétuer dans les siècles à venir l'éloquente prédication de leur sublime dévouement et de leurs vertus.

Élevons-nous maintenant, par la pensée, jusqu'à la céleste patrie. Quel bonheur pour ces deux illustres servantes des pauvres, Rosalie Rendu et Élisabeth de Brugelles, de suivre du regard, des hauteurs de la gloire et du sein de la vision béatifique, le bien qu'elles vont continuer de faire de siècle en siècle jusqu'au dernier jour du monde !

Avant de publier cette nouvelle édition, nous avons soumis notre livre à Son Éminence le cardinal Desprez, archevêque de Toulouse, et à Mgr Forcade, ancien évêque de Nevers et supérieur général des sœurs de Nevers, aujourd'hui archevêque d'Aix. Voici les lettres dont ils ont daigné nous honorer :

LETTRE

De Son Éminence le cardinal Desprez, archevêque de Toulouse, au Père Marcel Bouix, à Paris.

« Mon cher et révérend Père,

« Avec Son Éminence le cardinal de Rouen, je vous félicite du fond du cœur d'avoir écrit la vie d'une des plus illustres héroïnes de la charité au xixe siècle. Ce livre sera lu avec le plus haut intérêt. Élisabeth de Brugelles justifie toujours son titre d'héroïne; mais autour d'elle que de nobles et saintes figures! Que de familles en France retrouvent dans ces pages les plus honorables souvenirs! Ce ne sont pas seulement les religieuses vouées au soulagement des pauvres, mais toutes les classes de la société chrétienne qui par cette lecture se sentiront élevées vers Dieu et animées à le servir. Ainsi, en transmettant à la postérité une vie si belle aux yeux de la foi, vous avez bien mérité de l'Église, et en particulier de la congrégation des sœurs de Nevers, à laquelle vous avez déjà rendu de si éminents services par vos soins à publier ses nouvelles *Constitutions*, les *Écrits* de son fondateur, et la *Vie de Marcelline Pauper écrite par elle-même*. Nul doute que toutes les supérieures et toutes les religieuses de cet institut, qui vous doivent une grande reconnaissance, ne rivalisent de zèle à lire et à propager un livre si utile à la piété chrétienne.

« Veuillez, mon cher et révérend Père, agréer la nouvelle assurance de mon affectueux dévouement en Notre-Seigneur Jésus-Christ.

« † FLORIAN, cardinal DESPREZ,
« Archevêque de Toulouse

« Toulouse, le 12 décembre 1878. »

LETTRE

*De Monseigneur Forcade, archevêque d'Aix,
au Père Marcel Bouix, à Paris.*

« Mon révérend Père,

« Lorsque j'avais l'honneur d'être évêque de Nevers, j'ai bien connu la Mère Élisabeth de Brugelles dont vous venez de m'envoyer la *Vie*. Je ne saurais assez vous féliciter et vous remercier de faire connaître une vie si édifiante et si belle.

« Elle n'est pas seulement destinée à jeter un nouvel éclat sur le grand et célèbre institut de mes anciennes et toujours chères filles de Nevers, mais elle manifestera de plus en plus au monde combien *Dieu est admirable dans ses saints.*

« Les deux sexes et tous les âges, dans n'importe quelle condition, y trouveront leur profit. Elle fera peut-être encore plus de bien aux esprits irréligieux qu'aux âmes pieuses. Mettre sous les yeux du public une telle existence, n'est-ce pas répondre de la manière la plus péremptoire aux mensonges et aux calomnies que la haine de Dieu et de son Église sème de nos jours en tous lieux contre les congrégations religieuses[1] ?

« Agréez, mon cher et révérend Père, mes félicitations et mes remerciements réitérés, avec l'assurance de mon respectueux et bien affectueux dévouement en Notre-Seigneur.

« ☩ AUGUSTE,
« Archevêque d'Aix.

« Aix, le 21 décembre 1878. »

---

1. A la fin de sa lettre, Mgr Forcade nous invite, dans les termes les plus honorables pour nous, à écrire la *Vie* de la dernière supérieure générale des sœurs de Nevers, la Mère Joséphine Imbert. Mais comme cette invitation si bienveillante est étrangère au jugement qu'il porte sur le présent livre, il nous a semblé superflu de la mettre sous les yeux du lecteur.

PROTESTATION DE L'AUTEUR

Voulant obéir d'esprit et de cœur au décret du pape Urbain VIII, par lequel il est ordonné que celui qui compose la *Vie* de quelque personne de grande vertu se déclare sur certains chefs, je proteste que je n'ai dessein de faire entendre à personne tout ce qui est rapporté en cet ouvrage en autre manière qu'en celle qu'on a coutume de prendre les choses qui ne sont appuyées que sur la foi et le témoignage des hommes, et non sur l'autorité de la sainte Église.

UNE HÉROÏNE
DE LA CHARITÉ
AU DIX-NEUVIÈME SIÈCLE

CHAPITRE PREMIER

Coup d'œil général sur les congrégations hospitalières et enseignantes, et sur les congrégations uniquement vouées aux œuvres de charité, dans ces derniers siècles. — Sublimité et sainteté de leur mission. — Charité héroïque des religieuses de ces divers instituts. — Jésus-Christ source unique de cet héroïsme, et son éternelle récompense dans le Ciel.

Au XVIIe siècle, Dieu donne à son Église un saint qui sera, jusqu'à la fin des temps, la plus touchante image de sa miséricorde sur la terre. C'est saint Vincent de Paul. Ce que furent, dans leur mission respective, les grands fondateurs d'Ordres, ces patriarches pères d'une innombrable postérité, les saint Benoît, les saint François d'Assise, les saint Dominique, les saint Ignace, saint Vincent de Paul l'a été dans la mission qu'il a reçue du Ciel : il est le patriarche de la charité dans ces derniers siècles. Ce que le génie des autres fondateurs a fait pour étendre le règne de Dieu par la vie monastique, par les prédications, par la science, par l'enseignement, par les missions apostoliques dans les diverses contrées du monde, le génie de saint Vincent de Paul l'a opéré par la charité. Il a vu, d'un regard, toutes les misères, les souffrances de l'humanité, et il a entrepris de les soulager toutes. Il a fondé dans ce but les sœurs de la Charité. Il leur a inspiré son esprit, il les a ainsi investies de la toute-puissance de Dieu, pour soulager toute souffrance et toute douleur.

L'apôtre saint Jean, qui a reposé sur le cœur de Jésus-Christ, qui a fondé et gouverné toutes les églises d'Asie, prolonge ses jours jusqu'à une extrême vieillesse. Ce cœur, sur lequel il s'était reposé, ne cessait d'épancher dans le sien ses lumières et ses flammes, et le disciple bien-aimé en a inondé toute le terre par ses écrits. De même Vincent de Paul, le tendre ami du Sauveur du monde, arrive jusqu'aux derniers confins de la vie humaine. Pendant le cours de tant d'années, le divin Maître se plaît à épancher dans le cœur de son ami les trésors infinis de la charité, dont son cœur est la source vivante. S'il le laisse si longtemps en ce monde, c'est afin que son cœur puise et concentre en lui une telle plénitude de charité, que cette charité en déborde comme d'une source inépuisable, pour remplir, jusqu'à la fin des temps, les âmes de ses filles spirituelles.

Saint Vincent de Paul, comme saint François-Xavier, est connu de toute la terre; il jouit comme lui d'une popularité universelle. De même que tous les missionnaires saluent Xavier comme leur patron et leur type accompli, de même dans le monde entier, tous les serviteurs, toutes les servantes de Jésus-Christ, voués au service de ses membres souffrants, saluent Vincent de Paul comme leur protecteur et leur glorieux modèle. Xavier porte la bannière de l'apostolat, Vincent de Paul celle de la charité.

A peine cet homme de Dieu avait-il arboré cette bannière dans la capitale de la France, que la compagnie des sœurs de la Charité était florissante. Dans chacune de ses filles, on saluait et on révérait le saint fondateur. Rien de plus universellement connu, estimé et aimé que ces servantes des pauvres. Aussi toute la France aimait à devenir tributaire de cet institut. Dans toutes les classes de la société, les familles donnaient avec bonheur à saint Vincent de Paul une servante de Dieu et des pauvres. Leur nombre s'accroît jusqu'à la Révolution française. Au commencement de ce siècle, aussitôt qu'elles apparaissent avec leur vénérable costume, les grandes cités et les populations de la France les saluent avec transport et les accueillent comme des anges tutélaires. Avec quelle rapidité elles réparent les ruines des demeures des pauvres, ravagées ou démolies par l'impiété! Quels prodiges de charité envers nos soldats pendant les guerres de l'Empire! Et quel bien, que d'œuvres de charité dans toute la France! Et quelle bénédiction du Ciel se répand sur elles! Que de colonies envoyées aux plus lointains pays, en Asie, en Afrique, en Amérique! A l'époque où nous sommes parvenus, les voilà au nombre de vingt à vingt-cinq mille, continuant d'un pôle à l'autre l'apostolat du saint patriarche de la charité.

Durant la guerre d'Orient, quand notre armée était

décimée par le choléra et les maladies, avec quel admirable dévouement les filles de Saint-Vincent de Paul se sont montrées dignes de leur fondateur et de leur père! Que d'infortunés sauvés par leurs soins! A combien de nos soldats, moissonnés sous leurs yeux par le fléau, leur charité, leurs saintes paroles ont ouvert le Ciel! Elles ranimaient en ces hommes la foi de leur enfance, et ils se confessaient et mouraient en chrétiens. Tant qu'a duré le fléau, elles sont restées à leur poste d'honneur, au chevet des malades et des moribonds. Plusieurs sont tombées glorieusement sur ce champ de bataille de la charité, et ont cueilli la palme du martyre. Leur conduite a jeté tout l'Orient dans l'admiration. Elles ont fait bénir le nom de Dieu, de l'Église catholique et de la France!

Lorsqu'en 1870 nous avons vu la France envahie par l'armée étrangère, les filles de Saint-Vincent de Paul ont déployé le même héroïsme qu'en Orient. Il faudrait des volumes pour raconter les prodiges de leur charité. Ce qui sera un éternel honneur pour l'Église de Dieu et pour la France, c'est le dévouement surhumain avec lequel toutes nos congrégations hospitalières ont imité les filles de Saint-Vincent de Paul. Les hôpitaux, les ambulances ont été témoins des plus prodigieuses merveilles. Ces diverses congrégations ont eu la gloire de voir plusieurs de leurs religieuses tomber à ce champ d'honneur et moissonner la palme de la charité. Ce dévouement céleste de nos héroïnes chrétiennes ne s'effacera jamais du souvenir de l'armée française.

A côté de l'institut des filles de Saint-Vincent de Paul,

combien d'autres congrégations qui, par l'héroïsme de leur charité, illustrent l'Église catholique! Parlons d'abord de celles qui se sacrifient à la cause de Dieu et des âmes dans les missions.

Au commencement de ce siècle, tandis que les congrégations religieuses se réorganisaient, Dieu avait préparé dans un petit village de la Bourgogne, nommé Chamblanc, un nouvel institut de vierges chrétiennes qui devait servir l'Église, non seulement en France et en Europe, mais encore et surtout dans les pays les plus lointains et les plus destitués des secours de la religion. Ce nouvel institut, apostolique dans son essence, est celui de Saint-Joseph de Cluny. La main de Dieu resplendit dans ses origines et dans ses rapides accroissements. L'histoire de l'Église n'offre rien de plus touchant que la fondation de cet institut. Une humble famille, portant le nom de Javouhey, donne à Jésus-Christ quatre vierges, quatre sœurs qui seront les premières pierres de l'édifice. Éclairées et enflammées par le Saint-Esprit, elles se dévouent ensemble à la plus sainte des missions. L'aînée de ces quatre sœurs est celle que Dieu a choisie pour marcher en tête des autres. Nous allons voir à quelle école il la forme, et comment il la prépare à sa haute mission.

En 1793, Anne-Marie Javouhey avait quatorze ans. Elle fut donc témoin des scènes sanglantes de la Terreur. Cette âme, que Dieu avait faite si grande, vit, à cette formidable lumière, le néant de tout ce qui est terrestre et mortel. Pour elle, s'enchaîner à Dieu n'est pas assez. Consumée de la flamme apostolique, elle veut le faire régner dans les cœurs et étendre son empire dans le monde entier. Les orphelins, les enfants pauvres, les populations les plus délaissées, les malades des hôpitaux sont d'abord l'objet de sa sollicitude. Mais pressée comme Paul par la charité de Jésus-Christ, elle brûle de le faire connaître et aimer de tous les peuples de la terre. Le Saint-Esprit, qui allume en elle ces grands désirs, se plaît à lui montrer comment il veut qu'elle les mette à exécution. Au sein de la solitude et au milieu des exercices d'une retraite, il lui fait voir tout à coup, dans une lumière surnaturelle, les habitants des divers pays qu'elle doit aller secourir : des nègres, et d'autres hommes de différentes couleurs; ils sont là devant elle, et semblent implorer sa charité. Par cette vision, Dieu achève de révéler à la fondatrice tout le plan de son institut.

En 1805, Anne-Marie Javouhey reçoit, à Châlon-sur-Saône, la bénédiction de Pie VII. On peut dire que saint Pierre, par son successeur, la confirme alors dans son dessein d'appartenir tout entière à Jésus-Christ, et lui communique la grâce de l'apostolat.

Dès le 12 mai 1807, elle jette les fondements de son institut à Châlon-sur-Saône ; elle l'établit sur les bases que nous lui voyons aujourd'hui. Dieu se complaît à le bénir, il lui envoie des sujets choisis. Bientôt il lui ouvre le vaste champ qu'il lui destine.

En 1816, la Restauration appelle la congrégation de Saint-Joseph de Cluny dans les colonies françaises d'Afrique et d'Amérique. La vénérable et magnanime fondatrice s'empresse de répondre à l'appel du gouvernement. Dès cette époque, les départs des religieuses se succèdent. En 1817 et 1818, elles s'établissent à l'île de la Réunion (île Bourbon). Elles sont à Saint-Louis du Sénégal en 1819 ; à Gorée, à Cayenne, à la Guadeloupe en 1822 ; à la Martinique en 1824 ; à Saint-Pierre et Miquelon en 1826 ; à Pondichéry en 1827.

La fondatrice voulut conduire elle-même à Gorée la petite colonie destinée à cette mission. Là, apprenant que la peste fait d'affreux ravages dans les possessions anglaises de Sainte-Marie, de Gambie et de Sierra-Leone, elle vole à leur secours et va s'enfermer dans les hôpitaux des pestiférés, les assistant nuit et jour avec la tendresse d'une mère. Un des fruits de ce dévouement sublime fut la fondation d'un établissement, aujourd'hui très prospère, dans ces contrées.

Rentrée au Sénégal, elle s'occupe des intérêts religieux de ce pays. Et, après avoir affermi la maison qu'elle a fondée, elle revient en France.

En 1835, elle part pour la Guyane française. Le gouvernement lui confiait la difficile mission de préparer à la liberté environ six cents noirs qu'il avait réunis sur les bords de la Mana. La vénérable mère consacre sept années de sa vie à cette œuvre si apostolique. Secondée par ses filles, non seulement elle initie ces pauvres noirs aux bienfaits de la civilisation et de la liberté, mais elle les transforme en une population chrétienne. Son souvenir est encore vivant dans ces pays, et la colonie de la Mana est restée la plus chrétienne de la Guyane.

Non contente de cette grande œuvre, qui suffirait pour

faire bénir à jamais sa mémoire, Anne-Marie Javouhey abrite encore sous les ailes de sa charité maternelle les lépreux de la Guyane, qui vivaient dans l'isolement et l'abandon. Elle les réunit, au nombre de quatre-vingts, sur les bords de l'Acarouany, affluent de la Mana. Là, avec ses filles, en soignant la lèpre du corps, elle travaille surtout à guérir la lèpre de l'âme. Étonnés, attendris de tant de dévouement, ces infortunés croient à la divinité d'une religion qui leur envoie de si loin ses anges, et ils font de leurs souffrances le degré par lequel ils montent au Ciel. A partir de cette époque la léproserie de l'Acarouany a toujours été sous la direction des sœurs de Saint-Joseph de Cluny.

Ce ne sont pas seulement les noirs de la Guyane qui durent leur régénération sociale aux sœurs de Saint-Joseph de Cluny. A l'époque où se fit l'émancipation générale des esclaves, elles les prirent partout sous la protection de leur charité. Elles travaillèrent avec un merveilleux succès, de concert avec le clergé, à initier cette population inculte et grossière à la connaissance et à la pratique des devoirs du christianisme. Et de nos jours, elles continuent dans toutes nos îles cette mission de zèle et de charité.

L'institut de Saint-Joseph de Cluny est répandu dans toutes les colonies françaises, à l'exception de l'Algérie et de la Cochinchine. Il y a été appelé par le gouvernement pour y être chargé de l'éducation de la jeunesse, ainsi que du service des hôpitaux dans la plupart de nos possessions. Toutes les écoles de jeunes filles sont entre ses mains. Nous dirons ici, avec un publiciste moderne : « Cette congrégation s'est donc portée en peu d'années dans les pays les plus lointains, et elle s'y occupe spécialement des races les plus déchues, faisant face à tous leurs besoins, bravant tous les dangers. Et partout ses œuvres se sont développées avec une puissance que Dieu seul peut donner ! »

De nos jours, en mars 1879, l'institut fondé par la vénérable mère Anne-Marie Javouhey, compte en France, douze cent soixante-dix-huit sœurs, et dans les pays d'outre-mer et autres pays étrangers, sept cent quatre-vingt-neuf, en tout deux mille soixante-sept. Ses noviciats, à la même époque, renferment quatre cent vingt-deux novices ou postulantes. Dans ses pensionnats, écoles, asiles, orphelinats, tant en Europe que dans les autres parties du monde, il compte environ trente-quatre mille cinq cents élèves. Il donne en outre ses soins à environ neuf mille malades, vieillards, aliénés, soit en France, soit dans les pays étrangers.

Voici les différentes contrées du monde où l'institut des sœurs de Saint-Joseph de Cluny exerce son apostolat : il possède en France où il a été fondé, quatre-vingt-dix maisons, et six noviciats dont le principal est à la maison mère, à Paris, rue du Faubourg-Saint-Jacques, près de l'Observatoire. Il a des maisons à Rome et à Dublin.

Dans les colonies et les divers pays de mission, il possède cent trente-sept établissements, successivement fondés à la Martinique, à la Guadeloupe, à la Réunion (île Bourbon), à la Guyane, au Sénégal, à Pondichéry, à Chandernagor, à Karikal, à Saint-Pierre et à Miquelon, à la Nouvelle-Calédonie, à Taïti, aux îles Marquises, à Madagascar, aux Seychelles, à Sierra-Leone, à la Trinidad, à Haïti, à Lima.

En 1851, le 15 juillet, Anne-Marie Javouhey termine à Paris sa sainte carrière. Elle bénit, en mourant, sa famille spirituelle, et s'envole au Ciel avec cette soif de voir Dieu qui embrasait, à leur dernière heure, les apôtres et les martyrs de Jésus-Christ.

La maison mère, n'ayant point encore d'église pour y inhumer son corps, le transfère à Senlis, mais elle garde son cœur. A peine la magnifique église gothique qu'elle possède aujourd'hui est-elle achevée, qu'elle s'empresse de déposer dans une des chapelles de la crypte ce cœur qui lui est si cher. Là, du haut d'un beau monument de marbre, il continue de parler aux cœurs de ses filles. Au pied de ce monument reposent deux sœurs de la sainte fondatrice, Marie-Joseph et Rosalie Javouhey, toutes deux dignes d'elle : la première décédée le 20 juillet 1863, et la seconde le 11 mai 1868. La mère Rosalie avait succédé à la fondatrice dans le gouvernement de l'institut; et l'érection de l'église de la maison mère a été la couronne de tous ses travaux.

Quand on regarde attentivement ce que Dieu avait mis de trésors de grâce dans Anne-Marie Javouhey, et ce qu'il a fait de prodigieux par elle; quand on considère sa force d'âme, la grandeur de son caractère, l'élévation de son génie, l'étendue de sa sagesse, son zèle apostolique, sa soif de la gloire de Dieu, ses voyages sur l'océan et dans les climats les plus inhospitaliers, sa charité sans limites, sa tendre compassion pour les races les plus déchues, les plus abandonnées, les secours spirituels et temporels qu'elle leur assure, son courage à s'enfermer au milieu des pestiférés, sa tendresse maternelle pour eux ; quand on voit une seule femme laisser, dans les deux hémisphères, tant d'impérissables monuments de sa charité, tant de maisons florissantes de son institut et près de deux mille cinq cents compagnes militant de nos jours sous sa bannière, on ne peut s'empêcher de saluer en cette vénérable vierge une des plus belles gloires de l'Église et de la France, et la première héroïne de la charité au xixe siècle.

Fondées au commencement du dernier siècle, les sœurs de Saint-Paul de Chartres sont, elles aussi, aux postes les plus ardus de la charité. Elles ont à Cayenne un des deux hôpitaux de lépreux, et les autres établissements des déportés. De plus, elles administrent plusieurs hôpitaux militaires de nos colonies.

Le doigt de Dieu est visible dans les origines et les progrès de cet institut. Marie Micheau, sa fondatrice, et mesdemoiselles de Tilly et du Tronchay, qui lui succèdent, se montrent de magnanimes servantes de Jésus-Christ. Elles ont transmis à leurs filles toute la grandeur de leur charité. Saint-Paul de Chartres est en ce siècle ce qu'il fut au siècle dernier : un institut béni du Ciel, cher au clergé, aux populations catholiques, aimé de nos marins, de nos soldats, et respecté des peuples étrangers au milieu desquels il a implanté sa sainte bannière.

Un autre institut, également fondé au dernier siècle,

les sœurs de la Providence de Portieux (diocèse de Saint-Dié) fleurit en France et a des établissements dans les missions. Il est la création d'un homme apostolique, d'un prêtre de la société des Missions-Étrangères, de l'abbé Moije, mort en odeur de sainteté, le 4 mai 1793.

La bénédiction du Ciel a été telle sur cet institut, qu'en l'année 1869 il a pu présenter à Pie IX ce tableau :

RELIGIEUSES	ÉTABLISSEMENTS	ÉLÈVES
4,907.	1,640.	132,800 [1].

Cet institut a plusieurs maisons en Cochinchine et au Cambodge.

Nous citerons encore deux sociétés qui ne datent que du milieu de ce siècle, et qui partagent, dans les missions, l'aspotolat des quatre instituts dont nous venons de parler. La première est la société de Marie-Réparatrice, fondée à Paris par une femme embrasée du zèle de la gloire de Dieu, la noble fille du comte d'Oultremont, ancien ambassadeur de Belgique à Rome. Le 8 décembre 1854, la fondatrice s'était engagée, en présence de Notre-Seigneur, à jeter sans délai les fondements de l'institut dont il lui avait inspiré la pensée. C'était, comme on le voit, le jour même où Pie IX promulguait à Rome la définition du dogme de l'Immaculée Conception. Un institut destiné à glorifier la Vierge ne pouvait naître en plus beau jour. La société de Marie-Réparatrice a sa maison mère à Rome. Outre les maisons qu'elle possède en France, à Paris et dans les princi-

1. Voir la *Vie* du fondateur.

pales villes, elle en a de non moins florissantes en
Angleterre, en Espagne, en Belgique. Mais, aspirant à
étendre le règne de Jésus-Christ, elle a envoyé plusieurs
colonies dans les Indes, dans la mission de Saint-
François-Xavier. Là, les religieuses de Marie-Réparatrice, outre le culte solennel qu'elles rendent au très
saint Sacrement, dirigent les divers établissements
qu'elles ont fondés : hôpital, crèches, ouvroirs, orphelinats, associant à leurs travaux les femmes indiennes
qu'elles ont formées au service des pauvres et des malades. Elles élèvent les jeunes filles, elles enseignent
la doctrine chrétienne ; en un mot, elles partagent, autant
qu'il est en leur pouvoir, les travaux apostoliques des
successeurs de saint François-Xavier.

La seconde de ces sociétés est celle des Auxiliatrices
des Ames du Purgatoire. C'est le 19 janvier 1856 que
Paris vit naître cet institut si apostolique, si populaire,
si cher à tous les enfants de l'Église. Sa fondatrice est
une vierge chrétienne en qui Dieu avait mis avec complaisance les trésors de ses lumières et de ses grâces,
Eugénie-Marie-Joséphine Smet de Montdhiver, née à
Lille, le 25 mars 1825, et alliée à la plus ancienne aris-
tocratie du Nord. Elle consacre sa vie à la sainte cause
du purgatoire ; en quittant cet exil, elle laisse son institut florissant et affermi. Il est à Paris et dans les principales villes de France ; il est à Londres et à Bruxelles.
il a encore des maisons en Chine, où les œuvres de
la charité et de l'instruction chrétienne marchent de
front. Les Auxiliatrices rapportent toutes ces œuvres
à la fin principale de leur institut, qui est le soulage-

ment des âmes du purgatoire. Le concours qu'elles ont donné aux missionnaires est immense, et montre bien que Dieu est avec elles.

Venons maintenant aux congrégations hospitalières et enseignantes ou uniquement vouées aux œuvres de charité, qui, sans aller aux missions, exercent leur apostolat dans notre France. Ces congrégations, partout florissantes, partout répandant la bonne odeur de Jésus-Christ, sont glorieusement si nombreuses, qu'il ne nous est pas même possible de les énumérer ici ; nous en citerons seulement quelques-unes : — Les sœurs de Saint-Thomas de Villeneuve, fondées en 1658, dont la maison mère est à Paris, rue de Sèvres. Entre autres œuvres de charité, les religieuses de cette maison font plus de douze mille pansements gratuits par an. — Les sœurs de la Charité de Bourges, fondées un peu avant celles de Nevers. — Les sœurs de la Charité et de l'Instruction chrétienne de Nevers, fondées en 1682, dont nous tracerons le tableau historique dans le cours de cet ouvrage. — Les sœurs de la Providence de Metz. — Les sœurs de Saint-Charles de Nancy. — Les sœurs de Saint-Charles de Lyon. — Les sœurs de la Charité de Besançon. — Les hospitalières de la Franche-Comté et de la Suisse. — Les sœurs de Saint-Joseph de Bourg. — Les sœurs Trinitaires de Valence. — Les sœurs de la Sagesse, dont la maison mère est à Saint-Laurent en Vendée. — Les sœurs de la Charité de la congrégation d'Évron, diocèse du Mans. La congrégation compte près de deux mille religieuses et trois cent vingt-six établissements. — Les sœurs de la Charité de la Congrégation de la

Providence, institutrices et hospitalières (maison mère à Ruillé-sur-Loir). — Les sœurs de Saint-Alexis (maison mère à Limoges). — Les sœurs de Marie-Joseph ; elles ont leur maison mère au Dorat, et se vouent spécialement au service des prisons. — Les filles de la Croix, sœurs de Saint-André (maison mère à la Puye, diocèse de Poitiers). — Les sœurs de Saint-Augustin (maison mère à Abbeville). — Les sœurs de la Présentation de Tours. — Les religieuses du Bon-Pasteur (maison mère à Angers). — Les filles de la Charité de Sainte-Marie (maison mère à Angers). — Les religieuses du Bon-Sauveur de Caen. — Les sœurs de la Conception, institutrices et hospitalières, de Bordeaux. — Les religieuses de la Miséricorde, fondées à Bordeaux par la célèbre Térèse Lamouroux au commencement de ce siècle Maison florissante du même institut à Laval. — Les sœurs de Notre-Dame du Bon-Secours, garde-malades, fondées en 1822 à Paris. — Les sœurs de Bon-Secours de Troyes. — Les sœurs de Notre-Dame du Calvaire, fondées à Gramat (Lot) en 1833. Entre autres œuvres, elles se dévouent au soin des aliénés. — Nous nous arrêtons, dans ce dénombrement, aux Petites-Sœurs des Pauvres, si populaires, déjà répandues en Europe, et comptant près de trois mille religieuses. Pour les autres congrégations si nombreuses que nous aurions encore à nommer ici, nous renvoyons le lecteur à la *France ecclésiastique*, qui en présente le tableau complet.

Dans ces divers instituts, ce qui est commun à toutes les vierges chrétiennes qui s'y enrôlent, c'est qu'elles dédaignent le siècle et le foulent aux pieds. Elles quittent souvent ce que le siècle appelle les plus brillantes espérances. Leur unique ambition est de s'enchaîner à Jésus-Christ pour se sacrifier à lui jusqu'au dernier soupir, par les œuvres de charité ou par l'instruction chrétienne.

Un très grand nombre d'elles s'expatrient. Les filles de Saint-Vincent de Paul sont dans le monde entier. L'institut de Saint-Joseph de Cluny compte huit cents de ses sœurs en pays étrangers. Saint-Paul de Chartres, la Providence de Portieux, Marie-Réparatrice, les Auxiliatrices du Purgatoire et d'autres instituts, envoient aussi de leurs sujets partager les travaux des missionnaires dans diverses contrées du monde. Les climats brûlants, les terres les plus inhospitalières ne les effrayent pas. Au milieu des souffrances et des privations, elles tressaillent de bonheur pourvu qu'elles secondent le ministère des hommes apostoliques qui évangélisent ces contrées, et qu'avec eux elles ouvrent le Ciel à des âmes rachetées par le sang divin de Jésus-Christ. Il n'est aucun péril devant lequel leur charité recule. Le martyre est à leurs yeux la palme des palmes, la récompense suprême !

Une autre gloire commune aux vierges qui s'enchaînent à Jésus-Christ dans ces divers instituts, c'est de surpasser par la grandeur de leur charité la grandeur des maux qui accablent l'humanité souffrante. Les plaies à panser, la vue des ulcères, les maladies les plus effrayantes, le typhus, le choléra, la lèpre, la peste, non seulement les trouvent invincibles et sereines, mais encore remplies d'une inépuisable charité et d'une tendresse maternelle pour tous les infortunés atteints par ces maux.

Pour ce qui est de l'instruction chrétienne, ces vierges déploient, dans tous les pays, le même zèle, la même constance, le même héroïsme. Elles sont au comble du bonheur d'enseigner Jésus-Christ aux âmes qu'il a rachetées ; et mourir en les initiant à la science du salut est toute leur ambition et leur vœu le plus cher.

Ces femmes, ces vierges qui ont un courage plus que viril, sont l'honneur de l'humanité. Elles en sont les anges tutélaires. La France est leur pays natal par excellence ; nul autre royaume dans la catholicité n'en présente à l'Église des légions si nombreuses. Et, à l'heure qu'il est, ces vierges magnanimes, par l'héroïsme de leur charité, font honorer, estimer et bénir le nom français sur toute la surface du globe.

Mais ces vierges, ces héroïnes chrétiennes sont la gloire exclusive de l'Église catholique. Elle en est seule le champ fertile et sacré. En dehors de son sein, on ne formera jamais une sœur de la Charité. Que tous les pouvoirs de la terre, que tous les instituts savants, que toutes les académies se réunissent : l'Église catholique leur porte hautement le défi de donner au monde une sœur de la Charité.

Il n'appartient qu'à un Dieu de créer un pareil héroïsme dans le cœur de la femme. Ce prodige éternellement incompréhensible à la raison humaine, Jésus-Christ l'a opéré. Et que lui a-t-il fallu pour cela ? Une parole de son Évangile. Écoutons le Sauveur du monde :

« *Ce que vous avez fait pour le plus petit de mes frères, c'est à moi-même que vous l'avez fait.* »

C'est cette parole qui a créé les serviteurs et les servantes des pauvres. A cette parole, tout ce qu'il y a eu de plus grand, de plus saint dans le christianisme s'est enflammé, s'est passionné pour servir les membres souffrants de Jésus-Christ. Cette parole a produit des miracles de charité dans toute la suite des siècles chrétiens, et en produira jusqu'au dernier jour du monde. Papes, cardinaux, évêques, rois, reines, princesses, vierges, chrétiens de tous les rangs, ont servi les pauvres de leurs mains, les ont traités avec respect et avec amour. Cette parole « *Mihi fecistis*, c'est à moi que vous l'avez fait », a transfiguré le pauvre. On a vu Jésus-Christ en lui ; et c'est Jésus-Christ qu'on a accueilli, logé, servi, honoré, aimé en sa personne. La demeure du pauvre a eu une appellation unique par sa majesté : il y a eu un Hôtel-Dieu pour lui sur la terre. Jamais on n'a donné ce titre à la demeure des rois. Au frontispice de ces hôtels-Dieu, la foi a gravé cette inscription : « *Christo in pauperibus*, au Christ dans les pauvres. » Dès lors, les plus saints pontifes de l'Église, les plus grands rois, les saint Louis, les saint Étienne, les saint Henri, les saint Édouard, les saint Ferdinand, les plus illustres reines, sainte Marguerite d'Écosse, sainte Élisabeth de Thuringe, sainte Élisabeth de Portugal, les vierges les plus magnanimes, les plus saintes femmes, ont fait des prodiges pour honorer et servir Jésus-Christ dans les pauvres. A genoux, ils leur ont lavé les pieds, ils les ont baisés, ils les ont essuyés. Ils ont traité les pauvres comme les princes de la cour céleste. A travers les haillons, à travers les plaies, à travers la lèpre, à travers tous les maux, ils ont vu Jésus-Christ en eux : ils les ont serrés dans leurs bras, la charité créant dans leur cœur toute la tendresse d'une mère. Enfin, que de fois, par amour pour Jésus-Christ caché dans les pauvres, on les a vus fléchir les genoux devant eux, panser leurs plaies, et les baiser avec respect ! tendre témoignage de charité, acte de foi sublime, que Jésus-Christ peut seul inspirer et qu'on ne voit que dans l'Église catholique.

Qu'un hôtel-Dieu parle éloquemment à qui a la foi ! que ces salles peuplées par les pauvres sont autrement belles que celles des plus beaux palais ! Là, le Christ est dans ses pauvres. On peut non seulement toucher la frange de son habit, mais on peut le soigner en ses membres souffrants. On peut lui dévouer sa vie, on peut mourir pour lui. Les vierges qui lui ont engagé leur foi peuvent lui dire : Vous me nourrissez dans l'Eucharistie, je vous nourris dans les pauvres. Dans le sacrement de la Pénitence et du pardon, vous cicatrisez toutes les blessures de mon âme ; dans les pauvres, je verse l'huile et le vin sur toutes vos plaies. Sur votre croix vous vous sacrifiez pour moi ; dans les pauvres je me sacrifie pour vous. La croix est la suprême manifestation de votre amour pour moi ; les pauvres sont la suprême manifestation de mon amour pour vous : la croix a reçu votre dernier soupir pour moi ; les pauvres recevront mon dernier soupir pour vous !

Ainsi, par une parole de son Évangile, Jésus-Christ

crée cet héroïsme surhumain. C'est encore lui qui, par sa grâce, l'alimente et l'agrandit. Avec quelle abondance il la communique ! Car, dans ces servantes des pauvres, il a à récompenser des épouses. Ces vierges lui ont juré fidélité, lui ont donné leur cœur en don absolu et éternel. Il déploie donc à leur égard la munificence d'un époux qui est Dieu. Son salaire pour ces héroïnes de la charité, pour ces épouses fidèles, c'est un débordement de grâces divines, qui, par un cours incessant, vont de son cœur droit à leurs âmes.

Jésus-Christ porte plus loin son amour. Ces riches communications de sa grâce à ces vierges, ses servantes, ses épouses, ne suffisent pas à son cœur. Que fait-il ? Il se donne lui-même à elles dans le sacrement de son amour. Par l'Eucharistie, il achève de les élever au-dessus d'elles-mêmes. Elles sont fortes de la force du Tout-Puissant ; elles peuvent dire avec l'apôtre : « Je vis ; non, ce n'est plus moi qui vis, c'est Jésus-Christ qui vit en moi ! » Elles peuvent dire encore avec le même apôtre : « Je puis tout en Celui qui me fortifie ! » L'Eucharistie, voilà le plus intime secret de la force surnaturelle de ces servantes de Dieu et des pauvres. Plus ces vierges s'immolent, plus Jésus-Christ leur fait goûter de délices dans le banquet eucharistique. Par anticipation, il verse quand il lui plaît en leurs âmes quelques gouttes de ce torrent des joies divines qui doit les inonder pendant l'éternité. La suavité en est si grande, si céleste, qu'elles sont forcées de s'écrier avec l'apôtre : « Je surabonde de joie » au milieu de mon immolation aux membres souffrants de Jésus-Christ !

O Seigneur, que votre joug est doux ! que votre fardeau est léger ! Par la Communion, vous nous faites faire l'essai de la vie du Ciel, qui consistera à vous posséder, à vous aimer. Ici-bas nous vous possédons, nous vous aimons dans la foi ; au Ciel, nous vous posséderons, nous vous aimerons dans la claire vision de votre divinité. Mais au Ciel et sur la terre, vous êtes le même Dieu ! Et de communion en communion nous arriverons enfin à vous voir face à face, à vous posséder et à vous aimer dans le ciel !

Et cependant, malgré ce banquet eucharistique où il se donne lui-même à ses fidèles servantes, Jésus-Christ ne sentirait pas son cœur satisfait, s'il ne leur donnait encore ce qu'il possède de plus cher, la très sainte Vierge, sa divine Mère. C'est du haut de la croix qu'il la leur donne, quand s'adressant à elle et lui montrant saint Jean qui nous représente tous, il dit : « Femme, voilà votre fils ; » et qu'ensuite, s'adressant au disciple et montrant la Vierge, il dit : « Voilà votre Mère ! » Et chacune d'elles, à l'exemple de Jean, le disciple bien-aimé, l'a reçue, dès cette heure, comme son bien, son trésor, sa divine propriété : « *Et ex illa hora, accepit eam discipulus in sua.* » Ainsi la très sainte Vierge est à elles, leur appartient, non seulement à titre de Mère de Dieu, de Reine du Ciel et de souveraine du monde, mais encore à titre de Mère de chacune d'elles, parce qu'à chacune le Sauveur a dit du haut de sa croix : « *Ecce Mater tua* : Voilà votre Mère ! » En quelque endroit de cette terre qu'elles vivent, la très sainte Vierge étend sur elles son sceptre du haut du

Ciel. Elle les protège, elle les garde comme la prunelle de son œil. De leur côté, au culte de profond respect que leur inspire son titre de mère de Dieu, elles joignent toutes les tendresses de l'amour filial. Non contentes de l'aimer et de l'honorer, elles sont insatiables de la faire aimer et honorer. Elles savent qu'elle est « la porte du Ciel, *janua Cœli*, » et qu'attirer à elle les âmes, c'est les attirer à Jésus-Christ, c'est leur ouvrir le Ciel. C'est pourquoi, dans leurs plus petites demeures comme dans leurs plus grands édifices, dans le plus humble oratoire comme dans leurs plus belles églises, elles veulent voir entourées d'ornements et de fleurs les images et les statues de la très sainte Vierge. Elles prient à ses pieds, et amènent les autres pour prier. Elles célèbrent ses fêtes avec pompe, afin d'allumer sa dévotion dans les âmes. Elles répandent ses images, ses médailles. Les filles de Saint-Vincent de Paul, à elles seules, ont distribué par millions la médaille miraculeuse où est gravée cette prière : « O Marie conçue sans péché, priez pour nous qui avons recours à vous ! »

Toutes portent les livrées de la très sainte Vierge, le saint scapulaire qui est leur armure. Toutes ont leur chapelet, leur rosaire : c'est pour elles un bonheur de le réciter chaque jour. La dévotion à la très sainte Vierge est pour elles une source intarissable de grâces ; elle les inonde d'une joie céleste. Chaque jour en disant le chapelet, elles saluent leur divine Mère dans le ciel, et commencent sur la terre ces salutations angéliques qu'elles continueront dans l'éternité. Quels que soient les travaux, les sacrifices de la journée, elles respirent de tout, en disant le soir dans leur *Salve Regina* à la très sainte Vierge : « *Eia! ergo, Advocata nostra, illos tuos misericordes oculos ad nos converte, et Jesum benedictum fructum ventris tui, nobis post hoc exilium ostende!* » Et elles s'endorment dans cette vision du Ciel, dans cette vision du Fils de Dieu entre les bras de sa divine Mère, pour recommencer le lendemain à le servir et à le faire aimer. L'espérance de voir la très sainte Vierge dans la gloire est pour elles un avant-goût du ciel. Aussi, que de fois elles lui disent : « *Ad te suspiramus !* Nous soupirons vers vous, ô notre tendre et divine Mère ! »

Mais c'est surtout à leur dernière heure que le nom béni de cette tendre Mère est sur leurs lèvres et qu'elles l'invoquent avec un filial amour. C'est alors aussi, nous tenons à le proclamer, que Jésus-Christ et sa divine Mère mettent le comble aux témoignages de leur amour envers elles. Ils veulent que le monde voie combien leur mort est précieuse devant Dieu. Jésus-Christ se donne à elles en viatique pour le passage du temps à l'éternité. Il consomme ainsi son union avec leurs âmes, et, dès cet exil, il en prend possession pour l'éternité. Unies à Jésus-Christ, le possédant au centre de leur cœur, ne souhaitant plus rien ici-bas, elles aspirent à le voir et à être avec lui dans sa gloire ; c'est un commencement de la béatitude céleste. Oh ! comme elles s'applaudissent alors d'avoir foulé aux pieds le monde à la fleur de leur âge, et d'avoir choisi Jésus-Christ pour leur unique Époux ! Cet adorable Sauveur, à travers le voile de la foi, leur laisse entrevoir un rayon de la gloire ; c'est l'annonce de l'éclat de sa divinité qu'il va bientôt leur révéler en toutes ses inénarrables splendeurs. La très sainte Vierge, invisiblement présente avec son divin Fils, est à côté d'elles. Non seulement elle les défend contre les puissances ennemies, qui tremblent et fuient à son appel, mais elle se montre mère envers ses filles bien-aimées, et la plus tendre des mères. Là est aussi saint Joseph, son céleste époux : comme patron de la sainte mort, il assiste avec la tendresse d'un père, ces chères mourantes qui, toute leur vie, lui ont demandé cette grâce. Marie, la Vierge immaculée, la très sainte Mère de Dieu, les regarde une dernière fois en ce monde d'un regard qu'elle ne détournera plus d'elles de toute l'éternité ; et au moment où leurs âmes, sous ce regard maternel, brisent enfin leur chaîne et prennent leur essor, elle les reçoit et les présente elle-même à son divin Fils. Que concevoir de plus doux, de plus digne d'envie, que la mort de ces humbles et héroïques servantes de Jésus-Christ? Mais au delà de leur dernier soupir, que leur réserve cet adorable Maître? Une gloire sans mesure, une félicité sans fin, « ce que l'œil de l'homme n'a point vu, ce qui n'est jamais monté dans son cœur », comme s'exprime saint Paul. Il les met en possession de Dieu même, et pour l'éternité! Ainsi c'est la félicité infinie de Dieu qui coule à jamais au travers de leurs âmes! Servantes de Jésus-Christ sur la terre, l'ayant soigné dans ses membres souffrants, elles sont ses co-héritières dans la gloire, ses épouses triomphantes et couronnées ; elles règnent avec lui, et leur règne n'aura point de fin! C'est ainsi que Jésus-Christ les récompense et les honore à la face du ciel et de la terre !

Nous venons de voir comment Jésus-Christ crée et élève à sa plus sublime hauteur l'héroïsme de la charité dans les vierges chrétiennes. Or, ce prodige dont nous sommes témoins, il continuera de l'opérer. Jésus-Christ était hier, il est aujourd'hui, il sera dans les siècles des siècles : *Christus heri, hodiè, et in sæcula.* De siècle en siècle, il fera paraître au sein de son Église ces légions nombreuses, ces vaillantes armées de vierges, de femmes chrétiennes qui, par l'héroïsme d'un dévouement plus que maternel, surpasseront toutes les souffrances, toutes les douleurs de l'humanité. Et ces femmes, l'honneur et la couronne du genre humain, seront toujours la gloire exclusive de l'Église catholique. Rien n'enchaînera cette puissance du Christ. Jusqu'au dernier jour du monde, il fera germer ces moissons de vierges, et il ne sera pas plus au pouvoir de l'impiété persécutrice d'arrêter cette germination, que d'arrêter les rayons du soleil !

CHAPITRE II

La famille des Brugelles. — Leur noblesse et leur attachement à la foi catholique.

Dieu, de toute éternité, avait jeté un regard de complaisance sur l'héroïne chrétienne dont nous essayons de tracer le portrait historique. Dans le plan de sa providence, cette vierge devait être, au XIXe siècle, un des types les plus élevés de la vie religieuse, une des plus héroïques servantes des pauvres, enfin, le flambeau et l'honneur de la cité qui l'avait vue naître.

Aussi ce grand Dieu, qui réalise dans le temps, avec une sagesse infinie, les pensées qu'il a conçues dans l'éternité, se plaît-il à préparer lui-même et à orner le sanctuaire où cette vierge élue doit voir le jour. Il veut qu'elle descende d'une famille respectée sur la terre par son rang et chère au Ciel par sa vertu.

Les famille des Brugelles, de Castelnaudary, qui a la gloire de donner cette vierge à l'Église et à la France, est une des plus anciennes par sa noblesse. Les actes publics, que l'on peut consulter, en font foi [1]. Déjà,

---

[1]. Nous nous contentons de citer les *Recherches historiques* faites par M. Louis de Bonnefoy sur a famille des Brugelles, le contrat de mariage de M. Jean-Baptiste de Brugelles, et l'extrait de naissance de sa fille Catherine-Clotilde de Brugelles. Voir aux *Pièces justificatives*, n^{os} I, II, III.

sous Louis XIV, le ministre Colbert écrivait aux premiers magistrats de Castelnaudary qu'ils devaient compter les Brugelles parmi la plus ancienne noblesse de la ville.

La foi et l'honneur étaient héréditaires dans cette famille. Le chevalier Jean-Baptiste de Brugelles, père de notre héroïne, se montre un modèle d'honneur et de religion, et en cela il ne fait que marcher sur les traces de Pierre de Brugelles, son noble père, et de Marianne Faure-Desplas, sa vertueuse mère.

Garde du corps du roi de France, il passe les années de sa jeunesse à la cour, où il se trouve en contact avec la fleur de la noblesse. Après son service, le gentilhomme revient à Castelnaudary, où il épouse, en 1778, Jeanne Solier, femme d'un rare mérite, et que Dieu, dans sa clémence, lui avait choisie.

Noble caractère, grand chrétien, modèle des pères de famille; le chevalier Jean-Baptiste de Brugelles transmettra à ses enfants l'héritage le plus sacré : celui de la foi et des saints exemples. Il leur léguera en particulier le trésor de la charité et de l'amour pour les pauvres.

Nous dirons plus loin ce qu'il eut à souffrir en 1793 et comment, en 1807, il termina chrétiennement sa carrière, assisté par sa sainte fille, déjà religieuse depuis quatre ans.

Jeanne Solier, femme du chevalier de Brugelles, était issue d'une des familles les plus honorables de Castelnaudary. Elle avait reçu une éducation distinguée à Toulouse.

Elle fut un type des mères chrétiennes; à un grand jugement, elle joignait une bonté rare. Elle avait pour les pauvres le cœur d'une mère. La religion embellissait et consacrait chez elle les dons de la nature. Par sa taille imposante et la dignité de sa personne, elle commandait le respect. Pour la peindre d'un trait, on peut dire qu'on voyait en elle la femme forte de l'Écriture. L'éducation qu'elle donna à ses filles mit au grand jour les trésors de sagesse et de piété que recélait sa belle âme. Sa foi et son courage l'élevèrent au-dessus des terribles épreuves qu'elle eut à traverser pendant la Révolution française.

Le lecteur verra plus loin comment, à ses derniers moments, elle eut à côté d'elle son ange, sa fille aînée, et dans quel suave avant-goût des joies du Ciel elle quitta cette terre.

La famille des Brugelles était une de celles qui avaient généreusement payé la dîme du sang à l'Église. Deux de ses membres avaient embrassé l'état ecclésiastique. L'un et l'autre allièrent à la noblesse de la race la noblesse de la vertu. Ils ont laissé l'un et l'autre un nom à jamais cher dans le pays.

Le premier, Pierre de Brugelles, subit à Toulouse un examen public pour le degré de licencié et de maître ès arts, dans une des assemblées les plus imposantes que l'on eût vues, dans l'académie de cette ville. Les savants livrèrent une véritable lutte au jeune athlète seul au milieu de l'arène; ils le trouvèrent invulnérable. La lucidité, la promptitude, l'éloquence éclataient dans ses réponses. Pendant plusieurs heures que dura cette savante lutte, jamais on ne vit le jeune Pierre de Brugelles hésiter un seul moment. Il emporta tous les suffrages, et l'admiration que les juges et les membres de l'assemblée lui accordèrent était d'autant plus grande que le nouveau lauréat rehaussait le mérite du savoir par la solidité de la vertu et par une reputation sans tache. Il fut donc revêtu des insignes de licencié par le Père Poncet, jésuite, professeur de belles-lettres au collège de la Compagnie et à l'académie de la ville. Mais on peut dire que si l'heureux professeur couronnait un de ses élèves, toute l'assemblée le couronnait par ses mains. C'était Toulouse la sainte, Toulouse la savante, l'Athènes du midi de la France, qui décernait, en ce jour, à un futur membre du sacerdoce un titre d'honneur qui devait illustrer son nom [1].

Nommé curé de Villepinte, Pierre de Brugelles gouverna admirablement sa paroisse. Unissant la science au zèle, il fit régner Jésus-Christ dans les âmes. Dieu voulut épargner à ce saint prêtre le spectacle des malheurs de la France et l'appela à lui avant les scènes sanglantes de la Terreur.

Claude de Brugelles, son frère, fut comme lui un prêtre selon le cœur de Dieu. Membre du chapitre de Castelnaudary, il mérita, par sa vie exemplaire, l'honneur de confesser la foi de Jésus-Christ. Refusant le serment à la constitution civile du clergé, il est conduit de Castelnaudary à Bordeaux et emprisonné dans

---

1. Le diplôme accordé à M. Pierre de Brugelles est rédigé en des termes si exceptionnellement honorables, qu'il est de notre devoir de le citer en entier. Voir aux *Pièces justificatives*, n° IV.

le fort du Hâ. La gloire de porter les chaînes pour Jésus-Christ et l'espoir de donner son sang pour lui, transfigurent, pour le confesseur et le martyr, le cachot où il est enfermé en un séjour céleste. Les traitements inhumains qu'il y subit, loin de l'abattre, élèvent son âme. Il appelle de toute l'ardeur de ses vœux le moment où, la porte de la prison s'ouvrant enfin, il pourra marcher au martyre. Après plusieurs mois d'attente et de désir, il voit apparaître les satellites qui lui lisent son arrêt de mort pour le lendemain. Mais Dieu avait calculé et fixé les heures. Le jour où le saint prêtre devait donner son sang pour Dieu à Bordeaux, la tête de Robespierre tombait à Paris, et la France, respirant de la Terreur, ouvrait toutes les prisons. Claude de Brugelles avait ardemment souhaité le martyre ; si la palme lui échappait, le mérite lui en restait pour toute l'éternité. Il plut à Dieu de le rendre aux siens, mais ce fut uniquement afin qu'ils fussent témoins de sa sainte mort. Le saint prêtre eut la consolation de les bénir, et il monta au ciel pour être le médiateur de sa famille auprès de Dieu.

CHAPITRE III

Naissance de Catherine-Clotilde-Jeanne-Marie de Brugelles, le 15 mai 1784. — Sa première éducation dans sa famille. — Sa piété précoce. — Épreuves en 93, martyre de son cœur. — Fidélité à la grâce; elle se sanctifie au milieu de la souffrance.

On peut déjà pressentir quels furent les enfants d'un père et d'une mère tels que ceux dont nous venons de tracer le portrait.

La foi de ces époux chrétiens devait néanmoins être soumise à une grande épreuve. Les enfants qui vinrent au monde durant les quatre premières années de leur union furent moissonnés en bas âge. Mais leur confiance en Dieu demeura inébranlable. Ils eurent recours à la prière. Mme de Brugelles fit un vœu à saint Paul Serge, évêque de Narbonne, pour obtenir par son intercession que Dieu lui conservât les enfants qu'elle mettrait au monde. Ce vœu fut exaucé. Dieu leur donna cinq enfants qui furent leur joie et l'honneur de leur maison. Voici leurs noms et l'ordre de leur naissance: Catherine-Clotilde-Jeanne-Marie, dont nous écrivons la vie; — Jeanne-Marie; — Jean-Pierre-Louis-Marguerite; — Françoise-Marie-Rose-Térèse; — Victoire, la dernière de cette famille privilégiée.

Catherine-Clotilde naquit à Castelnaudary, dans la paroisse de Saint-Jean-Baptiste, le 15 mai de l'an de grâce 1784. L'allégresse fut grande au cœur du père et de la mère et dans toute la parenté. Afin de donner plus de solennité au baptême de Catherine-Clotilde et de réunir un plus grand nombre de parents et d'amis à cette fête de famille, on différa sa régénération spirituelle jusqu'au 20 mai. Ce fut en ce jour que l'enfant des prières fut faite enfant de Dieu et fille de l'Église catholique. Elle reçut au baptême les noms de Catherine-Clotilde-Jeanne-Marie. Son parrain fut Claude de Brugelles, son oncle paternel, ce saint prêtre qui, neuf ans plus tard, devait être confesseur de Jésus-Christ. Sa marraine fut Catherine Alibert, veuve de Gabriel Solier, garde du corps du roi.

Par le saint baptême, le Saint-Esprit prenait possession de cette âme prédestinée, où pendant près d'un siècle il devait habiter comme dans le temple de ses prédilections, et qu'il ne devait cesser d'embellir par les dons de sa grâce. Ainsi, du jour du baptême jusqu'au jour de la couronne, tout sera pur dans l'existence de cette vierge, tout portera le précieux cachet de la vertu.

La maison paternelle est pour elle un vrai sanctuaire. Reconnaissante envers Dieu et comprenant les devoirs d'une mère chrétienne, Mme de Brugelles élève avec des soins infinis cette enfant de miracle. Jésus, Marie, Joseph sont les premiers mots qu'elle lui fait entendre et que bégaye sa langue enfantine. Avant tout, elle veut lui inspirer l'amour de Jésus-Christ, son cher Sauveur.

Avec un doux sourire, elle lui montre le crucifix, et, le baisant d'abord elle-même, elle l'approche ensuite des lèvres de sa bien-aimée Catherine ; l'angélique enfant y fixe ses yeux et y colle ses lèvres avec amour.

Ainsi commence, avant qu'elle ait la conscience de ses actes, ce commerce intime de son âme avec Jésus-Christ, ce culte d'amour qui ira toujours croissant et qui sera le fond et l'occupation dominante de sa vie.

Après le crucifix, c'est l'image de la très sainte Vierge tenant dans ses bras l'Enfant Jésus, qui est présentée à la jeune Catherine-Clotilde par sa pieuse mère. Sa figure s'épanouit à cette vue ; et, cédant au mouvement intérieur du Saint-Esprit, elle presse sur ses lèvres et sur son cœur la divine Mère et le divin Enfant. Ainsi, dès l'âge le plus tendre, elle offre à la très sainte Vierge les prémices de ses affections. Ce sont comme les premières étincelles de cet ardent amour qu'elle fera éclater dans tout le cours de sa longue vie envers la Mère de Dieu. En retour, la Vierge sans tache abaisse sur elle, dès ses premières années, un regard de complaisance qui ne la quittera plus. Heureuse Catherine-Clotilde, angélique épouse du Christ, qui demeurera désormais sous la garde de la Reine du Ciel !

L'enfant grandit, et la grâce avec elle. Elle se porte avec bonheur à la prière et aux exercices de piété. Elle ignore les faiblesses de l'enfance ; la sagesse devance en elle les années. Elle a à peine atteint l'âge de raison, qu'elle laisse entrevoir ce grand et beau caractère qui doit la distinguer. Elle commence dès cette époque à être l'ange de sa famille. Son père et sa mère se plaisent à développer les admirables germes de vertu qu'ils voient en elle. Claude de Brugelles, l'oncle et le parrain de la jeune Catherine-Clotilde, les seconde dans l'accomplissement de ce devoir sacré. Il instruit sa chère filleule, il complète sa première éducation, il déploie un tel zèle à la former à la piété chrétienne, qu'on eût dit qu'une lumière prophétique lui faisait connaître la grandeur de son avenir.

La miséricorde, suivant l'expression des Livres saints, *était née* avec les parents de Catherine-Clotilde de Brugelles; ils accueillent les pauvres avec une véritable tendresse, parce qu'ils voient Jésus-Christ en eux. Leur fille est témoin de cet accueil chrétien, et cette enfant, qui sera un jour un prodige de charité envers les pauvres, se sent attirée vers eux ; elle est heureuse quand ses parents la chargent de leur donner l'aumône. C'est un faible essai, mais un éclatant indice de ce qu'elle fera un jour, quand, à la lumière de la Foi, elle aura compris le mystère de Jésus-Christ caché dans les pauvres.

Catherine-Clotilde ne voit pas seulement les pauvres qui se présentent dans la maison paternelle. Sa mère, qui veut faire d'elle une femme forte, la conduit à l'hôpital, afin qu'elle voie cette nombreuse famille de pauvres réunie dans la maison de Dieu. Le but de cette mère chrétienne est non seulement de développer dans sa fille le sentiment de la miséricorde et de la compassion, mais encore de lui faire connaître de bonne heure les misères et les souffrances de l'humanité. La jeune Catherine-Clotilde voit sa mère parlant avec affection aux malades, les consolant, et leur apportant quelques dons pour alléger leurs souffrances. Cette tendre charité de sa mère pour les malades et les pauvres la touche profondément. Mais une autre grande leçon lui est donnée dans ces salles de l'hôpital : c'est l'héroïsme de ces saintes religieuses qui dévouent toute leur vie à soigner et à servir les malades et les pauvres, afin de les gagner à Jésus-Christ et de les mettre dans la voie du salut. Le costume de ces servantes de Dieu et des pauvres frappe ses regards ; l'air de sainteté qui brille en leur personne parle à son cœur. C'est peut-être de cette époque que date le premier germe de sa vocation à l'institut des sœurs de la Charité et de l'Instruction chrétienne de Nevers.

On voit, par ce tableau de l'enfance de Catherine-Clotilde, que ses premières années s'écoulent pures comme celles d'un ange.

Tandis que ses parents et son oncle paternel, Claude de Brugelles, continuent à l'élever chrétiennement, l'orage commence à gronder sur la France. Une philosophie impie a médité de renverser les autels du vrai Dieu et d'anéantir son culte. Il est donné à des hommes, vrais suppôts de l'enfer, de prévaloir. On sait ce que virent alors nos pères : le drame sanglant de la Révolution française est présent à tous les souvenirs. En 1793, notre ange, Catherine-Clotilde de Brugelles, entrait dans sa dixième année. Déjà éclataient dans la jeune vierge les dons admirables de la nature et de la grâce dont Dieu s'était plu à l'enrichir ; tout en elle était au-dessus de son âge : sa taille déjà noble et élancée, son intelligence, son caractère, son cœur, sa foi et sa religion. Il y avait en elle une maturité précoce; elle comprit la situation de la France, et elle connut les transes de la Terreur. Chaque jour apportait la nouvelle de quelque grand attentat. Des prêtres, des vierges consacrées à Dieu, refusant un serment sacrilège, étaient traînés au lieu du supplice et scellaient de leur sang leur fidélité à Jésus-Christ et à son Église. Louis XVI expirait sur l'échafaud, la céleste Élisabeth et Marie-Antoinette partageaient le même sort. De la capitale jusqu'au fond des provinces, le fatal instrument de mort était dressé, et les plus illustres têtes tombaient. Cet instrument n'allant pas assez vite au gré des sanguinaires satellites de la Révolution, ils avaient recours à des massacres. Les grandes villes de France en furent les théâtres; elles virent couler le sang humain par torrents. Les familles chrétiennes, comme au temps des grandes persécutions de l'Église, se réfugiaient dans la prière, se remettaient entre les mains de Dieu. Leur vie ressemblait à celle des premiers chrétiens dans les catacombes. On se cachait, on élevait le cri intérieur de la supplication vers le Ciel; à la faveur des ténèbres de la nuit, dans un oratoire inconnu des persécuteurs, on entendait la messe célébrée par un prêtre resté fidèle à l'Église, et l'on se nourrissait du pain de l'Eucharistie, en se disant que c'était peut-être le viatique du temps à l'éternité.

Une de ces familles chrétiennes où la foi antique se conserve toute vivante est celle des Brugelles : aussi Dieu lui accorde l'honneur de souffrir pour sa cause.

Un jour, des émissaires de la République entrent armés dans la maison du chevalier Jean-Baptiste de Brugelles. Ils l'arrêtent en présence de sa femme, de sa fille Catherine-Clotilde, et lui déclarent qu'ils ont ordre de le conduire en prison ; là, il attendra qu'on prononce sur son sort. Si Mme de Brugelles trouve grâce, c'est qu'elle nourrit son dernier enfant, Jean-Pierre-Louis, alors âgé seulement d'un an. On se sépare ; mais rien que de calme et de grand dans cette séparation : c'est que Dieu est dans ces cœurs chrétiens ; il les remplit de sa force, il les fait espérer contre l'espérance ; tous ces sublimes sentiments se traduisent dans les derniers regards et les adieux. Le noble chef de famille, avec la sérénité du juste, suit ses gardiens et va à la prison, confiant sa cause à Dieu. Restées seules, la mère et la fille se prosternent devant l'image de Jésus-Christ ; par leurs larmes et leurs prières, elles conjurent le divin Sauveur de conserver celui qu'on vient de ravir à leur tendresse.

Quels jours et quelles nuits suivirent cette séparation ! Et dans la mère et la fille, quel incessant recours à la prière ! Le cœur de Catherine-Clotilde, si pur, si aimant, ce cœur, temple vivant de l'Esprit-Saint, élevait vers Dieu de ces gémissements inénarrables qui ont la force de lui arracher des prodiges. Qui sait si, durant ces longs jours où M. de Brugelles était en captivité, sa fille n'obtint pas de Dieu sa délivrance? Qui sait si ce cœur, chef-d'œuvre de tendresse et de piété filiale, ne s'offrit pas en sacrifice pour son père? On est puissamment porté à croire que cette fille accomplie fit entendre à Dieu cette prière, cette promesse, ce serment : *Mon Dieu, sauvez mon père, et je vous consacre tout ce que j'aurai de vie!* Ce qui est vrai, c'est que Dieu fut touché, qu'une puissance invisible enchaîna les ennemis, et que M. de Brugelles, délivré par miracle, fut rendu à sa famille.

Catherine-Clotilde ne fut pas seulement témoin de l'arrestation de son père, elle vit encore son oncle paternel, M. Claude de Brugelles, enlevé et traité inhumainement par les émissaires de la République. Sa foi seule put la soutenir dans cette nouvelle douleur. Elle voyait que ce prêtre selon le cœur de Dieu, qui l'avait élevée et instruite avec une sollicitude si paternelle, ne recevait ces traitements barbares, n'était chargé de chaînes et jeté dans un cachot, que parce qu'il avait préféré les fers et la mort à un serment impie et sacrilège. La pensée que, s'il succombait, la famille aurait en lui un martyr, pouvait seule adoucir tout ce qu'avait de déchirant pour elle l'incertitude du sort réservé à son saint oncle. Mais, comme nous l'avons dit plus haut, au moment où le prêtre de Jésus-Christ, pour prix de son courage à confesser la foi, allait périr sur l'échafaud, le tyran qui tenait la France dans la terreur périt lui-même, frappé du glaive de l'éternelle justice. Ainsi délivré, le saint prêtre revint dans sa famille. Mais les meurtrissures des fers, la faim, la soif, les traitements inhumains qui s'étaient succédé avaient épuisé ses forces. Le confesseur et le martyr ne reparut au milieu des siens que pour recevoir des mains de Dieu la palme du combat. Ainsi, Catherine-Clotilde eut à pleurer sur grand serviteur de Dieu, son maître et le père de son âme, qui l'avait formée à la piété et qui avait allumé en elle un tendre amour pour Jésus-Christ.

Jamais nous ne pourrons peindre les angoisses de cette jeune fille pendant le temps de la Terreur. Bien que l'on eût épargné sa mère, Catherine-Clotilde n'était pas sans crainte sur son sort. Sous ce régime d'exécrable mémoire, on était toujours à la veille de voir son nom dans quelque liste de proscription. La scène de l'arrestation de son père était toujours présente à sa pensée. L'enlèvement de son saint oncle accroissait encore ses alarmes. Quand elle entendait la porte de la maison s'ouvrir avec bruit et les pas des personnes qui montaient l'escalier, croyant le moment du sacrifice venu, elle disait à sa mère : « O ma mère, recommandons-nous à Dieu; on vient nous prendre! »

Enfin, Dieu calma la tempête qui agitait la France.

Cette première période de la vie de Catherine-Clotilde de Brugelles montre combien Dieu est admirable dans ses saints; elle nous révèle, à une suave lumière, les incompréhensibles secrets de sa sagesse et de son amour. Il veut élever cette vierge à une sublime sainteté et se l'unir par les liens les plus étroits; et c'est au milieu des orages et des crimes de la Révolution française qu'il commence son chef-d'œuvre et qu'il assoit les inébranlables fondements de l'édifice spirituel qu'il a conçu. Si jeune encore, Catherine-Clotilde pratique les vertus fondamentales du christianisme; elle porte sa croix à la suite de son divin Maître. Dieu ne lui épargne pas ce que l'on peut appeler le sacrifice suprême pour son cœur aimant : elle voit son père, son oncle, l'ange de la famille, arrachés à sa tendresse, jetés dans des cachots, ne sachant si elle les reverra jamais. Au milieu de ce martyre et de ce crucifiement du cœur, elle console sa mère, elle prie le divin Maître de les sauver : *Seigneur, sauvez-nous ; nous périssons!*

En exauçant la prière de la fervente jeune fille, Dieu se l'attache par un lieu éternel. Si Catherine-Clotilde eût eu mille cœurs, dans le transport de sa reconnaissance, elle les aurait offerts à son Dieu.

Heureuse vierge, cette belle disposition de ton âme, ta fidélité passée, la pureté de ton cœur qu'aucun souffle du siècle n'a ternie, l'amour dont tu brûles pour ton Dieu, vont appeler sur toi les bénédictions de sa tendresse, les faveurs les plus précieuses et les gages les plus élevés de ses prédilections. Il te conduira par les sentiers droits de sa justice ; sa lumière resplendissante guidera ta marche. Au jour marqué dans ses desseins éternels, il t'élèvera aussi haut qu'il soit en son pouvoir d'élever une vierge chrétienne, il te donnera l'anneau et le voile nuptial des épouses du Christ.

CHAPITRE IV

Après les jours de la Terreur, Catherine-Clotilde de Brugelles a pour institutrice une sainte religieuse, Louise de Latour. — Elle fait sa première communion. — Marie Driget, compagne de Catherine-Clotilde.

Pour cultiver cette jeune vierge durant les années qui précèdent son entrée en religion, Dieu ne s'associe que des âmes grandes et choisies. La première institutrice qu'il lui a préparée en dehors du sanctuaire de la famille est une vierge chrétienne dont la mémoire sera en éternelle bénédiction à Castelnaudary : c'est Louise de Latour, ancienne religieuse ursuline de la congrégation de Sainte-Angèle de Mérici, et connue en religion sous le nom de sœur Saint-Paul. Chassée de son couvent par la tourmente révolutionnaire, elle s'était réfugiée dans sa famille à Castelnaudary, sa ville natale ; mais, dévorée du zèle de la gloire de Dieu, Louise de Latour se hâte, dès le premier rayon de liberté, d'ouvrir dans la maison paternelle une classe d'externes pour quelques jeunes personnes de famille ; elle transforme, en même temps, une chambre de la maison en un modeste oratoire. Mme Saint-Paul (car c'est ainsi que l'appellent les habitants de la ville) excite l'admiration des familles chrétiennes par le succès avec lequel elle forme le cœur et l'esprit des jeunes filles qu'on lui confie. Ces jeunes filles sont des modèles de vertu ; elles répandent la bonne odeur de Jésus-Christ dans leur famille et dans la cité. La vénérable ursuline consacre à cet apostolat les dernières années de sa vie. Le 8 décembre 1821, fête de l'Immaculée-Conception de la très sainte Vierge, elle meurt en odeur de sainteté ; longtemps après sa mort, on trouve son corps intact.

Telle est l'institutrice que Dieu réservait à Catherine-Clotilde de Brugelles. L'élève fut digne de la maîtresse. C'est par cette sainte épouse de Jésus-Christ que Catherine-Clotilde est préparée au grand acte de la première communion. Pour comble de bonheur, le prêtre qui l'instruit et qui dirige son âme est un de ceux qui ont vaincu la persécution et sont restés fidèles à l'Église.

Ce que fut, pour Catherine-Clotilde de Brugelles, le jour de la première communion est un mystère de grâce connu de Dieu seul ; ce que l'on peut dire, c'est que ce jour rayonna sur toute son existence. En ce jour, se forma entre l'angélique vierge et son Dieu un lien qui devait subsister pendant l'éternité.

Elle reçut son Dieu avec cette foi vive et cet ardent amour qui la rendirent, toute sa vie, affamée du pain des forts, et qui lui donnèrent, devant le tabernacle, l'attitude d'un séraphin. Elle devait être une des âmes privilégiées qui, au XIX° siècle, auraient pour devise ces paroles de David : « *Altaria tua, Domine virtutum :* Vos autels, ô Dieu des vertus, voilà mon partage ! » C'était au pied des autels, à l'ombre du tabernacle, qu'elle devait en quelque sorte habiter et passer les plus belles heures de sa vie.

Le jour où elle se lia à Jésus-Christ par les vœux de la vie religieuse, elle écrivit de sa main ces paroles : « Moi, sœur Élisabeth de Brugelles, me dédie et me consacre aujourd'hui, et pour toujours, à Jésus et à Marie, le 21 octobre 1804, jour de ma profession. » Il est à croire que, le jour de sa première communion, la jeune vierge se dédia et se consacra à Jésus et à Marie sans réserve et à jamais, et qu'elle prit les anges et les saints à témoin de ses serments.

Parmi les compagnes qui firent la première communion avec Catherine-Clotilde de Brugelles, était Marie Driget, sœur de M. Henri Driget, de Castelnaudary. Née en 1782, et très chrétiennement élevée, elle montra dès sa plus tendre enfance les plus heureuses dispositions. A l'exemple de Catherine-Clotilde, elle se prépara avec une ferveur extraordinaire au grand acte de sa première communion. Quand elle eut reçu son Dieu, n'ayant plus rien à désirer sous le Ciel, elle se consacra sans retour à Celui qui venait de prendre possession de son âme. Sa vie fut celle d'une vierge qui ne vivait plus que pour Jésus-Christ. Elle était appelée l'ange de la famille. Elle avait vu, elle aussi, les sombres jours de la Terreur ; elle avait prié comme les premiers chrétiens cachés dans les catacombes. Par ces scènes de 93, Dieu avait fait briller une grande lumière dans son âme : elle avait vu le néant de ce monde qui passe, et son âme virginale n'était éprise que des biens éternels. Dieu l'avait douée d'une rare beauté, qui parut dans tout son éclat dès les premières années de sa jeunesse. Mais, comme elle ne désirait plaire qu'à l'Époux des vierges, auquel elle avait engagé sa foi, et qu'elle pouvait dire avec l'illustre vierge sainte Agnès : « Périsse un corps qui peut être aimé par des yeux dont j'ai horreur : *Pereat corpus, quod amari potest oculis quibus nolo* », elle se réfugiait dans la solitude et dans la prière. Non seulement, par sa modestie et par la sévérité de son costume, elle effaçait et cachait autant qu'il était en son pouvoir cette beauté périssable, mais elle ne voulut jamais paraître dans aucune société. Ainsi, à une époque où l'impiété venait de détruire les ordres religieux en France, elle savait trouver un cloître au sein de sa famille.

Par un secret de sa sagesse, et pour seconder les vœux intimes de sa fidèle servante, Dieu mit entre elle et le monde un nouveau mur de séparation : ce furent les souffrances. Elle comprit et adora le dessein de son Dieu. Quand elle vit son corps sur la croix par la douleur, elle commença à respirer de ses craintes. Elle s'estimait heureuse de souffrir, parce que la souffrance la tenait éloignée des sociétés du monde. A peine parvenue à sa vingt-septième année, elle avait déjà rempli une longue carrière, elle était riche de mérites ; en 1809, sa couronne était prête dans le Ciel. En peu de jours, elle se voit conduite, par la maladie, au terme de son exil ; à la nouvelle de son prochain départ pour la patrie, elle tressaille de joie. Elle reçoit les sacrements de l'Église avec la ferveur d'un ange. Sûre, désormais, d'échapper à tous les dangers de cette fleur de beauté terrestre qu'elle avait tant redoutée et tant méprisée, elle n'aspire plus qu'à s'envoler vers son Dieu et à aller se réunir pour l'éternité au chœur des vierges qui forment le cortège de l'Agneau. Dans ces moments suprêmes, Dieu l'ayant ainsi disposé de toute éternité, elle a l'ineffable consolation de voir à côté d'elle sa compagne de première communion, Catherine-Clotilde de Brugelles, déjà consacrée à Jésus-Christ, et servante des pauvres depuis six ans. Le regard et les paroles de cette sainte amie secondent le mouvement de son âme vers le Ciel. Enfin, dans un dernier élan d'amour, tout est consommé ! Parée du diadème de sa virginité, Marie Driget, perdue dans les lumières et l'extase de la vision béatifique, se sent, pour l'éternité, participante de la félicité infinie de Dieu.

CHAPITRE V

Catherine-Clotilde de Brugelles au pensionnat des religieuses
Ursulines de Saint-Papoul.

Catherine-Clotilde de Brugelles, sans quitter le sanctuaire de la famille, avait fréquenté, environ pendant deux ans, l'école ouverte par Louise de Latour à Castelnaudary. Dans la maison paternelle, elle avait les exemples et les leçons de ses parents ; à l'école, elle voyait et elle entendait une servante de Jésus-Christ, une ancienne religieuse, vénérable par son âge, plus vénérable encore par sa sainteté. Avec les heureuses dispositions que Dieu lui avait données, elle fit de grands progrès dans la piété et la vertu. Les leçons de sa mère et de Louise de Latour ne s'effacèrent jamais de son cœur.

Catherine-Clotilde de Brugelles entrait dans sa treizième année. Dieu inspira à ses parents la pensée de la placer chez les Ursulines de Saint-Papoul. La maison de ces religieuses réalisait l'idéal d'un pensionnat chrétien. Ces vierges venaient de sortir triomphantes de tous les combats que l'impiété leur avait livrés. Elles avaient rejeté avec horreur le serment qu'on voulait leur arracher ; elles étaient restées fidèles à Jésus-

Christ et à son Église. C'étaient donc de grandes âmes, de vraies héroïnes de la Foi. A la sainteté, elles joignaient, le talent et l'expérience. Les prêtres qui secondaient leur mission leur avaient donné l'exemple du courage et de la résistance aux volontés impies d'un pouvoir despotique. Ces prêtres avaient confessé la foi de Jésus-Christ, et ils parlaient avec cet accent des martyrs qui va jusqu'au fond de l'âme.

Ainsi Dieu donnait une éclatante marque de son amour à sa chère Catherine-Clotilde, en la conduisant comme par la main dans ce saint asile.

Elle y passa quatre années, qui furent les plus tranquilles de sa vie. Un premier privilège dans ce séjour, c'est qu'elle y était loin des orages et des dangers du monde. Elle y apportait une âme candide et pure; aucun souffle du siècle ne vint en ternir l'éclat et la pureté. Aucune image du vice ne se présenta jamais à ses regards; aucun propos contraire aux saintes lois de la pudeur n'offensa jamais ses oreilles; aucun livre dangereux n'exposa jamais l'innocence de son âme. Mais un second privilège pour elle dans cette sainte maison, c'est qu'elle n'y entendait rien, qu'elle n'y voyait rien qui ne la portât à la vertu.

Sous le rapport de l'avancement dans les voies de Dieu, ce temps fut pour elle comme un premier noviciat de la vie religieuse.

Dans cette vie de pensionnat où tout est réglé par l'obéissance et le devoir, elle s'habitua à vaincre ses volontés naturelles et à n'agir que par le mobile de la raison et de la foi.

Comme elle avait une intelligence lucide, ferme, pénétrante, et une mémoire des plus heureuses, elle apprit avec une extrême facilité tout ce qu'on enseignait alors dans un pensionnat à des jeunes personnes de qualité.

Mais, avec la sagesse précoce dont le Saint-Esprit l'avait douée, elle comprenait que cette instruction, quelque brillante et complète qu'elle fût, n'était, dans une jeune personne chrétienne, que l'accessoire, et que le principal était de craindre Dieu et d'observer ses commandements.

Aussi, dès ces premières années de sa jeunesse, la science des sciences, pour Catherine-Clotilde de Brugelles, fut Jésus-Christ. Elle s'appliqua dès lors, comme elle devait le faire tout le reste de sa vie, à approfondir ce Livre vivant et à conformer sa vie aux leçons et aux exemples de son divin Modèle. Et à mesure qu'elle étudiait cet adorable Maître, elle s'attachait de plus en plus à lui.

Déjà, dans le sanctuaire de sa famille, quand elle vivait sous le régime de la Terreur, à la vue de tant d'illustres victimes immolées sur l'échafaud, elle avait commencé à voir à une vive lumière le néant du monde et de toutes ses grandeurs. Mais dans la paix de la maison de Dieu et dans la prière au pied des saints autels, elle voyait ce néant à une lumière incomparablement plus vive, et elle comprenait cette parole de saint Paul : « J'ai tout regardé, le monde et toutes ses grandeurs, comme un fumier, pour gagner Jésus-Christ. »

Dieu et les biens éternels étaient tout pour elle ; le

monde et ses biens qui passent n'étaient qu'un néant à ses yeux.

Il n'y a d'estimable en ce monde, pour l'âme chrétienne, qu'une seule chose, la grâce de Dieu, parce que la grâce seule nous unit à Dieu et nous fait mériter le ciel.

Catherine-Clotilde n'estimait que ce divin trésor.

Elle voyait que, sans cette grâce de Dieu, toutes les grandeurs de la terre, toutes les félicités, toutes les gloires n'étaient qu'un acheminement à un enfer éternel. Retirant son affection de tout ce qui aboutit à un si effroyable terme, elle la plaçait et la concentrait tout entière en son Dieu.

Servir Dieu lui apparaissait comme ce qu'il y avait de plus grand, de plus beau, de plus heureux sur la terre. C'était la félicité, mais une félicité pure déjà commencée; c'était ensuite le gage assuré de la félicité éternelle dans le ciel.

Dieu, qui voulait cette âme toute pour lui, avait un admirable secret pour l'attirer, il l'inclinait à considérer cet amour infini de Jésus-Christ qui a fait dire à l'apôtre : *Il m'a aimé et il s'est livré pour moi.* Ce qui absorbait la pensée et l'âme des apôtres sur le Thabor, ces divins excès d'amour que Jésus-Christ devait accomplir à Jérusalem en mourant pour nous sur la croix, absorbait aussi la jeune vierge. Elle comprenait, elle sentait qu'en consacrant à Jésus-Christ toutes les puissances aimantes de son âme, qu'en lui faisant un don entier et éternel de sa personne, elle serait encore infiniment loin de répondre à l'amour que ce divin Sauveur lui avait témoigné en mourant pour elle. Elle se demandait donc souvent ce qu'elle devait faire afin de lui rendre amour pour amour, et elle conjurait instamment cet adorable Maître de daigner l'éclairer de sa sainte lumière.

Si l'âme de Catherine-Clotilde était attirée par la considération des excès d'amour de Jésus-Christ accomplis sur la croix, elle n'était pas moins attirée par la considération des excès d'amour de son Sauveur accomplis dans l'Eucharistie. L'Eucharistie était un abîme de merveilles et de miracles où son âme et son cœur aimaient à s'enfoncer et à se perdre. La réception du pain des anges était toujours une première communion pour elle. Même pureté de cœur, même ardeur de désir qu'au jour où elle le reçut pour la première fois ; l'amour seul était plus grand. Comme le divin Maître se complaisait dans cette âme droite et pure, il venait à elle avec les richesses de sa grâce, et il ornait lui-même son temple de la divine parure de la sainteté. L'Eucharistie était à la fois pour Catherine-Clotilde le pain des forts et le vin qui fait germer les vierges ; elle la fortifiait et la sanctifiait. A peine avait-elle reçu son Dieu, qu'elle s'abîmait dans l'adoration, dans l'action de grâces, dans l'amour. Elle faisait éclater dès cette époque ce profond respect qui devait toute sa vie, ainsi que nous l'avons déjà dit, lui donner l'attitude d'un séraphin au pied des saints tabernacles.

La vie que menait Catherine-Clotilde de Brugelles faisait une impression profonde sur les jeunes filles élevées avec elle. Comme elle dominait ses compagnes par ses vertus, par sa maturité, par ses talents et par l'élévation de son caractère, elle n'avait aucune peine à les porter au bien. Des témoins contemporains ont affirmé qu'en tout son avis était celui qui prévalait, et que ses compagnes acceptaient tout ce qu'elle décidait. Elle était, dès cette époque, l'ange du conseil. Ses paroles étaient sobres, mais toujours pleines de sagesse. On la voyait constamment égale, la sérénité peinte sur les traits. La gravité de son maintien et sa modestie commandaient le respect ; mais sa bonté bien connue ouvrait et attirait les cœurs. Elle fit donc auprès de ses compagnes le premier essai de cet apostolat si fécond et si puissant qu'elle devait exercer tant auprès des religieuses de sa congrégation que des personnes du monde, durant le cours de sa longue carrière.

Le séjour de Catherine-Clotilde de Brugelles au pensionnat des Ursulines de Saint-Papoul touchait à son terme. Le conseil de Dieu sur elle était rempli : les premières années de sa jeunesse avaient répondu à son angélique enfance. Dieu allait rappeler la jeune vierge à Castelnaudary, lui réservant, dans sa ville natale, des miséricordes et des faveurs encore plus grandes ; mais, avant de les raconter, arrêtons quelques instants nos regards sur un touchant tableau : considérons les pensées et les sentiments intimes qui se pressent dans l'âme de Catherine-Clotilde de Brugelles au moment où elle doit s'arracher à ce saint asile qui venait d'abriter sa jeunesse. Tout ce que Dieu avait fait pour elle pendant ces heureuses années se représente alors à sa mémoire. Dieu l'avait gardée comme la prunelle de son œil ; il lui avait donné pour institutrices, pour mères et pour modèles des religieuses d'une éminente sainteté ; pour compagnes, des jeunes personnes appartenant à l'élite des familles chrétiennes, et pour guides de son âme, des prêtres qui, avec le courage des martyrs, avaient confessé la foi de Jésus-Christ.

Le Dieu de son enfance avait été le Dieu de sa jeunesse, et, avec le secours de sa grâce, elle l'avait servi d'un cœur fidèle. Dans la paisible retraite où sa main l'avait conduite, elle avait été formée à la pratique de toutes les vertus. A l'exemple des saints, s'exerçant à l'abnégation et au renoncement à soi-même, elle avait appris à porter sa croix à la suite de Jésus-Christ, son divin Maître. Elle avait édifié ses compagnes par ses entretiens, comme par ses exemples, elle les avait portées au service et à l'amour de Dieu.

Priant une dernière fois dans cette église si chère du pensionnat et s'inclinant devant le tabernacle, où, des yeux de la foi, elle contemple Jésus-Christ lui découvrant son cœur, elle voit comme revivre devant elle les faveurs et les bienfaits dont elle avait été comblée : saintes pensées, inspirations de la grâce, mouvements intérieurs du Saint-Esprit, prières au pied des saints autels, pieuses lectures, instructions, exhortations des ministres de Jésus-Christ, le saint sacrifice auquel elle avait assisté chaque jour, ses communions fréquentes, les délices dont son âme avait été inondée, ses colloques avec l'hôte divin reçu dans son cœur, ses ardents désirs de servir Dieu, ses promesses d'être toute à lui et à jamais.

A tous ces souvenirs, l'âme aimante, l'âme noble et grande de Catherine-Clotilde de Brugelles, débordant de reconnaissance et d'amour, n'a plus d'autre expression que ces paroles du roi-prophète : « *Deus cordis mei, pars mea Deus in æternum :* Dieu de mon cœur, vous êtes mon partage pour l'éternité ! »

CHAPITRE VI

Catherine-Clotilde de Brugelles à Castelnaudary. — Elle est dans sa dix-septième année. — Mérites déjà acquis dès cet âge. — Portrait de cette vierge chrétienne.

Catherine-Clotilde de Brugelles avait passé en faisant le bien dans le pensionnat des Ursulines de Saint-Papoul : elle y avait répandu la bonne odeur de Jésus-Christ. Si, à son retour dans la maison paternelle, et quand elle entrait dans sa dix-septième année, Dieu l'eût retirée de ce monde, la couronne de justice que le juste Juge eût posée sur sa tête eût été déjà magnifique.

Neuf années s'étaient écoulées déjà depuis l'âge de raison, et ces années étaient admirablement fécondes pour le Ciel.

Pour juger de cette fécondité, nous n'avons qu'à nous rappeler que, selon la doctrine de l'Église catholique, *les bonnes œuvres accomplies dans la grâce de Dieu sont méritoires de la vie éternelle.*

En partant de ce principe, nous pouvons entrevoir la moisson de mérites qu'eût présentée au souverain Juge Catherine-Clotilde de Brugelles, si elle eût été appelée à paraître devant lui à la fleur de l'âge.

Depuis l'âge de raison, comme nous l'avons vu, la vie

de Catherine-Clotilde avait été une série d'actes chrétiens. Cette belle âme avait vécu dans la grâce de son Dieu ; elle l'avait servi avec fidélité, elle l'avait aimé de tout son cœur. Ses journées avaient été pleines, selon l'expression de l'Écriture sainte ; ainsi, elle eût reçu une resplendissante couronne, et elle aurait été réunie au chœur des vierges dans le ciel, si Dieu eût marqué pour elle le terme de la vie au sortir du pensionnat des religieuses Ursulines de Saint-Papoul.

Mais dans les desseins de Dieu, Catherine-Clotilde, en entrant dans sa dix-septième année, ne faisait en quelque sorte que le premier pas dans la carrière, car soixante-dix ans de vie lui étaient réservés. Dans le plan providentiel, cette vierge avait une double mission à remplir : elle devait être, par la sainteté de sa vie, l'édification, le flambeau et l'ornement de sa ville natale ; elle devait, en outre, se montrer une des plus grandes servantes des pauvres au XIXe siècle par l'héroïsme de sa charité.

Or, comme c'est dès sa rentrée dans sa famille, après avoir terminé son éducation au pensionnat de Saint-Papoul, qu'elle commence à remplir la belle et sainte mission que Dieu lui destine, c'est ici qu'il convient de dessiner le portrait fidèle de cette vierge, afin qu'il projette sa lumière sur tout ce qui nous reste à dire.

Dieu se plut à orner avec munificence des dons de la nature et de la grâce cette vierge qui devait lui rendre tant de gloire.

Quant à l'extérieur, voici comment les personnes qui ont vécu avec elles tracent son portrait :

Catherine-Clotilde-Jeanne-Marie de Brugelles était d'une taille élevée et majestueuse, et en même temps admirablement proportionnée. Sa constitution était très forte; sa figure frappait par la noblesse et la régularité des traits; son teint était brun. Elle avait un front grand, beau, élevé; des yeux noirs, à fleur de tête, pleins d'expression, de lumière et de vie. Son nez était aquilin, ses lèvres plutôt un peu fortes que fines; le tout formait un ovale très harmonieux. La figure de cette vierge était un miroir où se réfléchissaient la pureté et la beauté spirituelle de son âme; sa démarche était pleine de dignité.

Son air était calme et sérieux; c'était, sans doute, l'effet de la très forte trempe de son caractère, mais c'était aussi l'indice d'une âme souverainement maîtresse d'elle-même et de tous ses mouvements intérieurs. Comme nous l'avons vu, Dieu l'avait mûrie avant l'âge par les épreuves auxquelles il la soumit durant le temps de la Terreur. Elle trembla pour les jours de son père, de sa mère, de son oncle paternel; son cœur connut ce que les angoisses de la piété filiale peuvent avoir de plus déchirant. Ses traits avaient de bonne heure porté l'empreinte de la douleur, et ses yeux avaient versé de saintes larmes. Il ne devait plus être en son pouvoir de perdre cette noble trace de la douleur. L'expression de la joie du siècle eût en quelque sorte déshonoré l'auguste empreinte laissée sur ses traits par le martyre de la piété filiale. Elle était, d'ailleurs, si pénétrée de la présence de Dieu, que cette présence eût seule suffi pour lui donner cet air grave, réservé, profondément recueilli, qu'on admira toujours en elle, et qu'elle devait conserver jusqu'au dernier terme de sa vénérable vieillesse. On ne pouvait, en la voyant, se défendre d'une profonde impression de respect; de quelque rang que l'on fût, on s'apercevait de prime abord que l'on avait à traiter, non seulement avec une femme d'un mérite supérieur, mais encore avec une grande servante de Dieu.

Ce privilège de commander ainsi le respect fut une des grâces insignes que Catherine-Clotilde de Brugelles reçut en ce monde. Comme elle était destinée à traiter toute sa vie avec des personnes de tous les rangs, elle gardait dans ses rapports une souveraine liberté, et elle pouvait faire le plus grand bien spirituel aux âmes.

L'extérieur, dans Catherine-Clotilde de Brugelles, était une image de l'intérieur. Dieu avait enrichi son âme des dons les plus précieux de la nature et de la grâce ; il lui avait donné un grand caractère, capable des plus grandes choses pour sa gloire. Elle avait une intelligence élevée, ferme, pénétrante ; elle était douée, en outre, d'une mémoire si heureuse, que tout ce qu'elle avait appris y demeurait dans un ordre lumineux, n'hésitant jamais sur une date, et, par un privilège bien rare, elle devait conserver cette faculté fraîche et intacte jusqu'à l'âge de quatre-vingt-sept ans. Grâce à une pénétration si vive et à une si heureuse mémoire, elle dépassait, pour l'instruction, le degré ordinaire des femmes cultivées. Elle était versée dans l'histoire générale et dans l'histoire de l'Église; elle avait fait une étude approfondie de la religion; elle connaissait l'Écriture sainte, qu'elle lisait comme la parole de Dieu et dont elle faisait les plus heureuses applications. Cette intelligence s'étendait à tout; elle se jouait des calculs les plus compliqués, elle dominait les difficultés de l'administration. On verra plus loin que c'est elle qui conçut le plan de la belle église de l'hôpital et des nouveaux édifices dont elle dota la demeure des pauvres. Ajoutons qu'elle excella dans les travaux d'aiguille, dans ce que la broderie a de plus délicat et de plus fin; les plus beaux ornements d'église que possède l'hôpital de Castelnaudary attestent sa rare habileté en ce genre de travail.

Elle avait un jugement très solide et un bon sens exquis; la sagesse lui fut donnée en partage. Elle fut l'ange du conseil pour les siens, pour les habitants de Castelnaudary et pour les religieuses de sa congrégation. Ici, toutes les voix s'unissent pour lui rendre hommage.

Des les premières années de sa jeunesse, elle montra ce courage héroïque qu'on devait admirer en elle jusqu'à la fin de sa vie. Les dangers, les travaux, les fatigues, les privations, l'aspect des plus profondes misères de l'humanité, la vue des plaies les plus navrantes pour un cœur sensible la trouvèrent toujours invincible et sereine, toujours prête à se dévouer.

A ce courage, elle joignait un fonds inépuisable de bonté envers tout le monde. On ne saurait dire sa tendresse envers les pauvres; elle la porta non seulement aussi loin que peut la porter une mère, mais encore aussi loin que peut la porter l'héroïsme de la charité chrétienne.

Quant à la mortification, Catherine-Clotilde de Brugelles comptera parmi les vierges qui, dans ce siècle, ont fait à Jésus-Christ l'holocauste le plus entier de leur corps. Elle traita sa chair virginale avec une étonnante rigueur ; elle avait soif des privations, des pénitences, des austérités, des jeûnes. La couche la plus dure, un sommeil court, les aliments les plus communs, les vêtements les plus pauvres, voilà son attrait, son choix, ses délices en ce monde. On peut dire que, pendant plus d'un demi-siècle qu'elle a passé au milieu des pauvres, elle a observé un jeûne des plus rigoureux.

Une sublime parole qui lui échappa nous dépeint l'héroïsme de sa mortification et la tendresse expansive de son cœur : « Pour moi, je suis forte ; avec un peu de pain et de l'eau, je puis vivre ; mais les pauvres et les malades, nous devons les soigner comme les membres souffrants de Jésus-Christ. »

Une perpétuelle aspiration à se refuser à elle-même tout ce qu'elle pouvait et à traiter avec largesse les pauvres et les infirmes, qu'elle regardait comme les vivantes images de l'Homme-Dieu et comme les héritiers du royaume céleste, telle fut la vie de cette héroïne de la charité.

Elle couronnait tant de belles qualités et de vertus par une humilité profonde. La vanité est le trait des âmes petites et faibles, peu enracinées dans la vertu et dans le service de Dieu. L'âme de Catherine-Clotilde était si grande, elle voyait à une si vive lumière ce qui était de Dieu et ce qui était d'elle, qu'il lui était impossible de s'arrêter au moindre mouvement de complaisance ou de vanité. Elle rendait à Dieu tout ce qui était à Dieu, ne gardant pour elle que la vue de son néant. Dans ce qu'elle entreprenait et faisait pour la cause de Dieu, bien qu'elle fût l'âme de tout, néanmoins, loin de revendiquer la moindre louange pour elle, elle en attribuait publiquement le mérite et le succès à ses sœurs, s'effaçant sans cesse elle-même et se plaisant à les mettre en lumière, les aimant d'une cordiale tendresse et les estimant du fond de l'âme comme des épouses de Jésus-Christ.

Pour achever le portrait de notre héroïne, il est nécessaire de révéler les flammes dont brûlait son cœur. La charité, l'amour de Dieu, fut un incendie qui embrasa son âme dès ses jeunes années et qui alla se dilatant sans cesse jusqu'à la dernière heure de son long pèlerinage sur la terre. Cette vierge privilégiée eut le bonheur de vivre à la source même de ce feu divin. Marchant sur les traces de Marguerite-Marie, l'amante et l'apôtre du Cœur de Jésus-Christ, elle se dévoua et se consacra tout entière au Cœur de cet adorable Maître. Le culte de ce divin Cœur fut sa dévotion favorite et l'élément de sa vie ; son exercice par excellence et le plus habituel était de se tenir en esprit aux pieds de Jésus-Christ, d'adorer en lui son Sauveur et son Dieu, de contempler par la foi et par l'amour ce Cœur divin qui a tant aimé les hommes, et de s'enfoncer et de s'abîmer dans les profondeurs et les feux de son amour, d'en goûter les suavités infinies, d'en mesurer la largeur et la longueur, la hauteur et la profondeur, d'en explorer les trésors et les inénarrables richesses. Elle vécut soixante-dix ans auprès de cette fournaise, investie et pénétrée de ses ardeurs. Là est le secret de sa force, de ses vertus, de sa sainteté. Appuyée sur Jésus-Christ, pour lequel seul elle vivait et auquel seul elle appartenait, le cœur uni au Cœur de son Dieu et de son Époux, elle ne trouvait rien d'impossible pour la cause de Dieu et des âmes, pour le bien temporel et spirituel des pauvres. En contemplant ces magnifiques demeures qu'elle leur a édifiées, l'on peut dire que c'est sa dévotion au Sacré-Cœur de Jésus-Christ qui a fait ces merveilles.

Cette dévotion est encore le secret de ce zèle dont elle brûlait pour la gloire de Dieu et le salut des âmes. Le divin Maître avait dit : « Je suis venu apporter le feu sur la terre, et qu'est-ce que je veux, sinon qu'elle s'embrase? » Ces paroles de Jésus-Christ, voilà la règle, la devise et toute la vie de cette vierge.

Enfin, la dévotion au Sacré-Cœur de Jésus devait lui mériter, aux derniers moments de sa vie, un des plus suaves avant-goûts de la béatitude. Nous verrons comment le divin Maître traita cette femme apostolique à sa dernière heure, inondant son âme de la paix du ciel, avant de se révéler et de se donner à elle dans la gloire.

CHAPITRE VII

Édification que donne Catherine-Clotilde dans sa famille et dans la ville de Castelnaudary. — Elle se sent portée à entrer dans la Congrégation des sœurs de Nevers. — Appui et lumières qu'elle trouve dans son directeur, l'abbé Raymond de Tréville.

Catherine-Clotilde de Brugelles n'est pas plus tôt rendue au foyer paternel et à sa ville natale, qu'elle commence à remplir la sainte mission que la Providence lui destine. C'est d'abord dans sa famille qu'elle répand la bonne odeur de Jésus-Christ. Ses parents sont heureux de la revoir après une si longue séparation; mais leur bonheur est au comble en voyant dans leur fille aînée un mérite si accompli.

Catherine-Clotilde apparaît comme un modèle de piété. Sa vie est admirablement réglée : à Dieu, la fleur et les prémices de tout; en tête de tout, ses devoirs envers Dieu et ses exercices de dévotion. Chaque jour, selon l'habitude qu'elle en a contractée au couvent, elle entend la sainte messe. Et comme son âme est toute à Dieu, elle trouve son bonheur à s'unir à lui par la communion fréquente, à laquelle elle se prépare par la confession sacramentelle. Elle a dans la journée ses temps de recueillement et de prière, et son heure fixée pour les saintes lectures. Par tous ces canaux, la grâce coule abondante dans son âme ; et, par sa fidélité à la grâce, elle se dispose à recevoir les éminentes faveurs que Dieu lui réserve.

Envers son père et sa mère, elle se montre si aimante, si délicate, si attentive, qu'elle les comble de joie et de consolation.

Dès son retour dans sa famille, elle s'occupe, avec toute l'ardeur du zèle chrétien, de la sanctification de ses sœurs et de son jeune frère. Par ses exemples plus que par ses leçons, elle travaille à les former à la piété, à leur inspirer la crainte de Dieu et à inculquer profondément dans leur cœur les vérités de la religion. Cet apostolat qu'elle commence envers ces âmes qui lui sont si chères, elle le poursuivra jusqu'à ce qu'elle ait assuré leur salut éternel. Quand ces âmes bien-aimées devront quitter cette terre, nous la verrons à côté d'elles, les assistant comme un ange, les entourant des consolations de la Foi et les remettant en quelque sorte de main en main à Dieu, leur créateur et rédempteur.

Catherine-Clotilde de Brugelles trouve docilité parfaite dans ses sœurs. Elles la révèrent, dès lors, non seulement comme leur aînée, mais comme une seconde mère et comme une grande servante de Dieu. Les deux aînées, Jeanne-Marie et Françoise-Marie-Rose-Térèse, montreront dans le monde le fruit des leçons de leur sainte sœur. Mariées, la première à M. Laquière, et la seconde à M. Alquier, elles deviennent des mères de famille accomplies, elles élèvent pour Dieu et dans sa crainte les enfants que Dieu leur a donnés.

Quant à la jeune Victoire, alors dans un âge encore tendre, et moissonnée, en 1807, après sa première communion, si elle vécut comme un ange, c'est à sa sœur aînée, aux soins qu'elle prit de son âme, qu'elle dut un si grand bonheur. Nous verrons, dans la suite, comment cette angélique vierge, sous le regard et dans les bras de sa sœur, prit son essor de cette terre pour s'envoler au ciel. C'est un des plus suaves tableaux que puisse contempler la piété chrétienne.

Son frère, Jean-Pierre-Louis-Marguerite de Brugelles, alors encore enfant, conçoit pour sa sœur des sentiments de vénération qui ne s'effaceront jamais. Un jour, ainsi que nous le raconterons plus loin, il sera tellement la conquête de son zèle, qu'il se montrera un chrétien parfait, vivra comme un saint et rendra doucement son âme à Dieu dans les bras de sa sœur.

Mais, dans les desseins de Dieu, Catherine-Clotilde de Brugelles a une mission plus étendue à remplir. Elle est destinée à être dans la ville de Castelnaudary ce qu'elle est dans sa famille. La fervente vierge répond à ces vues de la Providence sur elle. Son rare mérite, ses qualités, ses vertus, son éminente piété, tant de modestie et d'humilité commencent à exercer un véritable apostolat dans sa ville natale.

Sa démarche si digne, son costume si sévère, son recueillement à l'église, sa fidélité à entendre chaque jour la sainte messe, son attitude profondément respectueuse pendant l'adorable sacrifice, sa ferveur et sa modestie angélique en approchant de la sainte table, son air si pénétré et si recueilli après la communion, excitent l'admiration générale.

Ses entretiens où tout est judicieux, empreint de prudence, de sagesse, où tout respire la foi la plus vive, achèvent de lui concilier l'estime et la considération de toute la ville.

Déjà se montrent au grand jour son zèle pour les bonnes œuvres, sa miséricorde envers les malades et les pauvres. Son bonheur est de leur faire l'aumône, de leur prodiguer ses soins, de consoler leurs âmes, de les instruire et de les mettre dans la voie du salut. Elle fait de fréquentes visites à l'hôpital; elle parcourt ces salles, où Dieu lui réserve une si héroïque mission. Ces hommes, ces femmes infirmes, assaillis de toutes les misères de l'humanité, sont, à ses yeux, les membres souffrants de Jésus-Christ. Elle les regarde avec respect et avec amour : c'est Dieu qu'elle soigne, qu'elle révère en eux.

Dans cet hôpital, elle retrouvait les vénérables religieuses qu'elle avait vues dans son enfance, quand sa mère l'amenait avec elle pour visiter les malades.

Mais la Révolution a visité la demeure des pauvres, et ses ravages impies sont sous ses yeux. Ces religieuses, qu'elle revoyait avec tant de bonheur, en avaient été violemment expulsées, parce qu'elles avaient refusé de prêter le serment. Catherine-Clotilde de Brugelles saluait donc en elles des vierges qui avaient confessé Jésus-Christ et qui s'étaient offertes au martyre. Après la tempête, elles s'étaient empressées de venir reprendre possession de l'édifice dévasté. Elles y avaient de nouveau réuni les pauvres, et elles en étaient redevenues les servantes et les mères. Pour les nourrir, elles s'imposent toutes sortes de privations; mais chaque jour la Providence seconde leur courage et bénit leur foi, en leur faisant trouver dans la charité des catholiques et généreux habitants de Castelnaudary tous les secours nécessaires.

La vue de ces magnanimes servantes des pauvres, de ces fidèles épouses de Jésus-Christ, qui ont confessé sa foi, parle éloquemment au cœur de Catherine-Clotilde de Brugelles. Elle se sent puissamment attirée vers elles. S'associer à leur sacrifice lui paraît être ce qu'elle peut faire de plus grand pour Dieu. C'est la grâce de la vocation qui commence à se manifester.

Catherine-Clotilde de Brugelles a donc à examiner et à résoudre la question la plus solennelle de son existence et la plus décisive pour son éternité, la question de l'état auquel elle est appelée de Dieu. Aussi, à cette époque, Dieu se montre-t-il prodigue de lumières et de secours envers cette âme droite, grande, généreuse. Il lui a préparé un guide qu'il a formé de sa main, auquel il a abondamment communiqué son esprit et qui ne respire que les intérêts de sa gloire. Ce guide accompli, ce prêtre selon son cœur, qui sera pour Catherine-Clotilde de Brugelles ce que le Père Balthasar Alvarez fut pour sainte Térèse et saint François de Sales pour sainte Chantal, c'est l'abbé Raymond de Tréville.

Né en 1770, d'une des plus nobles et des plus anciennes familles de Castelnaudary, Raymond de Tréville n'avait que vingt-trois ans en 1793. Cette date suffit pour jeter la plus vive lumière sur sa vocation au sacerdoce. C'est quand la France présentait le spectacle de ses cent trente évêques volontairement exilés et de tant de prêtres exposés à la haine et à la fureur d'un peuple impie, persécutés, emprisonnés, cachés, exerçant le saint ministère au péril de leur vie, déportés hors du royaume, massacrés ou versant leur sang sur l'échafaud; c'est à l'école de la Terreur, que Raymond de Tréville étudiait la dignité du sacerdoce et qu'il sentait dans son âme une invincible aspiration pour cette dignité sainte. Se vouer tout entier à la gloire de Dieu par le sacerdoce, c'était l'ambition suprême de son âme.

Il venait, d'ailleurs, de voir à une terrible lumière le néant de toutes les grandeurs humaines. La plus ancienne couronne du monde avait été brisée, et un fils de saint Louis livré au supplice par un peuple parricide. Les têtes les plus précieuses, les plus illustres étaient tombées après celle du roi-martyr. D'un bout de la France à l'autre, l'échafaud avait été dressé. Génie, héroïsme, jeunesse, innocence, sainteté, rien n'avait trouvé grâce devant des hommes sans Dieu ; et la sanglante Terreur avait régné en souveraine sur toute l'étendue du royaume très chrétien.

Raymond de Tréville avait compris ces leçons, les plus solennelles que Dieu puisse donner aux nations ici-bas. Il y avait vu comment ce grand Dieu châtie un peuple qui l'abandonne; mais, de plus, il avait vu là le néant de toutes les grandeurs, de toutes les félicités de la terre.

Inébranlable dans sa résolution de ne servir que Dieu, il se prépara par l'exercice des vertus et par l'étude à entrer dans le sanctuaire. Le plus beau jour de sa vie se leva enfin : il reçut l'onction sacerdotale. Il pouvait offrir le saint sacrifice, il pouvait absoudre. Glorifier Dieu, ouvrir le ciel aux âmes, il n'avait point d'autres désirs en ce monde. Ses prédilections le portèrent vers les pauvres. Aumônier de l'hôpital, il était dans son centre, dans son élément. Mais, en évangélisant les pauvres, il était la lumière et l'apôtre de la cité. A un saint zèle il unissait, dans un degré éminent, le don de la direction ; aussi les âmes d'élite, les personnes des rangs élevés de la société accouraient à lui, comme le peuple et les pauvres. Jeune par les années, il avait la sagesse des vieillards du sanctuaire. Sa carrière sacerdotale devait être courte, mais pleine, féconde et riche de mérites.

Tel est le guide que Dieu a réservé à Catherine-Clotilde de Brugelles. Il la dirige pendant les trois années qui précèdent son entrée en religion. Les saints font les saints. Aussi avec quelle rapidité Raymond de Tréville, durant ce temps, fait-il avancer sa fille spirituelle dans les voies de Dieu ! Dès le premier jour qu'elle lui révèle son âme, il peut voir que le signe des vierges destinées à suivre l'Agneau est en elle. Mais, en guide prudent, il étudie à loisir les opérations de la grâce, il pèse tout à la balance du sanctuaire, il éprouve la future épouse de Jésus-Christ, il lui fait connaître toute la sainteté de l'état auquel elle aspire. La vocation de Catherine-Clotilde ne tarde pas néanmoins à devenir évidente pour lui. Aussi, après ces trois ans, il peut lui dire avec l'autorité d'un prophète et d'un apôtre : « Partez, ma fille ; Dieu vous appelle. »

Heureuse vierge d'avoir un tel guide ! Heureux guide d'avoir une telle vierge à présenter à Jésus-Christ et à toute la cour céleste !

Le dessein de Dieu sur elle ainsi connu, Catherine-Clotilde de Brugelles, la joie du Ciel dans l'âme, part le 26 septembre de l'année 1803 pour le noviciat des sœurs de Nevers. Elle est dans sa dix-neuvième année.

Dieu, qui veut que son saint guide affermisse en elle l'édifice spirituel, la rappelle, trois ans après sa profession, à Castelnaudary, où elle reparaît avec le vénérable habit des servantes des pauvres. Pendant deux ans, le saint prêtre travaille à mettre la dernière main à son œuvre ; et le 16 décembre 1809, à trente-neuf ans, il est appelé à la récompense. Quelle scène que celle de ses derniers moments ! Après avoir reçu avec la foi des saints les sacrements de l'Église, Raymond de Tréville bénit les pauvres, dont il a été le père et l'apôtre ; il bénit les membres de sa famille, qu'il a tendrement aimés ; il bénit Catherine-Clotilde-Élisabeth de Brugelles, qu'il a consacrée au Seigneur ; il bénit les religieuses, ses filles spirituelles ; il bénit les prêtres, ses frères dans le sacerdoce ; il bénit la cité tout entière. Alors, l'âme inondée de joie et le front déjà lumineux d'un rayon de la patrie, il prend son essor et va, pour l'éternité, se réunir au chœur des prêtres dans le Ciel.

Raymond de Tréville laisse à sa noble famille la plus belle des illustrations, celle de la sainteté ; car la gloire de la sainteté est autant élevée au-dessus de toute gloire humaine que le Ciel est élevé au-dessus de la terre.

La vierge d'Avila, du haut de la patrie céleste, révélant à une âme la sainteté du Père Balthasar Alvarez, son guide, dit de lui : *Dans le ciel, je le reconnais et je le révère.* Élisabeth de Brugellès peut, à aussi juste titre, dire de Raymond de Tréville, son bienheureux guide : *Dans le ciel, je le reconnais et je le révère.*

Le livre des Macchabées nous peint le saint pontife Onias priant, après sa mort, pour son peuple. Prêt à livrer une bataille, Judas Macchabée le voit qui *étendait les mains et priait pour la nation.* Auprès de lui était un autre vieillard vénérable qu'Onias montre du doigt, disant : *Celui-ci est le véritable ami de ses frères et du peuple d'Israël : c'est Jérémie, le prophète de Dieu, qui prie beaucoup pour le peuple et pour toute la ville sainte.*

Nous pouvons, dans une légitime mesure, appliquer ces paroles à ce prêtre qui a répandu les parfums de la sainteté dans le midi de la France. Il prie pour la cité où il a vécu, où il s'est immolé pour le salut des âmes. Il prie pour la maison de Dieu où sont les pauvres, les membres souffrants de Jésus-Christ, dont il fut le père et l'apôtre; et ses prières sont désormais confondues avec celles de l'héroïque vierge dirigée par lui, qui les servit pendant plus d'un demi-siècle, dans cette même demeure de Dieu qu'elle a si magnifiquement agrandie. Il prie pour la maison de ses pères, afin d'y garder avec la foi antique l'antique noblesse des sentiments. Il prie pour le clergé, afin qu'il resplendisse aux yeux du peuple par la sainteté. Il prie pour toute la cité de Castelnaudary, qui demeure à jamais sa famille d'adoption.

Perle des prêtres, heureux Raymond de Tréville, vaillant soldat de Dieu, toi, qui désormais, pour les siècles des siècles, jouis des inénarrables délices de la vision béatifique, exauce le vœu d'un cœur qui t'aime et te révère! En priant pour la cité de Castelnaudary, qui t'est si chère et où tu méritas la palme des vainqueurs, daigne aussi te souvenir de celui qui lègue aux générations futures ton nom béni et qui leur révèle ce que Dieu fit de grand par ton saint ministère!

CHAPITRE VIII

De la Congrégation des sœurs de la Charité et de l'Instruction chrétienne de Nevers. Ses origines, ses progrès. — Fidélité héroïque des sœurs pendant la Révolution française. — Réorganisation de l'institut au commencement de ce siècle. — Sa rapide propagation. — Entrée de Bernadette, de Lourdes, en 1866. — Approbation de l'institut par Pie IX en 1870.

Avant de suivre Catherine-Clotilde de Brugelles dans la carrière de la vie religieuse, il est nécessaire de faire connaître la congrégation où elle s'est élevée à une perfection si éminente.

Cette congrégation est celle des sœurs de la Charité et de l'Instruction chrétienne de Nevers ; son établissement date de l'année 1682. Une petite ville du Nivernais, Saint-Saulge, fut son berceau. Dès le principe, Dieu répand sur elle les plus abondantes bénédictions. Son fondateur est Jean-Baptiste de Laveyne, religieux de l'ordre de Saint-Benoît, élève de la Compagnie de Jésus comme saint François de Sales, fondateur de la Visitation, et comme le bienheureux Pierre Fourrier, fondateur de l'institut de Notre-Dame. A l'âge de vingt-cinq ans, ce fervent religieux inaugure à Saint-Saulge, sa ville natale, la nouvelle congrégation, qui embrasse à la fois les œuvres de charité et l'instruction chrétienne. Les premières pierres vivantes de cet édifice spirituel sont deux vierges de Saint-Saulge, Marie de Marchangy et Anne Le Geai.

Marie de Marchangy est à peine âgée de dix-sept ans; mais, dans cette fleur de jeunesse, elle laisse déjà entrevoir la femme forte capable des plus héroïques sacrifices de la charité ; c'est elle qui va, comme supérieure générale, gouverner la congrégation naissante. Anne Le Geai, sa compagne, est également une âme d'élite; Dieu l'a douée de toutes les qualités nécessaires pour remplir la mission qu'il lui destine.

En 1682, après deux années d'épreuves, le fondateur les admet à la profession.

Bientôt d'autres vierges de Saint-Saulge, obéissant à l'inspiration du Saint-Esprit, viennent s'adjoindre à elles. De ce nombre est Marcelline Pauper, que Jésus-Christ s'est choisie pour faire éclater en elle des merveilles de grâce de l'ordre le plus élevé.

Le fondateur donne à sa congrégation des règles et des constitutions empreintes d'une sagesse surnaturelle ; il unit si admirablement les exercices de la vie intérieure à ceux de la vie active, que les vierges qui vivent dans cet institut y trouvent tous les secours spirituels et tous les moyens de sanctification qu'elles peuvent souhaiter.

Peu de temps après sa fondation, le nouvel institut établit son centre et sa maison mère à Nevers, et c'est de cette ville qu'il prend son nom. L'évêque de Nevers en devient dès lors le supérieur général : le fondateur et Marie de Marchangy ne gouvernent que sous son autorité.

Il compte à peine dix années d'existence, et déjà les fondations commencent. Marie-Scholastique de Marchangy établit différentes maisons. Afin d'autoriser la mission de la fondatrice, Dieu l'orne du don des miracles. Le cardinal de Fleury ressent les effets de ce don. Une effroyable plaie à la jambe menace sa vie ; deux fois consultée, la Faculté de Paris est unanime sur la nécessité de l'amputation. C'est alors que le cardinal dit à l'humble servante de Jésus-Christ et des pauvres : « Après Dieu, c'est entre vos mains que je me remets. » Pleine de foi en Celui qui est tout-puissant, l'héroïque vierge, à genoux, baise d'abord la plaie, ce qu'elle avait coutume de faire, disent les annalistes de l'institut, surtout lorsque l'aspect des plaies était renversant pour la nature ; elle panse l'effroyable ulcère et passe ensuite la nuit en oraison. Le lendemain, la plaie est vermeille, tout danger a disparu, et bientôt toute trace du mal. Le miracle est connu à la cour et à Paris ; le nom de Marie de Marchangy est partout prononcé comme celui d'une sainte. Dès ce moment, le cardinal de Fleury prend le nouvel institut sous sa protection ; non content de l'établir dans toutes les villes de son diocèse, il veut, pour éterniser sa reconnaissance, que les religieuses de Nevers occupent à perpétuité, à Lodève, la maison où il est né. Un si noble vœu est rempli ; et, de nos jours encore, les filles de Marie de Marchangy occupent cette maison, devenue une des plus florissantes de l'institut.

Parmi les religieuses qui secondent Marie-Scholastique de Marchangy dans l'œuvre des fondations, Marcelline Pauper tient le premier rang. Elle fonde les maisons de Decize, de Murat, de Bourg-Saint-Andéol, de Saint-Etienne et de Tulle; elle en prépare et en visite un grand nombre d'autres. Cette vierge, comme nous l'avons dit plus haut, est une des plus privilégiées de son siècle par la grandeur des grâces qu'elle reçoit. On l'a appelée la perle du Nivernais; on peut dire qu'elle est une nouvelle Catherine de Sienne. Dieu a voulu que, comme sainte Gertrude, sainte Térèse et la bienheureuse Marguerite-Marie, elle écrivît elle-même sa *Vie*, afin que l'on connût les trésors de sainteté qu'il s'était plu à concentrer dans son âme.

C'est à Tulle, le 25 juin 1708, que cette vierge termine sa carrière. L'évêque, le clergé, la ville entière, rendent un éclatant hommage à sa sainteté. Le Père de Laveyne écrit à toute la congrégation une admirable lettre où il trace son portrait, et la compare à sainte Catherine de Sienne.

Un an après la mort de Marcelline Pauper, l'évêque de Tulle monte dans la chaire de la cathédrale, et, en présence du clergé et du peuple, il rend de nouveau hommage à la sainteté de la servante de Dieu, il publie des guérisons miraculeuses obtenues par son crédit, et il constate le fait de la conservation de son corps virginal sans la moindre atteinte de corruption.

Après Marcelline Pauper, celles qui donnent le concours le plus actif à Marie-Scholastique de Marchangy dans l'œuvre des fondations sont : Charlotte de Richemont, Louise Moreau, Anne-Marie de La Martinière, Magdeleine de La Croix-Balhan, Catherine Arnault, Élisabeth Roy, Marie-Anne Roy, sa sœur, et Jeanne de La Croix-Sohier.

La réputation de sainteté du nouvel institut fait qu'il se propage rapidement en France. Les princes, les plus grands seigneurs du royaume, les évêques, les villes, demandent à l'envi ces admirables servantes des pauvres et ces saintes institutrices de la jeunesse.

La princesse d'Harcourt, plus grande encore par sa foi que par son illustre naissance, est la première qui les établit dans ses domaines. Elle fonde d'abord la maison de Murat en Auvergne, et c'est Marcelline Pauper qu'elle a le bonheur de voir à la tête de cette maison. Elle fonde ensuite les maisons de Clermont en Beauvoisis et de Creil. Le marquis et la marquise d'Antin les établissent dans la seigneurie de Bellegarde. Le duc de Penthièvre leur confie l'hôpital de Damville. Le prince de Ligny les appelle dans la seigneurie du Charmel et de Courtenai. L'hospice de Beaumont-sur-Oise leur est confié par le prince de Conti. Madame Louise-Adélaïde d'Orléans les établit à Chelles, près de sa royale abbaye. M. de Lévy, duc de Mirepoix, maréchal de France et ambassadeur en Autriche, leur fait bâtir une maison à Lurcy-Lévy, en Bourbonnais. Ce sont là quelques-uns des établissements fondés par la foi et la munificence des princes et des grands.

Parmi les évêques de France, celui de Tulle, Mgr Beaupoil de Saint-Aulaire, est le premier qui appelle les sœurs de la Charité et de l'Instruction chrétienne de Nevers, et qui les établit dans sa ville épiscopale. Les évêques de Digne et de Viviers ne tardent pas à suivre son exemple.

Le cardinal de Fleury, nous l'avons vu plus haut, devient un de leurs plus insignes protecteurs, et multiplie les maisons de leur institut dans son diocèse.

La charité sans bornes de ces vierges pour les pauvres, leur zèle tout apostolique pour instruire les jeunes filles, les font admirer et vénérer tout ensemble.

La princesse d'Harcourt s'exprime ainsi sur leur compte en écrivant au Père de Laveyne :

« Je ne saurais dignement rendre hommage à mes pauvres filles, qui font des merveilles. C'est sur elles que roule le nouvel établissement de notre hôpital de Clermont en Beauvoisis. Ma joie est au comble de voir ce qu'elles font pour les pauvres : vous en seriez édifié vous-même. »

Les mêmes témoignages arrivent de toutes parts. Les évêques, les princes, les seigneurs, les villes, sont unanimes.

La maison mère de Nevers ne peut satisfaire à toutes les demandes ; mais à mesure qu'elle forme des sujets, elle envoie de petites colonies.

En 1719, le 5 juin, Jean-Baptiste de Laveyne meurt à Saint-Saulge, de la mort des saints, laissant sa congrégation florissante et riche des bénédictions de Dieu.

Dix ans après la mort du fondateur, Marie-Scholastique de Marchangy va recevoir au ciel la couronne de justice. Pendant un demi-siècle, elle a saintement gouverné la congrégation ; femme vraiment apostolique, elle s'est dévouée à d'immenses travaux pour Jésus-Christ. Soixante-quinze maisons ont été fondées sous son généralat. Elle meurt en odeur de sainteté à Nevers, le 30 décembre 1729. Sa dépouille virginale est exposée : la ville tout entière lui prodigue les témoignages de sa vénération et de sa piété filiale. D'après le vœu unanime du clergé et du peuple, ses restes mortels sont inhumés dans l'église de Saint-Pierre. Dieu veut que ses ossements *prophétisent* jusqu'à la fin des temps sous les regards de la maison mère de la congrégation des sœurs de Nevers.

Nous devons dire ici avec les historiens, et en nous servant de leurs propres expressions, que les premières religieuses de cet institut meurent en renom de sainteté.

Anne-Marie de La Martinière est élue seconde supérieure générale. Celles qui lui succèdent dans cette charge jusqu'à la fin du premier siècle de la congrétion sont les Mères Magdeleine de La Croix-Balhan, Paule de La Cour (de Soissons), Pétronille Vavoque (de Paris), Eustoquie Lavastrou (de Saint-Céré), Anastasie de Montméja (de Sarlat). Ces Mères marchent sur les traces de Marie-Scholastique de Marchangy.

Sous leur gouvernement, les fondations continuent. Les grandes familles du royaume confient au zèle et à la charité des sœurs de Nevers le soin des pauvres et l'instruction des jeunes filles. Adrien-Maurice de Noailles, maréchal de France, les appelle à Nogent-sur-Seine, et bientôt après à Nogent-le-Roi. Le duc de La Rochefoucauld les établit à Liancourt, et la comtesse de Rupelmonde dans sa terre de Saint-Cirgues en Auvergne. La famille d'Hautefort leur confie une maison. Le seigneur de Marigny les fixe dans ses domaines. Le duc Léon de Montmorency et la duchesse sa femme, Anne-Françoise-Charlotte de Montmorency-Luxembourg, les établissent à perpétuité dans leur terre de Seignelay. Le duc de Mouchy, Philippe de Noailles, si célèbre dans les guerres sous Louis XV, plus célèbre encore par son attachement à Louis XVI, et qui doit avoir la gloire de mourir sur l'échafaud, martyr de sa fidélité à son Dieu et à son roi, joint à tant de titres celui de père des pauvres et des orphelins, et il fonde pour eux à Mouchy une maison qu'il dote avec munificence et qu'il confie aux servantes de Dieu. Le cardinal de Luynes les appelle à Melun et peu de temps après à Sens.

Les administrations des hospices rivalisent de zèle avec les grands du royaume et appellent les sœurs de Nevers dans un grand nombre de villes.

Durant ce premier siècle de la congrégation, il règne entre les religieuses une union parfaite, précieux cachet que l'institut aura la gloire de conserver intact.

Le second siècle de la congrégation s'ouvre ; toute la sève de sainteté que recèle l'institut de Nevers paraît au dehors pendant la Révolution française. Ces religieuses s'étaient dévouées au soin des pauvres et à l'instruction des filles avec tout l'héroïsme du zèle. En outre, il faut le dire à leur louange, elles s'étaient conservées pures de toute atteinte de l'hérésie du jansénisme. Dieu s'en souvient, et il va les garder comme la prunelle de son œil. L'impiété est maîtresse en France ; ses émissaires ont juré de faire disparaître jusqu'à la dernière les vierges consacrées au service des pauvres ; ils les expulsent de leurs saints asiles. Mais ce qu'ils voudraient par-dessus tout, ce serait les faire apostasier ; ils les menacent donc de la prison et de la mort si elles ne prêtent le serment sacrilège et si elles n'abjurent la foi de l'Église. Pas une parmi les sœurs de la congrégation qui ne se montre fidèle à Jésus-Christ et qui, par sa magnanime fidélité, n'illustre son institut.

A notre grand regret, nous ne pouvons entrer ici dans des détails et parler en particulier de tant d'héroïnes qui mériteraient des biographies. Quelles pages et quels récits si l'on racontait ce qu'elles firent et ce qu'elles souffrirent alors ! Et combien il serait à souhaiter que ce magnifique fragment de nos annales fût mis au grand jour !

Nous dirons seulement que partout, en France, ces religieuses se montrèrent dignes de leurs sœurs de la maison mère de Nevers. Cette maison comptait vingt-huit servantes de Dieu et des pauvres. Les satellites viennent les sommer, au nom de la République, de prêter le serment sacrilège. Elles répondent : « Nous sommes prêtes à mourir ; mais renoncer à la foi de nos pères, jamais ! » Confondus par un tel courage, ces hommes impies arrachent les vingt-huit vierges de leur saint asile et les jettent dans un obscur cachot. Là, elles n'ont pour lit que la terre nue, et pour nourriture qu'un morceau de mauvais pain. Mais le bonheur d'avoir confessé la foi transforme pour elles ce cachot en un séjour céleste. Elles ne se lassent pas de rendre des actions de grâces à Jésus-Christ, et à chaque instant elles s'offrent à lui en sacrifice, parce qu'à tout moment on peut venir pour les conduire à l'échafaud. Dieu leur donne ainsi tout le mérite du martyre ; mais il les garde pour la reconstruction de l'édifice spirituel de leur institut. Après quelques semaines, les mariniers de la Loire, les hommes du peuple, les pauvres font entendre ce cri : « Rendez-nous nos mères ! » Le Directoire cède, et elles sont reconduites en triomphe dans leur maison.

La conduite générale des sœurs de Nevers pendant la Révolution française fait pressentir ce que sera la résurrection de leur institut quand la tempête sera passée. Dès le premier rayon de liberté au commencement de ce siècle, ces vierges, sorties victorieuses de tous les combats, se réunissent et travaillent avec un saint zèle à la reconstruction de l'édifice.

Les deux supérieures générales qui ont gouverné la congrégation à la fin du XVIIIe siècle, les Mères Anastasie de Montméja et Pélagie de Molènes, et les trois premières qui la gouvernent au commencement du XIXe siècle, les Mères Victoire Albouys, Ursule Bastit et Émilienne Pelras, ont eu l'honneur de marcher en tête des sœurs si nombreuses de l'institut qui ont confessé la foi et porté les chaînes de Jésus-Christ.

C'est par de telles femmes que l'institut des sœurs de Nevers est de nouveau inauguré en France. Aussi Dieu le protège d'une manière visible.

En 1804, Pie VII, passant à Nevers pour se rendre à Paris, accueille avec une indicible bonté la Mère Anastasie de Montméja, qui, en qualité de supérieure générale, lui présente non seulement ses religieuses, mais encore les élèves, les pauvres et les orphelins. Le Pontife bénit avec effusion cette sainte femme, qui avait confessé la foi, et en sa personne il bénit toute la congrégation des sœurs de Nevers. Cette bénédiction sera si féconde, qu'à l'époque du concile œcuménique du Vatican la congrégation des sœurs de Nevers comptera près de trois cents maisons et plus de deux mille religieuses.

Les Mères qui gouvernent la congrégation après Victoire Albouys, Ursule Bastit et Émilienne Pelras, dont nous venons de parler, se montrent héritières de leur esprit. Ce sont les Mères Élisabeth de Brugelles, dont nous traçons le portrait historique, Éléonore Salgues, Philippine Juin-Lamiraudie, Louise Ferrand et Joséphine Imbert.

Pendant son second siècle comme pendant le premier, l'institut des sœurs de Nevers est l'objet de l'estime et de la bienveillance d'un grand nombre d'anciennes et nobles familles. Nous ne pouvons citer que quelques noms : les Damas d'Hautefort, les d'Hunolstein-Montmorency-Luxembourg, le duc de Béarn, le duc de Périgord, le duc de Mirepoix, le marquis de Tourzel, la comtesse de La Châtre, les familles de Chabannes, d'Oillamson, de Pracomtal, du Clerroy, de Laboulay, de Chiseul, de Solages, etc., etc. ; enfin les de Laveyne, nom d'autant plus cher à la congrégation qu'il lui rappelle le nom de son fondateur.

Quant aux administrations des hospices et des divers établissements de charité, elles appellent avec plus d'ardeur encore qu'au siècle précédent les sœurs de Nevers, et elles les comblent des témoignages de leur estime.

Mais ce sont surtout les pauvres et les malades que les sœurs visitent, qu'elles soignent, qu'elles instruisent dans les villes et dans les campagnes, qui ne peuvent donner assez de bénédictions à ces anges de la charité.

Dieu, dans ces dernières années, a donné deux insignes témoignages de sa faveur à la congrégation des sœurs de Nevers : le premier, c'est l'entrée de Bernadette, de Lourdes, chez elles ; le second, c'est l'approbation de leur institut par Pie IX.

En 1858, le 11 février, commence à Lourdes, dans les Pyrénées, cette série d'apparitions de la très sainte Vierge à Bernadette Soubirous, connues aujourd'hui du monde entier, et dont le résultat est ce pèlerinage qui amène les peuples au sanctuaire de Marie immaculée et qui ne finira qu'avec le monde.

A qui Dieu va-t-il confier la jeune vierge instrument d'une œuvre si miraculeuse? C'est à la congrégation des sœurs de Nevers. De 1858 à 1866, Bernadette habite l'hospice de Lourdes qu'elles dirigent. Dans cet asile si voisin de la grotte, la très sainte Vierge veille sur elle avec la tendresse d'une mère, et elle lui communique en même temps la sagesse et la force, car Bernadette justifie en tout la vérité du miracle des apparitions et sort victorieuse de tous les combats.

Partout on s'estimerait heureux de la posséder,

et bien des personnes qui ignorent les desseins de Dieu sur elle s'efforcent de l'attirer à leurs vues. Mais Dieu, qui lui a choisi sa place, la rend inébranlable. Il la veut dans la congrégation des sœurs de Nevers, et elle y entre à vingt-deux ans. C'est à la maison mère de Nevers, où se trouve le noviciat, qu'elle est reçue au mois de juillet 1866. Elle y fait profession et prend le nom de sœur Marie-Bernard. Elle ne quittera point ce bienheureux asile. Nulle part l'apostolat que Dieu lui réserve ne peut, ce semble, être exercé dans de plus grandes proportions.

La maison mère de Nevers est sans contredit la plus importante de toute la congrégation. Dans ce vaste et religieux édifice résident d'abord la Mère générale, les assistantes, les secrétaires; en second lieu, les sœurs d'une grande communauté; en troisième lieu, les anciennes Mères, qui, après s'être immolées au service de Dieu et du prochain et après avoir consumé leurs forces, trouvent dans ce saint asile une retraite honorable, où, entourées d'affection, de soins et d'estime, elles attendent en paix le moment du départ pour le ciel. Là enfin est le noviciat de la congrégation, noviciat unique et toujours florissant. Il est sous l'aile et le regard de la Mère générale et de ses assistantes, des religieuses formant la communauté de la maison, et des Mères anciennes en retraite; en sorte que les novices, dès leur entrée, voient en quelque sorte la congrégation tout entière dans tous ses rangs et dans l'exercice de ses diverses fonctions.

Bernadette trouve dans la maison mère de Nevers

tous les secours spirituels et toutes les garanties pour avancer dans les voies de la sainteté. Elle y vit dans une complète solitude, ne conversant qu'avec Dieu et avec ses fidèles servantes. Par un trait de sagesse qu'on ne saurait trop louer, Mgr Forcade, évêque de Nevers, aujourd'hui archevêque d'Aix, et la supérieure générale de la congrégation, la Mère Joséphine Imbert ont déterminé d'un commun accord que Marie-Bernard ne recevrait aucune visite. Ainsi, de l'extérieur, rien qui vienne troubler sa solitude. Pour l'intérieur, tout concourt à son bien spirituel. Elle a devant elle une réunion imposante où elle ne voit que des exemples de vertu : d'un côté, les anciennes Mères et les sœurs de la communauté ; de l'autre, les novices, et à la tête la Mère générale et celles qui portent avec elle le poids de l'administration. Au milieu de ces servantes de Dieu, Marie-Bernard se confond dans son humilité. Elle voit les autres si capables, par leurs forces, leurs talents, leurs aptitudes, de servir Dieu et le prochain. Quant à elle, chétive de santé, toujours souffrante, de temps en temps travaillée par de grandes maladies, elle se voit dans l'impuissance d'exercer les emplois de zèle auprès du prochain. Son emploi le plus ordinaire, c'est de souffrir. Quand elle est un peu sur pied, elle seconde l'infirmière dans le soin des sœurs malades, et elle les assiste avec une admirable charité.

Celles-ci sont heureuses de l'avoir à côté d'elles, de recevoir de sa main un peu d'eau de la grotte de Lourdes, de réciter quelques dizaines de chapelet avec elle et surtout de l'entendre, à leur dernière heure, invoquer la très sainte Vierge pour leur obtenir une sainte mort.

Si Bernadette vit dans une solitude absolue, il n'est pas en son pouvoir, ni au pouvoir de qui que ce soit, évêque de Nevers ou supérieure générale de la congrégation, d'empêcher ce sentiment universel de confiance des fidèles en la servante de Dieu. Ils sont persuadés qu'elle a un grand crédit auprès de la très sainte Vierge ; aussi lui écrit-on de tous les pays pour lui demander des prières, des neuvaines, des communions, dans le but d'obtenir différentes grâces, soit pour l'âme, soit pour le corps.

Ici encore, la sagesse a trouvé le moyen de tout concilier, de sauvegarder la solitude, l'humilité de Marie-Bernard, et de ne pas priver les fidèles des secours de ses prières.

Les lettres qui lui sont adressées sont remises à une religieuse qui est chargée d'y répondre. On dresse le catalogue des prières, des neuvaines qu'on demande, des grâces qu'on veut obtenir par l'intercession de Notre-Dame de Lourdes. Le samedi soir, toutes les religieuses sont convoquées dans la grande salle du noviciat. Marie-Bernard, quand elle n'est pas retenue à l'infirmerie, s'y trouve comme les autres.

La maîtresse des novices ou une autre religieuse fait lecture du catalogue et recommande de prier avec ferveur pour toutes les intentions. Bernadette écoute cette lecture comme les autres sœurs, ignorant que c'est à elle qu'on a écrit. Quand elle est retenue au lit par la maladie, on lui lit le catalogue des différentes demandes.

Ainsi, elle prie aux intentions des fidèles, et toute la grande communauté de Nevers prie avec elle.

Comme on le voit, grâce à cette prudente conduite des supérieurs, Bernadette peut exercer son zèle envers les étrangers et rester dans une paix profonde.

Son séjour dans la maison mère fait qu'elle est connue d'une très grande partie de la congrégation : chaque année, les deux retraites solennelles qui s'y donnent y appellent un très grand nombre de religieuses. Nevers est le point central de la congrégation. Là uniquement se fait le noviciat, là on fait la profession, et l'on s'engage par les derniers vœux. Là réside la Mère générale. Toutes les religieuses qui viennent à la maison mère ont la consolation de voir Bernadette ; et si toutes ne peuvent s'entretenir avec elle, toutes du moins ont le bonheur de voir celle que la très sainte Vierge a choisie pour sa confidente et son ambassadrice. Elles sont sous le même toit qu'elle, elles vont à la sainte table avec elle, elles prient avec elle dans le même sanctuaire et devant le même tabernacle.

Bernadette est traitée avec la plus grande charité, mais il est convenu qu'il n'y aura aucune distinction pour elle. De ce côté-là encore, cette âme est toute à elle et à Dieu.

Elle n'a nulle gêne dans ses rapports avec les religieuses : elle est simple, humble, droite, naïve, toujours sereine et la joie peinte sur les traits malgré la souffrance, d'une patience inaltérable au milieu des douleurs les plus aiguës. Il y a quelque chose d'angélique dans toute sa personne et comme un reflet qui lui est resté des apparitions de la Vierge immaculée. Quand on lui parle de Dieu, de la très sainte, Vierge, du ciel, son regard, qui est très doux, s'illumine.

Pendant qu'en 1871 nous étions occupé, à la maison mère de Nevers, à publier les nouvelles *Constitutions* approuvées par Pie IX, la *Vie* de Marcelline Pauper, et les *Œuvres* du vénérable fondateur, le Père de Laveyne, nous avons souvent vu sœur Marie-Bernard ; et la Providence a ménagé diverses occasions où c'était comme un devoir pour nous de lui adresser quelques paroles. Ainsi, l'ayant rencontrée dans le cloître, le jour où nous tenions entre nos mains le chef de Marcelline Pauper, qu'on venait d'apporter de Tulle, nous lui avons donné la bénédiction avec cette relique, en lui faisant sentir le prix d'une telle faveur. De même nous l'avons bénie avec le livre de la *Vie* de Marcelline Pauper, dès qu'il fut imprimé, en lui disant de se recommander à cette vierge si embrasée de l'amour de Jésus-Christ.

Lorsque nous allions visiter les sœurs malades à l'infirmerie, nous y trouvions Bernadette comme aide-infirmière. Après quelques mots échangés, elle se mettait à genoux et nous demandait humblement la bénédiction ; c'était ensuite un bonheur pour elle de nous conduire auprès des malades. Enfin, nous avons eu la consolation de donner assez souvent le pain de la parole et quelquefois le pain des anges à celle dont la très sainte Vierge nous a fait connaître l'élection à la gloire, quand elle lui a promis de la rendre heureuse non dans ce monde, mais dans le monde futur.

Le second bienfait insigne que Dieu, dans ces dernières années, a accordé aux sœurs de la Charité et de l'Instruction chrétienne de Nevers, est l'approbation de leur institut et de leurs constitutions par le Saint-Siège. L'année même du concile œcuménique du Vatican, le 26 mai, jour de l'Ascension, Mgr Forcade, évêque de Nevers, la Mère Joséphine Imbert, supérieure générale de la congrégation, et la sœur Éléonore Cassagnes, sa secrétaire, sont aux pieds de Pie IX et sollicitent cette grande faveur. Pie IX accueille leur supplique avec une indicible bonté. Et comme il sait que les religieuses de la congrégation de Nevers se sont montrées invincibles dans la foi pendant la Révolution française, que, pour ce motif, son prédécesseur Pie VII les a bénies en France, il veut à son tour bénir à Rome une congrégation qui a si bien mérité de l'Église. Levant donc les yeux au ciel pour faire descendre la bénédiction du cœur même de Celui qui y est monté à pareil jour, Pie IX bénit toutes les religieuses de l'institut dans la personne de l'évêque de Nevers, de la supérieure générale et de sa compagne.

Chose admirable, ou plutôt touchante intervention de la Providence, malgré les travaux du concile œcuménique, la sacrée congrégation des évêques et des réguliers s'occupe sans délai des constitutions des sœurs de la Charité et de l'Instruction chrétienne de Nevers. Le 22 juillet 1870, son travail est terminé. Ces constitutions sont présentées ce jour-là même à Pie IX, qui les approuve de vive voix. Et, le 20 août de la même année, il signe le décret où il les approuve et confirme de nouveau.

Nous dirons en terminant, et avec de vives actions de grâces au Seigneur, que l'approbation de Pie IX commence pour l'institut des sœurs de Nevers une ère nouvelle de prospérité. Depuis que l'on sait dans le public que cette congrégation, qui ne reposait que sur une approbation épiscopale, est approuvée par le Souverain Pontife; que ses constitutions ont reçu la sanction du Saint-Siège; enfin que, d'après la teneur de ces constitutions, la congrégation des sœurs de Nevers possède, comme toute autre congrégation religieuse, les trois vœux substantiels de religion, c'est-à-dire les vœux de pauvreté, de chasteté et d'obéissance; depuis ce moment, les vocations abondent, on les voit germer de toutes parts. Puisse cet institut fleurir de plus en plus! Car c'est la charité qui sauvera le monde.

CHAPITRE IX

Noviciat de Catherine-Clotilde de Brugelles. — Profession religieuse, où elle prend le nom d'Élisabeth. — Séjour à Bordeaux. Retour à Castelnaudary. — Elle assiste son père à ses derniers moments. — Mort de Victoire, sa jeune sœur.

La noble et sainte fidélité des sœurs de Nevers pendant la Révolution française est présente à l'esprit du lecteur.

Ce sont ces vierges de Jésus-Christ qui dès les premières années de ce siècle travaillent, à Nevers, à reconstruire l'édifice spirituel, c'est-à-dire à réorganiser leur institut. Quelles femmes ! quels nobles caractères ! quelle sainteté ! Elles ont supporté toutes les épreuves, toutes les privations, toutes les souffrances. Elles ont été persécutées pour Jésus-Christ ; elles ont eu la gloire de confesser son nom, de porter ses chaînes ; elles ont déclaré à la face des persécuteurs qu'elles préféraient la mort à l'apostasie. Malgré le règne de l'impiété, elles ont continué d'être les mères des pauvres et des infirmes ; elles les ont consolés à leur dernière heure, elles leur ont montré Jésus-Christ, les bras de sa miséricorde infinie ouverts pour les recevoir. En un mot, elles ont été à la hauteur de la foi et du courage des vierges chrétiennes des premiers siècles pendant les sanglantes persécutions de l'Église. Quels noms dignes d'être à jamais bénis, que les noms de Pélagie de Molènes, d'Anastasie de Montméja, de Victoire Albouys, d'Ursule Bastit, d'Émilienne Pelras, de Térèse Pelras et de tant d'autres qui ont honoré leur institut par l'héroïsme de leur courage et par la sainteté de leur vie !

Aussi quelle formation ne vont-elles pas donner aux jeunes vierges qui viendront se ranger sous les lois de leur institut ! Tout en elles sera une prédication éloquente ; il suffira de les voir, de vivre avec elles, pour avoir sans cesse sous les yeux les exemples des plus sublimes vertus. Élevées par de telles maîtresses, les novices puisent à la source la plus pure l'esprit de leur état ; elles reçoivent de leurs saintes Mères l'esprit primitif de l'institut, et elles vont le transmettre aux autres dans toute sa pureté et dans toute sa vigueur.

C'est à une si sainte école que Catherine-Clotilde de Brugelles aura le privilège d'être initiée à la vie religieuse. Partie de Castelnaudary le 26 septembre 1803, elle arrive au noviciat de Nevers et prend le saint habit avec six autres postulantes, parmi lesquelles se trouve Marie de Charmasson, de si sainte mémoire.

Elle entre avec son grand courage dans la carrière de la perfection. Marcher sur les traces de ces saintes Mères, imiter leurs vertus, c'est le travail de son noviciat. Elle se forme si bien sur ces modèles accomplis, que, son noviciat terminé, elle est déjà elle-même un type parfait de la vie religieuse.

Elle fait éclater dès lors son immense amour pour les pauvres et les infirmes. Les plus malheureux, les plus souffrants, les plus travaillés de maladies contagieuses, les plus ulcérés, sont l'objet de ses prédilections, parce qu'elle sait qu'en les soignant elle donne un plus grand témoignage d'amour à Jésus-Christ, dont tous ces infortunés sont à ses yeux les membres souffrants. Et c'est là le secret de cette ineffable tendresse de mère, de cet héroïsme de charité qu'elle montrera toute sa vie pour cette famille adoptive du Sauveur du monde.

Le 21 octobre 1804, Catherine-Clotilde de Brugelles se voit au comble de ses vœux. Elle fait profession et prend le nom d'Élisabeth, par dévotion pour les deux grandes saintes qui l'ont illustré par un si prodigieux amour des pauvres, Élisabeth de Thuringe et Élisabeth, reine de Portugal. C'est sous ce nom que nous la désignerons désormais.

Après le jour de sa profession, il ne peut y en avoir de plus beau pour elle que celui qui lui ouvrira le ciel. Des liens éternels viennent de se former entre elle et Jésus-Christ. Aussi, ce jour-là, elle écrit de sa main ce divin contrat, afin de l'avoir constamment sous les yeux durant toute sa vie :

« Je, sœur Élisabeth de Brugelles, me dédie et me consacre aujourd'hui et pour toujours à Jésus et à Marie, le 21 octobre 1804, jour de ma profession. »

Cette offrande, cette consécration entière, absolue et pour toujours d'elle-même à Jésus-Christ est ce qui va resplendir dans toute sa vie. Dans cet holocauste, il n'y aura jamais de rapine. Ce grand cœur aura toujours toutes ses affections en l'Époux céleste auquel elle s'est consacrée. Cette consécration respirera sur sa figure et dans la sainte dignité de sa personne. Et voilà pourquoi elle sera si puissante en œuvres et en paroles.

Après sa profession, Élisabeth de Brugelles est envoyée à la maison des sourdes-muettes de Bordeaux. Pendant trois ans elle se dévoue à ce ministère de charité. Bien qu'elle eût excellé dans l'enseignement, Dieu cependant ne la veut pas dans cette carrière; la part qu'il lui réserve est celle des pauvres. Voici comment son dessein se manifeste et comment cette vierge va prendre sa place parmi les servantes des pauvres de sa ville natale.

Le chevalier de Brugelles tombe malade. La famille prie aussitôt les supérieurs de laisser venir Élisabeth à Castelnaudary. Ils l'accordent; et l'ange consolateur est auprès de son père.

Dès son arrivée, Dieu lui demande un sacrifice qui transperce d'un glaive son cœur aimant : c'est de voir mourir un père qui lui est si cher. Elle adore la volonté divine, et, s'élevant au-dessus d'elle-même, elle ne songe qu'à remplir sa sainte mission. Quand elle apprend dans quelle circonstance et à quelle occasion son père a été saisi du mal qui l'enlève à l'affection des siens, elle ne peut s'empêcher de répandre des larmes de dévotion et de rendre à Dieu de vives actions de grâces.

L'ancien garde du corps du roi ne pouvait, en effet, succomber sur un plus noble champ de bataille, ni pour une plus sainte cause, car c'était en faisant la garde auprès de la personne même du Roi des rois qu'il avait eu la gloire de recevoir le coup qui allait terminer ses jours. On portait le saint viatique à sa belle-mère; il se fit un devoir de l'accompagner; c'était en mars, l'hiver était rigoureux; tout le temps de la cérémonie, le chevalier chrétien demeura tête découverte; il prit froid et contracta ainsi le mal qui devait le conduire au tombeau.

Ni le médecin ni le curé ne se sentent le courage de lui annoncer sa fin prochaine. Mais Mme de Brugelles, animée de la foi des chrétiens de la primitive Église, et sa sainte fille Élisabeth, accomplissent cette mission sacrée; avec cet accent céleste qu'inspire la charité, elles avertissent le malade qu'il plaît à Dieu de l'appeler à lui. Il reçoit cette nouvelle avec le calme du chrétien et la sérénité du juste. « La très sainte volonté de Dieu! » c'est sa réponse.

A partir de ce moment, Élisabeth de Brugelles ne cesse de suggérer à son père les sentiments et les actes qui doivent le préparer à une sainte mort.

Le chevalier déclare à différentes reprises qu'il meurt dans la foi de ses pères, en fils soumis de l'Église catholique, apostolique et romaine.

Quand on lui porte les derniers sacrements, il fait éclater sa foi par des marques de respect et d'humilité chrétienne; à la vue du saint viatique, il se frappe la poitrine, et ensuite, d'un regard confiant, il appelle son Dieu; il le reçoit avec amour; dès qu'il le possède en son âme, il s'abîme dans l'adoration. Toute sa famille, à genoux, prie et adore avec lui. Durant le peu de temps qui lui reste, il ne s'occupe plus que de Dieu et de son éternité. Enfin, la dernière heure arrive : le chevalier chrétien bénit sa famille ; ce grand devoir rempli, il remet son âme entre les mains de son Dieu et expire doucement dans les bras de sa sainte fille, le 28 mars 1807, à dix heures du matin, âgé de soixante-huit ans.

C'est ainsi que mouraient nos pères !

Élisabeth de Brugelles donne à sa mère, à son frère, à ses sœurs, les consolations célestes de la foi, les seules qui puissent pénétrer jusqu'au fond de l'âme dans les grandes douleurs. Quelques mois à peine écoulés, il faudra qu'elle console encore sa famille au milieu des larmes d'une nouvelle séparation.

Le Ciel devait moissonner dans sa fleur la jeune Victoire de Brugelles ; la dernière de la famille devait la première prendre son essor vers la patrie. Ange transféré de l'exil dans la cité des saints, elle devait intercéder pour ceux des siens qu'elle laissait sur la terre. On peut dire que Dieu se hâta de retirer de ce monde cette angélique créature, afin que le souffle du siècle ne pût ternir la beauté de son âme. Mais, avant de l'admettre en sa gloire, il veut lui donner en ce monde le gage suprême de son amour, en l'admettant au banquet eucharistique. A l'annonce de sa première communion, une incompréhensible joie s'empare du cœur de la jeune fille. Dès ce moment, elle ne pense plus qu'à la grandeur de la grâce que Dieu va lui accorder. C'est la Mère Élisabeth qui la prépare elle-même à ce grand acte : qu'on juge de la ferveur de la jeune Victoire ! Le 14 juin 1807, dans l'église de Saint-Jean-Baptiste de Castelnaudary, Victoire de Brugelles, avec la ferveur d'un ange, reçoit son Dieu pour la première fois. Il plaît à ce Dieu d'amour d'inonder son âme d'un tel torrent de délices, qu'elle se sent tout attirée vers Lui. En embrassant sa sœur, la mère de son âme, elle laisse échapper ces paroles : « Le ciel est dans mon cœur ! » Son âme ne peut plus en quelque sorte descendre de cette hauteur ; la terre lui devient étrangère. Son cœur se fond d'amour pour le Dieu des vierges qu'elle a reçu ; elle ne peut détacher de lui le regard intérieur de son âme. Sa beauté la ravit et la consume : l'angélique enfant se meurt du désir de se voir unie à son Dieu. Ce feu d'amour divin qui la consume et la dévore est le seul mal qui va briser ses liens mortels. Élisabeth s'entretient souvent avec elle, et à chaque entretien son amour pour Dieu prend un nouvel accroissement. Trente jours sont à peine écoulés depuis la première communion, et Victoire de Brugelles va enfin voir ses chaînes brisées. Le 15 juillet, ayant à côté d'elle sa mère et sa sœur, entourée de sa famille, elle reçoit les sacrements de l'Église avec la ferveur d'un ange ; et, après un mois d'aspirations et de soupirs vers le ciel, couronnée de son innocence, blessée à mort par l'amour divin, elle rend doucement son âme à son Dieu, entre les bras de sa mère et de sa sainte sœur. Son visage demeure illuminé ; on dirait qu'elle est plongée dans une profonde extase. Fleur pure, transplantée du jardin de l'Église dans le ciel pour répandre éternellement son parfum devant Dieu !

La Mère Élisabeth de Brugelles veut conserver dans sa famille le souvenir de la première communion de sa jeune sœur. Elle choisit dans ce but, ou plutôt la Providence lui remet en main un charmant tableau représentant le banquet eucharistique.

Au haut se trouve cette inscription :

PRÉCIEUX SOUVENIR SI VOUS ÊTES FIDÈLE

Au centre du tableau, dans un médaillon, figurent la sainte hostie et le saint calice, entourés de rayons lumineux.

Vers le bas du médaillon, à droite, est un pélican qui se blesse pour nourrir ses petits du sang de sa blessure ; et, à gauche, un phénix qui se consume dans ses flammes et meurt en regardant d'un air de triomphe la sainte hostie, qui l'illumine et l'attire. Touchante image de Victoire, nourrie d'abord par le sang divin du Pélican descendu du ciel, et se consumant ensuite dans les flammes de son amour.

Au-dessous de ces deux emblèmes apparaît

L'AGNEAU IMMOLÉ SUR LA CROIX

C'est au bas de ce tableau si parlant que la Mère Élisabeth de Brugelles écrit de sa main le nom de sa sœur Victoire, la date de sa première communion et celle de sa précieuse mort. Les autres paroles sont imprimées. Nous indiquons par des *italiques* ce qui est écrit de la main de la vénérable servante de Dieu :

« M*lle* *Victoire de Brugelles* a fait sa première communion dans l'église de *Saint-Jean-Baptiste*, le 14 du mois de *juin* de l'année 1807. *Est morte le 15 juillet.* »

Ce charmant tableau, double relique et double souvenir, nous l'avons eu constamment sous les yeux durant notre séjour à Castelnaudary. La famille l'a fidèlement conservé jusqu'à nos jours, et elle le conservera fidèlement comme une perle précieuse. Mais s'il venait à périr dans quelque tempête, la famille verra du moins revivre la perle vivante, l'angélique Victoire, dans le portrait que le divin Maître nous a fait la grâce de dessiner.

Jeune vierge, parée au ciel des lis de ton innocence, toi qui brilles maintenant à côté de ta sainte sœur Élisabeth de Brugelles ; toi, la couronne de ton père et de ta mère, ne cesse d'intercéder auprès de Dieu pour la cité de Castelnaudary, pour ta famille et pour celui qui vient de te consacrer ces pages !

CHAPITRE X

Mgr de Langle, évêque de Saint-Papoul, un des plus insignes bienfaiteurs de l'hôpital de Castelnaudary. — Il appelle les sœurs de Nevers. — Premières sœurs. — Leur fidélité pendant la Révolution. — Elles reviennent à l'hôpital après la tempête. — Emplois de la Mère Élisabeth. — Paroles écrites par elle à la mort de l'abbé de Tréville.

Dans le plan providentiel, comme nous l'avons déjà énoncé, c'est à Castelnaudary, sa ville natale, que la Mère Élisabeth de Brugelles devait se montrer en ce siècle un des types les plus beaux et les plus élevés de la charité chrétienne envers les pauvres. En même temps qu'elle prodiguerait aux membres souffrants de Jésus-Christ les soins de la plus tendre des mères, elle devait leur construire une magnifique demeure.

Mais ici la vérité de l'histoire nous impose le devoir de dire que dans l'héroïsme de sa charité, comme dans les créations de sa charité, la Mère Élisabeth de Brugelles ne faisait que suivre d'illustres exemples. Pour les soins des pauvres, elle imitait les premières sœurs venues dans sa ville natale ; pour l'agrandissement de leur demeure, elle imitait le noble zèle d'un des plus insignes bienfaiteurs de l'hôpital de Castelnaudary.

Cet homme, à qui la ville de Castelnaudary, les religieuses, les pauvres de l'hôpital, doivent une éternelle reconnaissance, est un évêque dans le cœur duquel brûle la flamme de la charité : c'est Daniel-Bertrand de Langle, évêque de Saint-Papoul. Plus de dix ans avant sa mort, il institue, par testament, l'hôpital de Castelnaudary son héritier universel. Voici en quels termes il écrit ses dernières volontés :

« Nous, Daniel-Bertrand de Langle, évêque et seigneur de Saint-Papoul, abbé de l'abbaye de Blanche-Couronne, au diocèse de Nantes, considérant qu'autant la mort est certaine, autant le moment de la mort est douteux et incertain; pour prévenir toute surprise, avons, par le présent testament, écrit de notre propre main, fait de notre franche et libre volonté, réglé comme il s'ensuit nos affaires temporelles :

« Premièrement, après avoir fait le signe de la croix, nous avons recommandé notre âme à Dieu le Père qui l'a créée, à Dieu le Fils qui l'a rachetée, à Dieu le Saint-Esprit qui l'a sanctifiée, et avons supplié avec les plus vives instances la très sainte et très adorable Trinité de ne nous pas juger suivant la rigueur de sa justice, mais selon son immense miséricorde, et ce par l'intercession de la sainte Vierge, de nos anges gardiens, de saint Joseph, de nos saints patrons et de tous les autres saints à qui nous avons toujours eu plus de dévotion.

« Secondement, nous déclarons mourir dans la foi de l'Église catholique, apostolique et romaine, soumis de cœur et d'esprit à toutes ses décisions, sans aucune exception, et notamment à la bulle *Unigenitus*.

« Troisièmement, notre héritier ci-après nommé fera célébrer aussitôt après notre décès cinq cents messes pour le repos de notre âme. Il établira une rente annuelle de cinquante francs au profit de notre chapitre cathédral, pour un service qu'il célébrera chaque année à notre intention le jour de notre décès. Il fera mettre une pierre tombale sur le lieu de notre sépulture...

« Nous nommons et instituons notre héritier universel l'hospice général de notre diocèse, établi par lettres patentes dans la ville de Castelnaudary, et lui donnons pouvoir d'exercer tous les droits que nous serions en pouvoir et en volonté d'exercer nous-même, à la charge d'acquitter tous les legs et de payer toutes les dettes portés par notre présent testament, à la charge encore de payer tous les ans une rente de quatre cents francs à la Miséricorde de Saint-Papoul, établie pour fournir le bouillon aux pauvres de la paroisse, et de lui payer en outre chaque année une rente de deux cent cinquante livres pour marier tous les ans cinq pauvres filles, etc., etc. »

Après avoir spécifié quelques legs particuliers à son frère, ancien président du parlement de Rennes, à son frère le comte de Langle, au marquis de Langle, son neveu, page du roi, le saint évêque continue ainsi :

« Voulons que, sur ce que notre héritier retirera de notre succession, il fasse achever les bâtiments de l'hôpital neuf, dont les fondements sont jetés depuis longtemps, et qu'il ménage un lieu pour placer les livres qui font partie de notre succession, pour en faire comme une bibliothèque publique, en prenant toutes les mesures convenables pour la conservation de ces livres. Telles sont nos dernières volontés, que nous désirons être exécutées. En foi de quoi nous avons chiffré et signé chaque page de notre présent testament, et, pour une plus grande authenticité, nous y avons apposé le sceau de nos armes. A Saint-Papoul, ce vingt-cinquième de mars de l'année mil sept cent soixante-douze.

« DANIEL BERTRAND,
« *Evêque de Saint-Papoul.* »

Instituer ainsi l'hôpital de Castelnaudary son héritier universel, c'était une œuvre grande aux yeux de la foi. Le saint évêque voulut lui imprimer le cachet de la perfection. Convaincu que, pour le soin des pauvres, la palme est aux vierges chrétiennes, il se détermina à leur confier l'hôpital de Castelnaudary. Son choix tomba sur les sœurs de Nevers. Il écrivit à la Mère Pélagie de Molènes, alors supérieure générale, pour lui demander des religieuses de son institut. L'affaire fut traitée de part et d'autre en de très nobles termes, et enfin heureusement conclue. Les lettres que la Mère Pélagie de Molènes écrivit au prélat sont pleines de distinction et respirent un parfum exquis d'humilité chrétienne ; elles sont encore de nos jours dans les archives de l'hôpital de Castelnaudary.

De la part du prélat, l'œuvre était consommée ; rien ne manquait du côté du mérite. Dieu attendait ce moment pour appeler à la récompense ce magnifique bienfaiteur des pauvres. La mort de Daniel-Bertrand de Langle fut celle d'un saint évêque. Sa mémoire sera en éternelle bénédiction dans son diocèse, et en particulier à Castelnaudary. La ville a voulu éterniser sa reconnaissance envers lui, en faisant graver ses armes au frontispice de l'hôpital.

Les religieuses envoyées par la Mère Pélagie de Molènes n'arrivèrent à Castelnaudary qu'après la mort de celui qui les avait appelées. Le 2 juillet de l'année 1784, fête de la Visitation de la très sainte Vierge, elles firent leur entrée à l'hôpital, aux acclamations de toute la ville et au milieu des bénédictions des pauvres, qui versaient des larmes de joie.

Il y a ici une coïncidence frappante que nous devons remarquer. C'est en 1784 que Mgr Daniel-Bertrand de Langle met la dernière main à son projet en faveur des pauvres, et que les religieuses de Nevers arrivent pour l'exécuter. Or, c'est cette même année que Dieu fait naître à Castelnaudary l'héroïne chrétienne qui doit un jour réaliser les plans conçus par le saint évêque et illustrer l'institut des sœurs de Nevers : Catherine-Clotilde-Jeanne-Marie de Brugelles vient au monde le 15 mai de l'année 1784.

Le saint évêque, avant de quitter cette terre, avait pris toutes les mesures inspirées par la sagesse pour assurer le bien des pauvres de Castelnaudary ; mais dix ans ne seront pas encore écoulés, qu'une révolution impie enlèvera sacrilègement aux pauvres le patrimoine qu'il leur a laissé. Toutefois les généreuses inspirations de sa charité, passagèrement comprimées et comme anéanties par l'impiété, revivront un jour ; et ce sera cette vierge qui naît au milieu du mois de Marie de l'an de grâce 1784, qui réalisera dans des proportions grandioses les projets du noble ami des pauvres. Et maintenant du haut du ciel il voit, avec la Mère Élisabeth, de sainte mémoire, dans le miroir de l'essence divine, cette chère et sainte demeure des pauvres de Castelnaudary, une des plus belles du midi de la France.

La petite colonie de Nevers qui, le 2 juillet 1784, prit possession de l'hôpital de Castelnaudary, était composée de quatre religieuses. Adélaïde Croizier, en sa qualité de supérieure, avait le soin général de la maison. Angélique de Montanet était chargée de l'économat ; Rosalie Thouron, de la pharmacie ; et Basile Hémeric, du soin des malades. Cette même année 1784, Clotilde Russet vint partager leurs travaux. Le nombre des religieuses fut ensuite augmenté.

Ces vierges, qui ont reçu du ciel une grâce si spéciale pour soigner les pauvres et les malades, apparaissent à Castelnaudary comme des anges de charité. Les habitants de la ville les vénèrent, et les pauvres ne peuvent tarir en bénédictions pour celles qu'ils appellent leurs chères mères. Elles exercent un ministère vraiment apostolique ; car si elles soignent les corps, elles soignent les âmes avec un zèle incomparablement plus grand. Elles consolent, elles soutiennent, elles encouragent les malades dans leurs souffrances : elles sont à côté d'eux quand ils reçoivent les derniers sacrements de l'Église ; elles recueillent leur dernier soupir ; elles entourent leurs corps dans le lieu saint, pendant qu'elles font offrir l'adorable sacrifice pour le repos de leurs âmes ; elles les accompagnent jusqu'à la modeste tombe où ils sont ensevelis ; et là, elles versent des larmes avec des prières sur ces fils adoptifs de leur charité, qui ressusciteront si glorieux et si triomphants au dernier jour du monde. Car les pauvres seront grands dans le royaume de Dieu.

Depuis près de dix ans, Adélaïde Croizier et ses compagnes prodiguaient aux pauvres les soins les plus tendres de la charité et les plus pures consolations de la foi, quand éclata la Révolution française. L'impiété est triomphante, l'enfer déchaîne ses suppôts dans toute l'étendue du royaume : c'est l'heure de la puissance des ténèbres. De hideux émissaires de ce régime d'exécrable mémoire franchissent le seuil de l'hôpital de Castelnaudary et osent sommer ces vierges, ces anges de la charité, de prêter un serment condamné par l'Église. Elles déclarent qu'elles sont prêtes à mourir, mais que jamais elles n'abjureront la foi de leurs pères. Sur ce refus magnanime, elles sont violemment arrachées de leur sainte demeure, au milieu des cris et des larmes des pauvres. Elles rentrent alors dans leurs familles, où elles vivent fidèles à Dieu et à leur saint institut.

La clémence divine met enfin un terme à la tempête. Aussitôt ces vierges, qui avaient laissé leur cœur dans la demeure des pauvres, sortent de leurs retraites et viennent de nouveau se consacrer au service des membres souffrants de Jésus-Christ. Les habitants de Castelnaudary, si généreux, si catholiques, si fermement attachés à la foi de leurs pères, les reçoivent avec des transports de joie. Les pauvres saluent avec d'ineffables bénédictions leurs consolatrices et leurs mères. Adélaïde Croizier, Angélique de Montanet, Rosalie Thouron, Basile Hémeric, Clotilde Russet, Julie Estier, recommencent leur sainte mission ; mais, hélas ! elles trouvent la demeure des pauvres dévastée. La Révolution leur a enlevé leur patrimoine ; il faut que la charité de ces vierges fasse des prodiges pour suppléer à tout ce qui leur manque. Chaque jour elles vont dans les familles demander du pain pour nourrir les pauvres, des habits et du linge pour les couvrir.

Une sœur vénérable par son âge, et la plus ancienne de l'hôpital de Castelnaudary, nous rapportait des traits de charité que l'on ne pouvait entendre sans être attendri jusqu'aux larmes. « Les sœurs, nous disait-elle, allaient dans les maisons pour recueillir des secours quotidiens pour leurs pauvres. Elles étaient toujours accueillies avec la même faveur. Ces familles patriarcales et chrétiennes indiquaient l'endroit où était l'argent et disaient aux sœurs : « Prenez ce que vous voudrez ; » et souvent elles laissaient échapper cette plainte, si simple dans l'expression, si sublime dans le sentiment : « Mais vous ne prenez pas assez ! »

Heureuse la cité catholique qui a cette intelligence de l'indigent et du pauvre ! Dieu la protègera ; il formera autour d'elle un rempart et la délivrera aux jours mauvais; il lui conservera ses plus précieux trésors, c'est-à-dire sa foi et un inviolable attachement à l'Église de Jésus-Christ.

Pour ces vierges chrétiennes, ce fut le plus beau temps de leur vie. Point d'autre patrimoine pour leurs pauvres que la Providence. Chaque matin elles disaient : « Donnez-nous aujourd'hui notre pain de chaque jour; » et chaque soir il y avait à dire un hymne d'action de grâces : Dieu, par des familles aimées de lui, avait envoyé le pain à ses pauvres.

Mais la consolation par excellence pour elles était de trouver pour guide de leurs âmes et pour apôtre de leurs pauvres un saint, un prêtre selon le cœur de Dieu, l'abbé Raymond de Tréville. Dieu, pendant les fureurs de l'impiété révolutionnaire, l'a gardé comme la prunelle de son œil. Il est l'ange de toute la cité, le père et l'avocat des pauvres. Qu'on se figure avec quel ascendant victorieux un tel avocat devait plaider leur cause, tant auprès de sa propre famille qu'auprès de toutes les familles de Castelnaudary !

Telle était la situation de l'hôpital de Castelnaudary, lorsque la Providence y ramena Élisabeth de Brugelles. En reparaissant dans sa ville natale, elle avait commencé sa mission par le sacrifice. Comme on l'a vu, elle avait fermé les yeux à son père, mort dans ses bras. Si c'était pour elle un grand sacrifice, c'était de la part de Dieu une grande grâce; car rien ne nous détache plus de ce monde que la mort de ceux qui nous sont chers; il semble que toutes les affections de nos âmes les suivent au ciel.

Les qualités éminentes d'Élisabeth de Brugelles frappèrent tous les regards. La Mère Adelaïde Croizier, qui était à la tête de la maison, lui confia la salle des militaires et la comptabilité. A la vue de tant de dignité dans sa personne, les militaires étaient saisis de respect, et ils étaient en même temps gagnés par le dévouement sans bornes de sa charité. Il en résultait qu'elle avait une souveraine liberté pour leur parler de Dieu et de leur salut éternel.

Alors parut au grand jour, dans Élisabeth de Brugelles, ce privilège d'édifier qu'elle avait eu depuis ses plus tendres années et qui devait jeter un éclat croissant jusqu'au dernier terme de sa vie. Elle édifiait, elle portait à Dieu les habitants de la ville, ses parents, les pauvres, les militaires, les prêtres, les religieuses ses compagnes, parce qu'en elle la nature était morte, et la seule grâce de Dieu vivante. Ces paroles de saint Paul se vérifiaient en elle : *Je vis; non, ce n'est plus moi qui vis, c'est Jésus-Christ qui vit en moi.* La raison, la foi, la gloire de Dieu, le bien spirituel des âmes, inspiraient et animaient tous ses actes. Les vertus chrétiennes étaient chez elle en perpétuel exercice. Sa charité surtout répandait un suave et incessant parfum.

Si elle édifiait ses compagnes, elle recevait à son tour de chacune d'elles une constante édification. Quelle communauté privilégiée que celle de Castelnaudary ! quelle sainte réunion ! Ces vierges avaient rendu témoignage à Jésus-Christ. Elles lui étaient restées fidèles ; elles avaient conservé le feu sacré. Dégagées enfin de la liberté du siècle qu'elles avaient été contraintes de subir, elles étaient venues renouer leurs saintes chaînes et se consacrer de nouveau au service des membres souffrants de Jésus-Christ.

Les noms d'Adélaïde Croizier, d'Angélique de Montanet, de Rosalie Thouron, de Basile Hémeric et Clotilde Russet demeureront entourés d'une éternelle auréole. Les vierges qui succèdent aujourd'hui à ces vierges héroïques et toutes celles qui leur succéderont dans la suite des siècles ne pourront s'empêcher de verser des larmes en prononçant ces noms chers et glorieux. Maintenant, ces vierges de Jésus-Christ s'abreuvent pour une éternité au torrent de la félicité divine!

Ainsi, c'était une insigne faveur de Dieu à l'égard d'Élisabeth de Brugelles que de lui donner de telles vierges pour compagnes. Mais une faveur non moins insigne était de la remettre sous la conduite de son saint directeur, l'abbé Raymond de Tréville. Pendant deux ans elle fut dirigée par ce guide consommé, qui avait décidé sa vocation. Un immense travail de la grâce s'opéra alors dans son âme. Élisabeth de Brugelles dut à la direction de ce guide selon le cœur de Dieu cette vertu éminente et solide que l'on devait admirer en elle jusqu'au dernier terme de sa longue carrière.

Après ces deux années de sainte direction, elle était comme un vaisseau qui pouvait voguer seul et à pleines voiles sur l'Océan. Le pilote pouvait aller se reposer au port de l'éternité : c'est la grâce que Dieu fit à Raymond de Tréville; il l'accueillit à bras ouverts dans ce port où il n'y a plus à craindre de naufrage. La Mère Élisabeth de Brugelles, dans cette séparation, adora les desseins de Dieu, sûre d'avoir désormais au ciel un médiateur qui ne cesserait d'intercéder pour elle. Mais, toujours noble dans sa reconnaissance et grande dans sa foi, elle voulut payer un tribut à la mémoire de son guide : elle écrivit au livre des Archives ces paroles, qui valent à elles seules une oraison funèbre :

« M. de Tréville, mort en 1809 ; perte irréparable et qui est encore vivement sentie par les personnes qui l'ont connu. »

Toute sa vie, la Mère Élisabeth de Brugelles rendit témoignage à la sainteté de son directeur. C'est ce que peuvent attester toutes les personnes qui ont vécu avec elle. Un de ces témoins nous racontait que, dans un entretien où il fut question de l'abbé Raymond de Tréville, elle s'écria tout à coup avec un ineffable accent de conviction : « Oh ! celui-là était vraiment un prêtre selon le cœur de Dieu ! »

Avant de mourir, ainsi que nous le verrons plus loin, la vénérable Mère Élisabeth de Brugelles confirma ce qu'elle avait dit durant sa vie sur l'abbé Raymond de Tréville.

Précieux témoignage, qui sera recueilli avec respect et qui, de génération en génération, dira à sa noble famille et à la cité de Castelnaudary qu'elles ont au ciel un intercesseur auprès de Dieu.

CHAPITRE XI

Passage de Pie VII à Castelnaudary en 1814. — Bénédiction particulière qu'il donne à Élisabeth de Brugelles, et paroles prophétiques qu'il prononce. — Délivrance du saint Pontife prisonnier, et triomphe de l'Église.

En 1814, Élisabeth de Brugelles devait recevoir à Castelnaudary une de ces faveurs spirituelles qui influent sur toute la vie et qui laissent un ineffaçable souvenir : la bénédiction de Pie VII. Déjà en 1804, le 23 novembre, ce saint Pontife, passant à Nevers en se rendant à Paris pour le sacre de l'Empereur, avait béni, comme nous l'avons dit plus haut, la congrégation tout entière dans la personne de la supérieure générale et des religieuses qui l'entouraient. Ainsi, de Bordeaux, où elle se trouvait alors, Élisabeth de Brugelles avait reçu une première bénédiction du Vicaire de Jésus-Christ. Nous parlerons de cette première bénédiction avant de parler de la seconde.

« Le 23 novembre 1804, nous disent les Annales de l'institut, notre Saint-Père le Pape Pie VII traversa Nevers en se rendant à Paris pour le sacre de l'Empereur. La digne Mère Anastasie de Montméja, alors supérieure générale de la congrégation, se rendit, avec toute sa communauté et le noviciat, sur la route de Paris, où devait passer le Saint-Père. Elle fit ranger sur une petite estrade disposée à cet effet, en face de l'hospice général, les professes et les novices avec les pensionnaires élevées à cette époque à la maison mère, mais dans un local séparé. Devant l'hospice général furent également rangés en ligne, par l'ordre de la vénérable Mère, les pauvres, les petits garçons et les jeunes filles de cet établissement. La voiture de notre Saint-Père s'arrêta juste en cet endroit, et Pie VII s'étant penché à la portière pour demander quelle était cette communauté, l'aumônier des sœurs s'avança respectueusement et répondit à Sa Sainteté que c'étaient les sœurs de la Charité et de l'Instruction chrétienne, dont la maison mère était à Nevers. Le Pape lui dit de les faire approcher. La digne Mère Anastasie de Montméja s'avança la première, et comme elle était âgée de quatre-vingts ans et de petite taille, le Souverain Pontife fit baisser le marchepied de sa voiture et invita avec bienveillance la vénérable Mère à monter dessus, ce qu'elle fit avec respect et bonheur. Elle adressa d'une voix profondément émue, à l'auguste Pontife, un compliment court, mais profondément senti, qu'elle termina par ces mots :

« Je peux maintenant m'écrier avec Siméon : « Laissez,
« Seigneur, votre servante mourir en paix, puisque mes
« yeux ont vu votre Vicaire et que sa bénédiction est
« descendue sur moi et sur la famille que vous m'avez
« confiée. »

« Pie VII fut extrêmement touché des témoignages

de respect, de vénération et de piété filiale qu'il reçut des sœurs, de leurs élèves, de leurs pauvres, et surtout de la digne Mère de Montméja, qu'il bénit d'abord, puis toutes les sœurs, ainsi que leurs élèves et leurs pauvres. Sa Sainteté fit approcher de nouveau la vénérable Mère et toutes les sœurs et leur donna son anneau à baiser avec une affabilité toute paternelle, invitant Elle-même les sœurs de petite taille à monter sur le marchepied de sa voiture. Dès son arrivée à Paris, le Saint-Père remit à Mgr de Fontanges, évêque d'Autun et alors supérieur de la congrégation, un beau reliquaire en argent renfermant une précieuse parcelle de la vraie Croix, et chargea Sa Grandeur de le remettre à la Mère de Montméja. Cette insigne relique, qui est la grande richesse de la communauté, est exposée et vénérée dans l'église de la maison mère tous les jours de fête de la sainte Croix.

« Voici la lettre qu'écrivit Mgr de Fontanges à la Mère de Montméja en lui envoyant ce témoignage de bienveillance de Pie VII :

« Paris, 20 janvier 1805.

« Notre Saint-Père le Pape, Madame la Supérieure,
« voulant vous donner une marque particulière de sa pro-
« tection et de son estime pour le saint état que vous
« avez embrassé, et de son affection paternelle pour
« vous et pour votre congrégation, m'a chargé de vous
« remettre de sa part un reliquaire contenant de la
« vraie Croix.

« Je vous l'envoie, avec le regret de ne pouvoir vous

« le porter moi-même et être témoin de vos sentiments
« de reconnaissance pour le gage précieux de la bonté
« de Sa Sainteté. Elle m'a ordonné de vous dire qu'Elle
« se recommande particulièrement à vos prières.

« Recevez, Madame la Supérieure, les nouvelles
« assurances de mon sincère attachement.

« *Signé :* † Fr., arch.-évêq. d'Autun. »

« La vénérable Mère de Montméja vit les heureux effets de la bénédiction du Vicaire de Jésus-Christ. Les vocations abondaient, le noviciat était florissant, la ferveur régnait dans toutes les maisons. Au milieu de ces prospérités, elle aspirait, ainsi qu'elle l'avait dit à Pie VII, à chanter le *Nunc dimittis*. Vers la fin de 1806, elle déposa le fardeau de la supériorité, afin de se préparer au grand jour. Mais Dieu, jaloux d'embellir la couronne de sa fidèle servante, la soumit pendant trois ans à de cruelles souffrances, en sorte qu'après avoir rendu témoignage à Jésus-Christ, elle pouvait encore dire avec l'Apôtre : « Je porte dans mon corps les stigmates de la croix de mon Sauveur. » Durant ce long martyre, ses vertus jetèrent le plus vif éclat. Dieu, qui, dans les secrets de son ineffable amour, ne prolongeait ses souffrances et son exil qu'afin de l'élever plus haut dans la gloire, exauça enfin ses ardents soupirs ; mais il voulut montrer dans cette héroïque vierge combien la mort des saints est précieuse devant lui. »

Le jour fixé de toute éternité pour ouvrir le ciel à cette vierge bien-aimée était le 23 octobre 1809. Anastasie de Montméja le salue dans d'indicibles transports de bonheur. L'heure du *Nunc dimittis* est enfin venue. Elle reçoit les derniers sacrements de l'Église; et quand elle possède dans son cœur Celui que le vieillard Siméon tenait dans ses bras, elle tressaille d'une sainte allégresse. « Enfin, dit-elle, je vais voir face à face Celui que j'ai adoré par la foi toute ma vie : enfin je vais voir dans sa gloire le Dieu des vierges, auquel je me suis consacrée dès ma jeunesse. O mon Dieu, brisez mes chaînes! » Et alors un élan intérieur d'amour brisant ses liens, elle prend son essor vers le ciel. Ainsi meurt, à l'âge de quatre-vingt-cinq ans, à Nevers, cette vierge plus couronnée encore de mérites que de jours. Un rayon de la lumière éternelle où son âme vient d'entrer brille sur son front; la paix de Dieu respire sur tous ses traits; l'expression de sa figure est celle de l'extase.

Le nom d'Anastasie de Montméja sera béni d'âge en âge; il demeurera inscrit parmi les noms des plus illustres héroïnes de la charité chrétienne.

Heureuse la famille qui a donné à l'Église de France une telle héroïne et qui possède au ciel une si puissante médiatrice !

Nous avons maintenant à raconter la bénédiction que la Mère Élisabeth de Brugelles reçut à Castelnaudary de l'auguste Pontife Pie VII.

En 1812, l'Église et la France avaient été témoins d'un douloureux spectacle. Napoléon, qui depuis trois ans tenait le Pape Pie VII prisonnier à Savone, dans un genre de captivité inconnu de l'histoire, ordonne tout a coup qu'il soit transféré à Fontainebleau. Le trajet se fait en quelque sorte avec la rapidité de l'éclair; le

Pape a tellement à souffrir, qu'au passage du mont Cenis on craint qu'il ne succombe. A Fotnainebleau l'attend une prison non moins dure que celle de Savone. La Providence, qui est patiente, se montre enfin. En 1814, tout change de face : les alliés sont en France, Napoléon, craignant que le Pape ne soit délivré par eux s'il le laisse près de Paris, et voulant s'assurer de la personne de son prisonnier, prend le parti de l'éloigner de la capitale. Lagorse, colonel de gendarmerie, est chargé de le reconduire à petites journées à Savone. Il a ordre de trainer le voyage en longueur, afin qu'au premier retour de la fortune l'implacable persécuteur puisse de nouveau avoir son prisonnier sous la main et le contraindre enfin à céder à ses volontés. Insensé ! c'était lui qui allait descendre dans toute la profondeur de l'abîme où il voulait ensevelir la papauté à jamais avilie.

Malgré toutes les défenses de la police et les précautions ombrageuses du colonel Lagorse, les populations catholiques du midi de la France se précipitent au-devant de l'auguste prisonnier et lui demandent à genoux sa bénédiction. Castelnaudary, qui a gardé intacte la foi de ses pères, se distingue par ses témoignages de respect et d'amour pour le Souverain Pontife. Cette généreuse et catholique cité vient comme une famille entourer le Père commun des fidèles et veut recevoir sa bénédiction. Le gardien du Pape veut comprimer cet élan de foi et s'opposer à cette démonstration : les principales dames de Castelnaudary, avec un courage calme, insistent : « Nous voulons voir le Pape et recevoir sa bénédiction. » C'est alors qu'au rapport des historiens une de ces dames magnanimes a la gloire de recevoir un soufflet de la main du gendarme Lagorse. Par respect pour le Pape, les témoins d'un tel acte maîtrisent leur indignation. Le gardien le comprit. La population de Castelnaudary s'agenouille donc en toute liberté devant le Vicaire de Jésus-Christ et reçoit dans des transports de joie sa sainte bénédiction. Elle proteste ainsi de son dévouement au Saint-Siège, et elle s'efforce de consoler l'auguste Pontife de la captivité et des tyrannies qu'on lui a fait subir.

La Mère Angélique de Montanet, avec ses religieuses et ses pauvres, a le privilège d'approcher de la personne de Pie VII. Le Pape les bénit avec toute l'effusion du cœur d'un père. Mais Dieu voulut qu'il donnât une bénédiction particulière à la Mère Élisabeth de Brugelles. Frappé sans doute de sa taille majestueuse et de l'air de sainteté qui respirait en sa personne, le Pape la fit approcher, et, comme s'il eût voulu appeler sur elle une bénédiction spéciale du ciel, il lui fit le signe de la croix sur le front, en disant : *Bonne religieuse, bonne religieuse.*

Paroles prophétiques, qui révélaient à la fois le passé et l'avenir de cette grande servante de Dieu. Elles versèrent dans son âme une joie céleste, et elles ne s'effacèrent jamais de son souvenir.

Le Pape, en quittant Castelnaudary, en bénit de nouveau les habitants; il continue son voyage dans le midi de la France, portant avec la constance des martyrs les chaînes dont il est chargé depuis cinq ans, quand il plaît à Dieu de les lui enlever et de montrer à tous les persécuteurs futurs de l'Église, dans la personne du persécuteur impérial, que ce n'est pas impunément qu'on s'attaque au Vicaire de Jésus-Christ.

Assistons à cette leçon de la justice de Dieu, faite pour instruire tous les siècles.

Enflé par ses victoires, voyant tous les rois de l'Europe trembler devant lui, se croyant le dieu de la terre, et ne tenant plus compte du Dieu qui est le dominateur des dominateurs, Napoléon veut, dans le délire de son orgueil, abaisser le Vicaire de Jésus-Christ jusqu'à faire de lui un sujet, un serviteur, un esclave soumis comme les autres à ses volontés despotiques. Il veut que le Pape abandonne son pouvoir temporel, et, bien plus, que le Vicaire de Jésus-Christ, cédant ses droits spirituels, en vienne à vendre sa conscience. Le trouvant inflexible, il l'a fait enlever de la Ville éternelle et enfermer à Savone. Là, par toutes sortes de tortures, il s'est efforcé d'ébranler la constance de son prisonnier; il n'a pu y parvenir. Quand il est enfin frappé d'excommunication, il dit avec le dédain de l'impiété : « Nous verrons si l'excommunication fera tomber les armes des mains de mes soldats. » Et voilà qu'en Russie, où il est entré à la tête de la plus belle armée des temps modernes, ses soldats, vaincus par la rigueur du froid, laissent échapper les armes de leurs mains et périssent sans gloire. C'est le commencement des représailles de la justice divine : le persécuteur va les subir toutes les unes après les autres. Autant il s'est élevé, autant il va être humilié. Après le désastre de Russie en 1812, c'est le désastre d'Allemagne en 1813, ce sont les désastres de France à peine déguisés par quelques succès en 1814, c'est l'immense désastre de Waterloo en 1815. Cet homme, qui avait jeté un incomparable éclat par son génie et ses victoires, apparaît aux yeux du monde entier dans toutes les humiliations de la défaite. A Fontainebleau, il avait voulu arracher au Pape l'abdication de ses États et la renonciation à ses droits sacrés, et c'est à Fontainebleau qu'il se voit contraint de signer l'abdication de son empire. Il avait fait le Pape prisonnier; il est fait prisonnier à son tour, quand, revenu de l'île d'Elbe, il s'est enlevé tout droit à la compassion de l'Europe. Et c'est quand des quatre vents de la terre lui arrive cette ironie : « Comment es-tu tombé? » que le persécuteur qui avait traîné le Pape à Savone est traîné à son tour dans une île solitaire de l'Océan. A Savone, il avait isolé le Pape de ses cardinaux et de toute l'Église. A Sainte-Hélène, il est isolé de son armée, de sa famille et de tout le genre humain. A Savone, il avait fait garder le Pape par d'inexorables geôliers. A Sainte-Hélène, il a pour geôlier l'Anglais, qu'il abhorre. Après avoir ébranlé l'Europe sous les pas de ses armées, cet homme, le plus actif de son siècle, se voit mourir d'inaction sur un rocher perdu au milieu de l'Océan. Son dessein avait été de garder le Pape prisonnier jusqu'à ce qu'il l'eût fait plier sous sa volonté. Le Pape voit tomber ses fers et rentre triomphant à Rome. Lui, reste jusqu'à la dernière heure dans sa prison de Sainte-Hélène, consolé seulement par sa victime, qui lui envoie deux prêtres. Il meurt enfin, avertissant tous les persécuteurs de l'Église qu'ils sentiront la main de Dieu, leur disant : « Vous n'aurez pas une puissance plus grande que la mienne, et cependant voyez comment, depuis que j'ai osé toucher au Pape, la justice de Dieu m'a brisé et anéanti ! »

Dans le passé, à tous les siècles de l'histoire, les persécuteurs de l'Église tiennent le même langage que le prisonnier de Sainte-Hélène. Ils disent aux persécuteurs modernes, ainsi qu'à tous les persécuteurs futurs de la Papauté et de l'Église : « Voyez comment nous avons fini ; eh bien, c'est ainsi que vous finirez ! »

Prophétie dont notre époque et tous les siècles futurs verront l'accomplissement.

Quant aux catholiques, ils ne tremblent pas devant les tentatives des ennemis de l'Église, quelque formidables qu'elles paraissent. Ils savent que l'Eglise est fondée par Jésus-Christ, et que, selon la parole de l'Homme-Dieu, « les portes de l'enfer ne prévaudront point contre elle : *et portæ inferi non prævalebunt adversus eam!* »

Comme au temps de saint Pierre, les catholiques prient quand le Pape est en prison ; et, au moment marqué, Dieu envoie son ange pour le délivrer ; et le successeur de saint Pierre dit comme lui : « Maintenant je sais que le Seigneur a véritablement envoyé son ange et qu'il m'a délivré de la main d'Hérode et de l'attente homicide du peuple juif : *Nunc scio vere quia misit Dominus angelum suum, et eripuit me de manu Herodis et de omni expectatione plebis Judæorum* [1]. »

---

1. *Act. Apost.*, cap. xii.

CHAPITRE XII

Élisabeth de Brugelles au milieu des soldats blessés qui, après la bataille de Toulouse livrée le 10 avril 1814, remplissent l'hôpital de Castelnaudary. — Soins que sa charité leur prodigue. — Elle tombe dangereusement malade; son bonheur à la perspective de la mort; Dieu la ramène des portes du tombeau. — Sa charité n'a plus de bornes. — Comment elle la fait paraître à l'égard d'une de ses compagnes.

Ainsi que nous venons de le dire, le doigt d'un pape martyr et prisonnier de Jésus-Christ, le doigt de l'auguste Pie VII avait imprimé le signe de la croix sur le front de la Mère Élisabeth de Brugelles. Mais en même temps que le Pontife suprême imprimait extérieurement ce signe sacré sur le front de cette vierge, Jésus-Christ la revêtait intérieurement de sa force ; il l'armait de la vertu de sa croix pour la rendre invincible au milieu des immenses travaux qu'il lui réservait.

En 1814, après la bataille si meurtrière de Toulouse, livrée le 10 avril, l'hôpital de Castelnaudary peut à peine contenir les soldats blessés qu'on lui envoie. En 1815, pendant que les alliés sont en France, les soldats blessés continuent d'occuper toutes les salles de l'édifice. Ce sont là deux années mémorables dans la vie de la Mère Élisabeth de Brugelles.

Soigner les corps, sauver les âmes, panser les blessures des corps, cicatriser et guérir les blessures des âmes, tel était le vaste champ ouvert à la charité de la servante de Dieu. Ce qui rendait encore sa mission plus difficile, c'est qu'un grand nombre de ces militaires étaient protestants. Mais Élisabeth de Brugelles, par l'héroïsme de sa charité et de son zèle, devait triompher de tout. Le dévouement inépuisable avec lequel elle prodiguait ses soins aux blessés, sa bonté plus inépuisable encore, touchaient profondément ces soldats. Le langage de cette vierge allait droit à leur cœur. Ce qu'elle disait de Dieu et de sa clémence, de Jésus-Christ et des trésors infinis de salut que nous avons en lui, de la très sainte Vierge et de sa bonté maternelle, de son crédit auprès de Dieu, était des flèches qui perçaient ces âmes.

La charité si apostolique d'Élisabeth de Brugelles est récompensée. Les soldats catholiques meurent dans la foi de leurs pères. Parmi les soldats protestants, les conversions sont nombreuses. Ces hommes, nés dans l'hérésie, comprennent que la vraie religion est celle qui produit un tel héroïsme de charité, et ils veulent mourir dans la religion de la sœur qui les soigne avec un dévouement plus que maternel, un dévouement céleste, qui ne peut avoir sa source que dans le cœur d'un Dieu. Aussi, protestants et catholiques n'ont que des bénédictions pour Élisabeth de Brugelles : ils sont émus; ils laissent échapper des larmes; ils ne peuvent trouver des termes pour exprimer ce qu'ils éprouvent.

« En 1815, dit une de ses compagnes, témoin oculaire

de ce qu'elle affirme, notre chère Mère avait acquis un tel prestige, que les militaires disaient : Quel ange! quelle sainte, que cette sœur! »

Un de ces soldats anglais, soignés, instruits et conquis à l'Église par la Mère Élisabeth de Brugelles, eut le bonheur de revenir des portes de la mort. Il fit abjuration publique dans l'église de l'hôpital. Catholique fervent, il resta quelques années à l'hôpital, exerçant un métier. Il s'établit ensuite en ville; et la Mère Élisabeth, mettant le comble à ses bienfaits, lui acheta une maison et le pourvut de tout ce qui lui était nécessaire.

En 1814 et en 1815, les fatigues auxquelles se livra la Mère Élisabeth de Brugelles en soignant les soldats malades et blessés furent vraiment extraordinaires. Mais ce qui semble impossible aux forces humaines devient possible à la grâce de Dieu. Soutenue par cette grâce toute-puissante, cette héroïque vierge se sacrifiait sans réserve et ne mettait aucune borne à sa charité.

« Il lui arriva une fois, nous dit une de ses compagnes, de passer près de trois semaines au milieu des soldats blessés, leur prodiguant ses soins nuit et jour, sans prendre le moindre repos. »

Quand il n'y aurait que ces deux années dans la vie d'Élisabeth de Brugelles, cette vierge serait encore, dans ce siècle, une des héroïnes de la charité les plus dignes de passer à la postérité. Et ce ne sont là néanmoins pour elle que les premiers pas dans la carrière.

Un si sublime courage, un sacrifice si absolu de soi, une si tendre charité, une si ardente soif du salut des âmes sont l'honneur de l'humanité et la gloire exclusive de l'Église catholique. Que l'on cherche dans les sociétés païennes, que l'on cherche dans les sociétés protestantes, c'est-à-dire séparées de la véritable Église, une femme, une vierge comparable à Élisabeth de Brugelles! En remontant tous les siècles, on n'en trouvera pas une. Jésus-Christ seul, par sa grâce, peut élever la vierge chrétienne à cette prodigieuse hauteur, ainsi que l'Église le chante dans ses hymnes :

> *Rex Christe, virtus fortium,*
> *Qui magna solus efficis.*

Mais ici, quels adorables secrets de la sagesse et de l'amour de Jésus-Christ! Élisabeth de Brugelles, pendant deux années, par les sacrifices continus de sa charité, a jeté dans l'admiration les habitants de Castelnaudary, les soldats, les officiers, les autorités de la ville, les administrateurs, les membres du clergé. Le divin Maître, pour sauvegarder son humilité et lui montrer que tout ce qu'elle a fait de grand, elle l'a fait par sa grâce, lui envoie une maladie qui l'anéantit en quelque sorte. Malgré la force de sa constitution, Élisabeth de Brugelles ne peut résister à tant de fatigues et de veilles accumulées. Elle est atteinte d'une fièvre typhoïde qui la réduit à l'extrémité. Non seulement elle se soumet du fond du cœur à la volonté de son Dieu, mais elle est heureuse de pouvoir souffrir pour lui. De temps en temps elle s'arrête à la pensée que ses liens vont être brisés et qu'elle va se réunir à son Dieu. Son âme tressaille alors d'une incompréhensible joie. Mais, dans les desseins de Dieu, l'heure de la récompense est loin d'être venue. Après avoir conduit sa fidèle servante aux portes du tombeau, il l'en ramène, réservant encore à son héroïque charité plus d'un demi-siècle de travaux.

Quand elle eut recouvré la santé, sa charité n'eut plus de bornes. S'oublier elle-même pour venir en aide à tous était son principe. Le besoin de cette grande âme était d'assumer pour elle les travaux et les fatigues, afin de les épargner à ses compagnes. Mais le comble de ses souhaits était de pouvoir soulager les souffrances qu'elles avaient à endurer dans leur corps et de n'avoir que Dieu pour témoin des soins qu'elle leur prodiguait. Elle eut à cette époque une admirable occasion de montrer tout ce qu'il y avait de délicat, de tendre, de saintement magnanime dans sa charité.

Une des sœurs, qui était un ange de vertu, Magdeleine de Seguin Deshon, était chargée de la pharmacie. Ses faibles forces succombaient sous un si grand travail. Élisabeth de Brugelles, malgré ses nombreuses occupations, se multiplia à l'infini, pour prendre sur elle le fardeau de cet emploi et pour épargner à sa sœur la moindre fatigue.

« Dans cet emploi, dit la religieuse contemporaine que nous avons déjà citée, ces deux sœurs n'en faisaient qu'une par la conformité de la volonté. Aussi tout le monde était dans l'admiration de voir la charité qui régnait entre ces deux vierges. »

Assumer les fatigues de l'emploi de sa compagne était peu pour la charité de la Mère Élisabeth de Brugelles. Il lui fut donné, dans les soins prodigués à sa personne même pendant plusieurs années, de faire éclater toutes les délicatesses et toutes les attentions de la charité la plus maternelle.

Magdeleine de Seguin était un ange de vertu. Elle s'était consacrée de bonne heure au Dieu des vierges, et, une fois inscrite dans les rangs des sœurs de Nevers, elle s'était montrée une religieuse accomplie. Le divin Maître, qui n'a rien de plus grand ni de plus précieux que sa croix, puisque c'est par elle qu'il a sauvé le monde, veut en faire part à sa fidèle épouse. Le mode de participation à sa croix qu'il choisit pour elle est un cancer à la poitrine. Le don du divin Maître est compris par Magdeleine de Seguin, accueilli avec bénédiction et reçu avec transport d'amour. Elle entre avec un ineffable courage dans la carrière du martyre. Là où la nature ne voit qu'horreur, la foi de cette vierge découvre des trésors pour le ciel. Dans cette conduite de Dieu, elle voit resplendir tout ensemble et son infinie sagesse et son adorable amour. Car souvent le secret de Dieu pour garder purs les lis de la virginité, c'est de les entourer de ces haies de la souffrance ; là, ils gardent toute leur fraîcheur, et ils exhalent tout leur parfum vers le ciel.

Élisabeth de Brugelles est seule initiée à ce secret du divin Maître, et, comme sa compagne, elle entre dans le dessein de son amour.

Magdeleine de Seguin est heureuse de porter les stigmates de la croix, perle cachée et d'un prix suprême. Élisabeth de Brugelles est heureuse de soigner sa compagne sous les yeux de Celui qui la traite avec une si haute prédilection. Jusqu'au dernier moment de la vie de cette sœur bien-aimée, Élisabeth de Brugelles ne cessera de lui prodiguer ses soins nuit et jour.

Après six années de martyre, sa couronne était prête. Le ciel appelait cette vierge, si longtemps purifiée dans le creuset de la douleur. Le 21 juillet de l'année 1820, âgée de cinquante-deux ans, elle prend son essor vers la patrie céleste, et c'est des bras de sa sainte amie qu'elle passe dans les bras de son Dieu.

Comme souvenir et gage de reconnaissance, Magdeleine de Seguin laisse, par testament, à sa sainte amie la somme de cinq mille francs pour être employée au bien des pauvres. C'est avec cette somme que la Mère Élisabeth de Brugelles achète le premier champ de l'hôpital, qui était alors dans le plus grand dénuement. Les pauvres l'appelèrent le *champ de la chère Mère*.

Le nom de Magdeleine de Seguin vivra à jamais dans les annales de Castelnaudary et de l'institut de Nevers. Mais un plus haut privilège l'attend encore : car ce beau nom figurera parmi les noms à jamais glorifiés par saint Paul, quand il dit : « Saluez ces servantes de Jésus-Christ qui ont travaillé avec moi à étendre l'Évangile, et dont les noms sont inscrits dans le livre de vie. »

O Magdeleine, ô servante de Jésus-Christ, être inscrite dans le livre de vie, c'est là ta gloire impérissable ! Tu brilles dans le chœur des vierges ! Tu suis les pas de l'Agneau. Martyre par la souffrance en cette vie, on peut dire de toi, comme de ces invincibles témoins de Jésus-Christ qui ont livré leurs corps aux tortures :

« *Maintenant les palmes couvrent pour une éternité les blessures du combat :* Vulnera palma tegit. »

Après un combat plus long que le tien, ta sainte compagne, ta sœur bien-aimée, ta mère d'incomparable tendresse, Élisabeth de Brugelles, est montée au ciel pour recevoir la couronne. Quelle entrevue que la vôtre dans la gloire ! Comme vos deux âmes se sont pénétrées ! Quel *Magnificat* de part et d'autre élevé vers Dieu ! Quelles bénédictions mutuelles ! Quels embrassements d'esprit à esprit dans la charité divine ! Quel transport, quand, des hauteurs du ciel abaissant vos regards sur cet hôpital de Castelnaudary, vous l'avez salué comme le champ de bataille où vous avez l'une et l'autre moissonné la palme éternelle !

Bienheureuses vierges, Magdeleine de Seguin, Élisabeth de Brugelles, tandis que vous vous abreuvez aux sources de la félicité infinie de Dieu, priez pour ceux qui sont encore dans l'arène du combat ! Priez pour la cité que vous avez à jamais ennoblie par vos héroïques vertus et à laquelle vous avez légué de si illustres exemples ! Priez pour les pauvres de cette demeure si chère qui vous a servi de degré pour monter au ciel ! Priez pour les vierges de Jésus-Christ qui tiennent votre place et pour toutes celles qui leur succéderont jusqu'à la fin des temps ; faites tomber dans leurs âmes d'incessantes étincelles de ce brasier infini de l'amour divin qui vous consume à jamais !

CHAPITRE XIII

En 1823, Élisabeth de Brugelles est nommée supérieure de l'hôpital de Castelnaudary. — Bienfaits de sa famille et des habitants de la ville. — 1824. Trait sublime de courage. — 1827. Soins prodigués à M. de Chièze à ses derniers moments. — Elle reçoit le dernier soupir de sa sœur, Mme Laquière. — Son zèle pour le bien spirituel des membres de sa famille et de ses parents.

Angélique de Montanet, qui avait succédé à la Mère Adélaïde Croizier dans la charge de supérieure, gouvernait depuis quatorze ans l'hôpital de Castelnaudary, lorsqu'il plut à Dieu de lui donner la récompense de ses longs travaux. Le 18 mars de l'an de grâce 1823, la veille de la fête du glorieux saint Joseph, cette vierge, qui avait consumé sa vie au service des pauvres, s'endormit doucement dans le baiser du Seigneur, à l'âge de soixante-quatorze ans. Le Rémunérateur qui devait couronner une si belle vie étant Celui qui a dit : « Ce que vous avez fait au plus petit des miens, c'est à moi-même que vous l'avez fait ; » et : « Un verre d'eau froide donné en mon nom aura sa récompense ; » qu'on se figure avec quelle libéralité divine sa toute-puissance inspirée par son amour aura récompensé tout ce que Angélique de Montanet avait fait pour lui dans la personne des pauvres !

Tous les suffrages comme tous les vœux appelaient Élisabeth de Brugelles au gouvernement de l'hôpital de Castelnaudary. L'ordre des supérieurs fit bientôt connaître que ces vœux universels étaient l'expression de la volonté de Dieu.

Dans le plan providentiel, ainsi que nous l'avons déjà dit, c'était à Castelnaudary, sa ville natale, que cette vierge devait être un flambeau par la sainteté de sa vie et par les merveilles de sa charité.

Maintenant qu'elle a l'autorité en main, elle va répondre plus en grand à ce dessein du Seigneur; ce que son âme a conçu de nobles projets pour le bien des pauvres va commencer à se faire jour. Par de faibles commencements elle arrivera à ces créations grandioses qui réalisèrent l'idéal d'un HÔTEL-DIEU, c'est-à-dire d'une demeure des pauvres où tout est parfait.

Pour peindre ces commencements, nous laisserons parler une des filles de la Mère Élisabeth de Brugelles, qui, avec un vrai cœur filial, a recueilli les notes historiques fournies par ses compagnes :

« Au moment où la Mère Élisabeth de Brugelles fut nommée supérieure, l'hôpital, ayant perdu tous ses biens à la grande Révolution, se trouvait dans un dénuement complet. Les lits étaient insuffisants, le linge manquait, et l'on avait grand'peine à nourrir les pauvres. Malgré des difficultés sans nombre, la Mère Élisabeth de Brugelles ne se découragea point. Son patrimoine devint celui des pauvres. Elle fit semer du lin, et elle aidait à le filer pour leur faire du linge et des habits.

« Prophète dans son pays, elle se vit admirablement secondée. Sa famille et ses amis se plaisaient à verser entre ses mains leurs bienfaits. Elle-même se privait de tout pour soulager ses pauvres et ne consentait à prendre quelque chose que quand elle s'était assurée par elle-même qu'ils ne manquaient de rien. *J'ai du pain et de l'eau*, disait-elle souvent, *je me porte bien, c'est assez pour moi.* »

Quand une femme douée d'une rare intelligence a pour elle la sainteté et un tel cœur, on conçoit qu'elle est capable des plus grandes choses pour la gloire de Dieu.

La charité d'Élisabeth de Brugelles s'élevait non seulement au-dessus de tous les sacrifices, mais encore au-dessus de tous les dangers. En voici une preuve entre tant d'autres. Nous laissons parler ici une des filles de cette vénérable Mère :

« En 1824, l'on faisait percer près de l'hospice une voûte allant jusqu'au canal, pour faire venir l'eau dans la ville. Pendant les travaux de terrassement, la terre s'éboula, et un certain nombre d'ouvriers furent tués ou blessés. Au bruit de cet accident, tout le monde se porta sur le lieu du sinistre, mais personne n'osait entrer dans la voûte. La bonne Mère de Brugelles, malgré l'imminence du danger et les plus vives représentations, voulut y entrer et prit avec elle quelques hommes de bonne volonté. Le bon Dieu récompensa sa charité. Non seulement elle fut elle-même préservée de tout accident, mais elle parvint à retirer plusieurs de ces pauvres malheureux meurtris et blessés, dont les uns furent, par ses soins, rendus à la santé, et les autres firent une mort très chrétienne. »

En 1827, la Mère Élisabeth de Brugelles, avec une de ses compagnes, eut la consolation de prodiguer les soins de la charité la plus dévouée et la plus filiale à M. de Chièze aux derniers moments de sa vie. Ce célèbre et saint missionnaire du midi de la France avait à différentes reprises évangélisé la ville de Castelnaudary, et le bien qu'il y avait fait lui avait acquis l'estime générale. Infatigable dans ses travaux apostoliques, il venait de prêcher une mission à Narbonne dans les premiers mois de l'année 1827. Mais vers la fin de la mission, ce vaillant soldat de Jésus-Christ, succombant sous l'excès des fatigues, se sent blessé à mort. Voulant rendre le dernier soupir dans les bras des missionnaires apostoliques qu'il a fondés à Toulouse, il prend le chemin de cette ville ; mais, arrivé à Castelnaudary, il ne peut aller plus loin. De la voiture on le transporte dans un lit à l'hôtel Notre-Dame. Il aurait souhaité d'être transféré à l'hôpital pour mourir au milieu des pauvres et être enterré dans leur cimetière. On ne peut condescendre à ce désir, le danger de son état ne permettant plus le moindre mouvement. Le mal fait même des progrès si rapides et s'aggrave de telle sorte, qu'il devient impossible de donner le saint Viatique à l'apôtre du Midi ; mais le digne curé de Saint-François a le temps de lui administrer l'extrême-onction. Et ainsi, oint de l'huile des athlètes de Dieu, il entre en vainqueur dans la cité des vivants où le juste Juge l'attend, la couronne à la main, pour le récompenser de ses travaux apostoliques.

Le clergé et la ville pleurent le saint missionnaire et lui font de magnifiques funérailles. S'il n'a pu mourir au milieu des pauvres de l'hôpital, il sera du moins, selon son désir, enterré dans leur cimetière.

Là, sa tombe sera humble autant qu'il a été grand. Une modeste croix de pierre qui la domine porte cette inscription :

HIC JACET
JOAN. HIER. FRID. DE CHIEZE
PRESB. MISS. AP. IN GALLIA MER.
ANNO 1762 DIE 15 SEPT. GRATIANOPOLI NATUS
DIE 11 APR. AN. 1827 CASTEL^{RH} OBIIT
HIC VENIT IN TESTIMONIUM
JOAN., I, 7.

ICI REPOSE
JEAN-JÉRÔME-FRÉDÉRIC DE CHIÈZE
PRÊTRE MISSIONNAIRE APOSTOLIQUE DANS LE MIDI
DE LA FRANCE
NÉ LE 15 SEPTEMBRE 1762 A GRENOBLE
ET MORT LE 11 AVRIL 1827 A CASTELNAUDARY
IL EST VENU POUR RENDRE TÉMOIGNAGE
S. JEAN, I, 7.

C'est dans cette sépulture royale des pauvres qu'il repose. Et en face de sa tombe repose aujourd'hui, dans le monument que la ville lui a élevé, la vénérable Mère Élisabeth de Brugelles. Au dernier jour du monde, au son de la trompette de l'archange, secouant ensemble la poussière du tombeau, cet apôtre et cette vierge d'un même vol s'élanceront au-devant du Juge suprême, qui apparaîtra sur la nuée éclatante, et prendront place à sa droite pour juger avec lui les anges et les hommes.

De son hôpital de Castelnaudary, qu'elle gouvernait avec une sagesse consommée, la Mère Élisabeth de Brugelles exerçait une influence générale dans la ville. Tous les habitants la vénéraient comme une grande servante de Dieu et l'aimaient comme une mère. Ils venaient avec confiance chercher lumière et consolation auprès d'elle. Comme Dieu lui avait donné la sagesse en partage et que le Saint-Esprit lui avait communiqué son onction, ses conseils portaient la lumière dans les âmes et ses paroles y répandaient le baume de la consolation.

Nous parlerons ici en particulier du bien spirituel qu'elle fit à tous les membres de sa famille et à tous ses parents.

Ses deux sœurs, Jeanne-Marie et Marie-Rose-Térèse de Brugelles, avaient reçu une éducation religieuse qui ne laissait rien à désirer. Elles avaient répondu aux soins de leur père et de leur mère et marchaient fidèlement sur leurs traces. Dieu, qui est l'auteur des saintes alliances, récompensa leur vertu par le choix qu'il fit pour elles. Jeanne-Marie épousa M. Laquière, officier de marine, et Françoise-Marie-Rose-Térèse épousa

M. Jean-Pierre Alquier. Pour faire l'éloge de ces deux hommes, il suffit de dire que, par leur religion et leur intégrité, ils furent les dignes maris de ces femmes chrétiennes.

Quant à M. Jean-Pierre-Louis de Brugelles, unique frère de la Mère Élisabeth, il ne fut point marié; il vécut à Castelnaudary; il avait une telle estime et une telle affection pour sa sainte sœur, que tout ce qui était à lui était à elle, en sorte qu'elle pouvait lui demander tout ce qui lui était nécessaire pour ses pauvres, car c'était un noble cœur, et il avait hérité de ses pères l'amour des membres souffrants de Jésus-Christ. Pour l'amener à ce qu'il fut dans les dernières années de sa vie, la Mère Élisabeth dut, il est vrai, frapper longtemps à la porte du cœur du divin Maître; mais elle eut la consolation de voir ses vœux exaucés au delà de toutes les espérances. Nous raconterons plus loin en détail tout ce que fit la Mère Élisabeth de Brugelles pour gagner irrévocablement à Dieu un frère qui lui était si cher.

Cet apostolat, elle l'exerça à l'égard de chacun de ses parents jusqu'au dernier moment de leur vie.

Madame Laquière n'eut qu'une fille, Marie-Louise-Alexandrine. Madame Alquier eut cinq enfants : André, aujourd'hui maire à Salles-sur-l'Hers; Marie, religieuse de Marie-Auxiliatrice; Henri, mort, en 1859, lieutenant de vaisseau, à l'hôpital de la marine à Toulon; Prosper, maire à Souilhe, et Joséphine.

La Mère Élisabeth de Brugelles ne cessa de s'occuper des intérêts éternels de leurs âmes. Pour elle, aimer ses parents, c'était leur souhaiter la possession éternelle de Dieu et travailler de tout son pouvoir à la leur assurer.

Ses deux sœurs l'écoutaient avec une docilité entière. Elle fut leur guide et leur conseillère dans les voies du salut. Aussi ces deux femmes furent-elles des modèles comme chrétiennes et comme mères de famille. Elles élevèrent chrétiennement leurs enfants ; elles se virent respectées et aimées d'eux tant qu'elles vécurent, présage heureux qu'ils seraient un jour leur couronne dans le ciel.

Pour inculquer à leurs enfants les principes de la foi, elles trouvèrent dans leur sainte sœur une puissante auxiliaire. Élisabeth de Brugelles, qui aimait en Dieu et pour Dieu ses neveux et ses nièces, compléta admirablement la mission de leurs mères. En faire des serviteurs et des servantes de Jésus-Christ, fidèles à la vie et à la mort, ce fut le but qu'elle ne cessa de poursuivre. Avec quel art, quel zèle, elle commença à imprimer de bonne heure dans leurs âmes ces vérités fondamentales du salut : « Dieu, chers enfants, vous a créés pour le connaître, l'aimer, le servir, et par ce moyen acquérir la vie éternelle. Quel que soit l'état que vous preniez un jour, c'est pour servir Dieu, et, en le servant, gagner le ciel. Vous êtes faits pour l'éternité, pour être éternellement heureux avec Dieu. Votre maxime doit donc toujours être celle du jeune Louis de Gonzague : « Qu'est-ce que cela pour l'éternité ? » Afin de leur inspirer l'horreur du péché, elle leur répétait souvent les célèbres paroles de Blanche de Castille, reine de France, à son fils saint Louis : « Mon fils, j'aimerais mieux vous voir mort devant moi que coupable d'un seul péché mortel. »

Elle profitait de toutes les occasions pour développer dans leur cœur l'amour des pauvres, qui était héréditaire dans sa famille. Elle leur répétait souvent ces paroles de Notre-Seigneur : « Heureux les miséricordieux, parce qu'ils obtiendront miséricorde ! » Elle leur faisait comprendre le prix des œuvres de miséricorde, en leur rappelant les paroles que Notre-Seigneur prononcera au jour du jugement dernier. « Venez, dira-t-il à ceux qui seront à sa droite, venez, les bénis de mon Père, posséder le royaume qui vous a été préparé depuis le commencement du monde ; car j'ai eu faim, et vous m'avez donné à manger ; j'ai eu soif, et vous m'avez donné à boire ; j'ai été étranger, et vous m'avez accueilli ; j'ai été nu, et vous m'avez couvert ; j'ai été malade, et vous m'avez visité ; j'ai été en prison, et vous êtes venus jusqu'à moi. » Alors les justes lui répondront, disant : « Quand est-ce que nous vous avons vu ayant faim et que nous vous avons donné à manger ; ayant soif, et que nous vous avons donné à boire? Quand est-ce que nous vous avons vu étranger et que nous vous avons donné l'hospitalité ; nu, et que nous vous avons donné des vêtements? Quand est-ce que nous vous avons vu malade ou en prison et que nous sommes venus vers vous? » Et le Roi, répondant, leur dira : « En vérité, je vous dis : toutes les fois que vous avez fait cela pour l'un de mes frères les plus petits, vous me l'avez fait à moi-même. » (Matth., xxv.)

Elle leur donnait les plus hautes idées de leur titre

de chrétien et d'enfant de Dieu. La souveraine sagesse, comme la souveraine gloire de l'homme en ce monde, est de servir Dieu et d'observer ses commandements. L'Esprit-Saint lui-même l'a dit : « Craignez Dieu, et observez ses commandements, car c'est là tout l'homme. »

Les récompenses de Dieu sont magnifiques, et elles sont éternelles. Les récompenses du monde sont vaines, et elles sont passagères.

Quand le chrétien sauve son âme, quelles que soient ses épreuves en ce monde, il peut dire : « Tout est sauvé ! Dieu est à moi, le ciel est à moi pour toute l'éternité ! »

Quand le chrétien perd son âme, eût-il possédé en ce monde toutes les couronnes, toutes les félicités de la terre, il est forcé de se dire à lui-même : « Mon âme est perdue, tout est perdu ! Dieu, le paradis, le bonheur du ciel, sont perdus pour moi pour toute l'éternité ! »

Nous sommes les enfants des saints ; marchons sur leurs traces, et soyons leurs imitateurs. Le ciel est notre patrie ; c'est là que nous devons nous réunir. Là, nous contemplerons Dieu face à face, et nous partagerons éternellement sa souveraine félicité. Ainsi, servir Dieu, gagner le ciel, doit être la devise de notre vie.

Quels commentaires variés elle leur faisait de ces vérités fondamentales qui font l'homme et le chrétien ! Comme ses neveux et ses nièces avaient pour elle un vrai culte de vénération, comme, d'autre part, ils lui portaient une affection extraordinaire, parce qu'ils se sentaient cordialement aimés par elle, il en résultait qu'ils ne se lassaient jamais de l'entendre et que les plus heureux moments pour eux étaient ceux qu'ils passaient en sa sainte compagnie.

Lorsque M. Henri Alquier, devenu officier de marine, se trouvait séparé d'elle par les plus grandes distances, jamais il n'en était éloigné par le cœur et le souvenir ; il revenait auprès d'elle par ses lettres ; il avait besoin de répandre son âme dans la sienne. Ces lettres sont un témoignage de la tendre affection et du profond respect qu'il portait à sa sainte tante. La Mère Élisabeth de Brugelles répondait à ses lettres et continuait ainsi sa mission auprès de lui. Elle le fortifiait dans les principes de la religion et tendait à faire de lui un chrétien fidèle aux lois de l'Évangile. Cette correspondance a été une source de consolation, de bonheur, de lumière, pour l'officier de marine. Les lettres de M. Henri, fidèlement conservées par la Mère Élisabeth de Brugelles, sont aujourd'hui la propriété de M. Prosper Alquier et seront précieusement gardées comme un trésor de famille.

La servante de Dieu compléta également par une correspondance soutenue sa mission auprès de sa nièce Marie-Louise-Alexandrine Laquière. Elle lui servit d'abord de mère, après que la mort lui eut enlevé de si bonne heure celle qui lui avait donné le jour. Ensuite, quand elle fut mariée à M. Fabre Saint-Félix, elle lui écrivait souvent, pour lui tracer le plan de conduite qu'elle devait tenir dans le monde. Ces lettres exhalent un rare parfum de foi, de tendresse maternelle ; elles renferment en même temps les plus sages conseils.

Religieusement conservées jusqu'ici par celle à qui elles étaient adressées, elles seront transmises d'âge en âge aux héritiers de son nom ; ce sont les lettres d'une des plus insignes servantes de Dieu en ce siècle.

Pour résumer la mission remplie par la Mère Élisabeth de Brugelles auprès de ses neveux et de ses nièces, nous dirons qu'elle a produit les fruits ambitionnés par son zèle. Une de ses nièces, Marie Alquier, est dans la congrégation de Marie-Auxiliatrice ; ses neveux André et Prosper Alquier, devenus chef de famille, sa nièce Marie-Louise-Alexandrine, mariée à M. Fabre Saint-Félix, membre du conseil général du Tarn, et devenue mère de famille, perpétuent de nos jours les traditions de foi qu'ils ont reçues de leur sainte tante et de leurs parents ; ce sont autant de familles chrétiennes ; les membres de ces familles transmettront à leur tour à leurs descendants le trésor sacré de la religion. Maintenant qu'ils auront sous les yeux le portrait vivant de la sainte héroïne qui a illustré leur famille, et à côté de ce portrait celui de leur père et de leur mère, ils se sentiront perpétuellement excités à marcher sur leurs traces. A la vue de ces portraits, ils se diront : « Ne dégénérons pas de la foi de nos pères ! »

Nous venons de dire que madame Laquière fut de bonne heure enlevée à la tendresse des siens. Elle avait toujours été un modèle de piété ; sa ferveur redoubla lorsque la maladie l'avertit que Dieu allait mettre un terme à son exil. Si, dès les premières atteintes de la souffrance, elle se retira à Castelnaudary, sa première vue n'était point de recevoir les soins et les consolations de sa famille ; ce qui la déterminait avant tout, c'était qu'elle devait rencontrer dans sa ville natale tous les secours spirituels qu'elle pouvait désirer. En effet, outre des prêtres selon le cœur de Dieu pour son âme, elle trouvait sa vénérable mère et sa sainte sœur. L'une et l'autre, par leurs douces et saintes paroles, dilataient son âme, la consolaient et la remplissaient de confiance. Le souvenir de sa jeune sœur Victoire, ange intercédant au ciel pour sa famille, la mort si chrétienne du chevalier de Brugelles, son père, se retraçaient d'une manière d'autant plus vive à son esprit qu'elle se trouvait dans l'appartement même d'où l'un et l'autre avaient pris leur essor vers le ciel. Elle n'était âgée que d'environ quarante ans, et elle avait à se séparer d'un époux, d'une fille unique, d'une famille qui l'aimaient tendrement. Mais Dieu lui donna une force surnaturelle, et elle fit avec courage le sacrifice de sa vie. Entourée des siens, ayant à côté d'elle sa vénérable mère, sa sainte sœur et sa fille bien-aimée, elle reçut les derniers sacrements de l'Église avec une foi et une humilité qui édifièrent tous les assistants. Peu d'heures après, elle rendit sa belle âme à Dieu, le 28 octobre 1829.

Dieu réservait à madame Alquier une plus longue carrière. Elle ne devait suivre sa sœur au ciel que trente-cinq ans plus tard. Nous placerons néanmoins ici le touchant tableau de ses derniers moments, afin que ces deux sœurs, si unies par le cœur durant leur vie, se trouvent encore unies par le récit de leur mort, si précieuse devant Dieu.

Après avoir élevé chrétiennement ses enfants, madame

Alquier les voyait déjà dans la carrière que la Providence leur avait ouverte. Dès lors, les bonnes œuvres et les exercices de piété remplirent la vie de cette mère chrétienne. Elle habitait dans les dernières années à Saint-Félix-de-Caraman (Haute-Garonne). C'est là que Dieu avait marqué le terme de son pèlerinage sur cette terre. Dès que la maladie qui devait l'enlever se déclara, la Mère Élisabeth de Brugelles vola auprès de sa chère sœur, prodiguant ses soins à son corps, élevant surtout son âme à Dieu. Elle la visitait souvent. Elle arrivait vers les neuf heures du matin et repartait vers les quatre heures du soir pour Castelnaudary. Elle la prépara par ses entretiens à paraître devant Dieu. Madame Alquier reçut avec une grande piété les sacrements de l'Église. Après avoir béni ses enfants, pleine de jours et de mérites, elle rendit paisiblement son esprit à son Créateur, le 4 juillet 1865.

Ces deux femmes, modèles des mères chrétiennes, couronnèrent, l'une et l'autre, leur vie par une mort précieuse devant le Seigneur, heureuses d'avoir eu pour sœur une si grande servante de Dieu, d'avoir été aimées d'elle, d'avoir eu la lumière de ses exemples, l'affection de son cœur, le secours de ses prières et l'appui de son crédit auprès de Dieu !

Elles voient maintenant, au ciel, tout ce dont elles sont redevables à celle que Dieu avait établie l'ange de la famille. Elles voient le haut degré de gloire auquel Dieu l'a élevée. Avec elle, avec leur père, leur mère, les deux saints prêtres, leur frère, la jeune Victoire, et tous les ancêtres de la famille, elles prient pour les enfants qu'elles ont laissés sur la terre, dans l'Église militante, afin qu'à leur tour ils remportent la palme de la victoire. Quel puissant faisceau de prières, et qu'il doit relever le courage de ceux qui sont ainsi recommandés à la clémence et à la miséricorde infinie de Dieu !

CHAPITRE XIV

En 1830, M. Casimir Redon, aumônier de l'hôpital ; piété et dévouement de ce prêtre. — En 1835, le choléra à Castelnaudary Élisabeth de Brugelles l'ange de toute la ville.

Nous avons vu plus haut ce qu'était, au commencement de ce siècle, au milieu des pauvres de l'hôpital de Castelnaudary, l'abbé Raymond de Tréville. M. de Laeger et M. Baby, successivement aumôniers de l'hôpital après lui, le premier de 1809 à 1828, le second de 1828 à 1830, avaient continué les mêmes traditions de zèle. En 1830, l'élu de Dieu qui devait leur succéder dans ce saint ministère auprès des pauvres fut l'abbé Casimir Redon, de Castelnaudary. Sa vertu avait tous les suffrages. Pendant trente-deux ans, il montra qu'aucune fatigue, aucun dévouement n'était au-dessus de son zèle. Il fut l'ami et l'apôtre des pauvres. Il voyait le prix de leurs âmes à la lumière de l'éternité, et il se dévouait sans mesure à leur salut. Nous allons le voir, au milieu du grand choléra de 1835, à toute la hauteur de sa mission. Il fut également réservé à cet humble prêtre de faire franchir à M. Jean-Pierre-Louis de Brugelles la limite devant laquelle il était immobile depuis tant d'années, de lui faire racheter le temps, et de transformer le nouveau converti en un chrétien exemplaire.

Quelque grande que fût la mission de la Mère Élisabeth de Brugelles et quelque fidèle qu'elle fût à la remplir, néanmoins, pour conduire les âmes des pauvres à leur fin dernière et les introduire dans la patrie céleste, il lui fallait un concours d'un ordre supérieur, le concours du ministre de Jésus-Christ. Pendant trente-deux ans, Dieu mit auprès d'elle un prêtre de son choix. L'abbé Casimir Redon était une ferme colonne sur laquelle elle pouvait s'appuyer. Sûre que les âmes seraient cultivées par un homme animé d'un tel zèle et que les secours spirituels leur seraient prodigués avec abondance, la servante de Dieu était en paix ; sa grande âme pouvait se dilater et donner libre carrière à sa charité expansive pour les pauvres.

Tous les contemporains ont rendu hommage à la vie édifiante de l'abbé Casimir Redon. Un d'entre eux nous dit : « Il avait un grand amour pour les pauvres, il en était le vrai père. Son humilité était profonde ; quant à sa pureté, elle était angélique ; à l'exemple des saints, il avait revêtu sa chair d'un cilice pour sauvegarder cette belle vertu. Prêtre très pieux, très régulier, très dévot à la très sainte Vierge, toujours pour ainsi dire le chapelet à la main ; beaucoup de douceur et de gravité ; en un mot, prêtre modèle, mort en quelque sorte à l'autel. »

Un autre contemporain, M. l'abbé Rech, aumônier actuel de l'hôpital, lui rend ce témoignage : « Nommé aumônier de l'hôpital de Castelnaudary à la mort de

M. de Laeger, M. Casimir Redon en a rempli dignement les fonctions jusqu'à sa mort, arrivée le 8 juin 1862, le jour de la Pentecôte. On peut dire avec raison qu'il est mort les armes à la main, car le 7 juin, veille de sa mort, il célébra le saint sacrifice ; mais, après la communion, s'étant affaissé sur lui-même, il fut transporté dans son lit, et le lendemain, à neuf heures et demie du matin, il rendit le dernier soupir, à l'âge de soixante-deux ans.

Nous dirons à notre tour : Un privilège que l'on enviera à l'abbé Casimir Redon, c'est d'avoir vécu pendant plus de trente ans dans la demeure des pauvres avec la Mère Élisabeth de Brugelles. Quelle source de grâces pour lui ! Témoin de sa sainte vie, de ses vertus héroïques, de ses exemples, jouissant de ses entretiens, il lui suffisait de voir, d'entendre cette grande servante de Dieu pour se renouveler dans la ferveur. Lui donnant si souvent la sainte communion et voyant avec quelle foi, quelle attitude de séraphin elle recevait le pain des anges, il était averti lui-même de la foi et du feu divin qu'il devait apporter au saint autel. Quand il eut transformé en un chrétien fervent M. Louis de Brugelles, qui peut dire la reconnaissance de sa sainte sœur ? Par quelles prières elle dut recommander à Dieu le digne prêtre qui avait été l'ange de sa miséricorde, et quelles bénédictions elle dut faire descendre sur lui ! Si sa mort fut si belle, s'il identifia son propre sacrifice à celui de l'Agneau sans tache, en succombant en quelque sorte sur l'autel, n'en fut-il pas redevable en partie au crédit de cette vierge si noble dans sa reconnaissance et si puissante auprès de Dieu? Dans la patrie céleste, un lien sacré existera entre cette vierge de Jésus-Christ et ce prêtre selon le cœur de Dieu. Pendant plus de trente ans, ils auront agi sur les mêmes âmes et ils auront travaillé de concert à leur ouvrir le séjour de l'éternelle béatitude. Autant d'âmes sauvées, autant de diamants à leur couronne. Ici-bas, le cimetière des pauvres de l'hôpital possède leur dépouille mortelle ; ils reposent en paix au milieu d'eux, en attendant le réveil de la résurrection.

En 1835, la justice miséricordieuse de Dieu visita la ville de Castelnaudary. Un fléau, dans lequel éclate ce double attribut de Dieu, vint, par son ordre, s'abattre sur la ville : c'était le choléra. Dans ce fléau, Dieu montre son souverain domaine sur la créature qu'il a tirée du néant : en quelques heures il la met en face de la mort. Mais il déploie en même temps toutes les richesses de sa miséricorde envers les victimes, car il leur conserve jusqu'au dernier moment la lucidité de leurs facultés et il veut que son Église, comme une tendre mère, leur prodigue ses secours. Le chrétien, en face de la mort et de l'éternité, sent sa foi se réveiller. Il frappe sa poitrine ; son repentir est sincère ; il se confesse avec douleur, reçoit le pardon, les derniers sacrements, et meurt dans la foi de l'Église. Devant ce prédicateur, les hésitations capitulent ; comme la porte de l'éternité va s'ouvrir, on se jette dans les bras de la miséricorde de Dieu. Plus le fléau sévit avec intensité, plus les conquêtes de la miséricorde infinie sont nombreuses. Le choléra fut terrible à Castelnaudary. Mais le clergé, les magistrats, les médecins, les administrateurs de l'hospice, les habitants, se montrèrent admirables de courage, de dévouement et de charité. La Mère Élisabeth de Brugelles les animait tous par ses exemples. Le fléau sévissait dans les divers quartiers de la ville. L'hôpital était encombré de cholériques.

Le nombre des religieuses était insuffisant pour les soigner. La Mère Élisabeth fait appel à ses sœurs. Aussitôt une sœur de Montréal et plusieurs de la maison des aliénés de Bordeaux accourent pour partager leurs périls et leurs fatigues, leurs mérites et leurs palmes. Deux demoiselles de la ville offrent leur concours; il est accepté. Un si magnanime dévouement reçoit le plus beau salaire. Dieu leur accorde la grâce de la vocation à la vie religieuse, et l'année suivante elles entrent dans la congrégation des sœurs de Nevers. Dans ces jours d'épreuve, au milieu de l'effroi causé par le fléau, la Mère Élisabeth de Brugelles fut la providence, la consolation et l'ange de toute la ville. Elle se multipliait pour porter partout les secours. Dans sa charité maternelle, elle forçait ses compagnes à prendre quelque repos et de la nourriture pour se soutenir. Quant à elle, pendant toute la durée du fléau, elle ne quitta point le chevet des cholériques, non seulement le jour, mais encore la nuit. Jeûnant à son ordinaire toute la matinée, elle se donnait à peine le temps de prendre quelque chose à midi. Elle trouvait, on peut le dire, des forces miraculeuses dans sa charité. Sans discontinuer, elle soignait les corps et surtout les âmes. Ce fut alors que le saint aumônier, M. l'abbé Casimir Redon, fit éclater son zèle, visitant, confessant, administrant les cholériques à toute heure du jour et de la nuit; tant que dura le fléau, il montra aux malades et aux mourants des entrailles de père, et il les assista avec une charité tout apostolique. Voir les âmes prendre ainsi, sous la bénédiction du prêtre, le chemin de la bienheureuse éternité, était pour la Mère Élisabeth de Brugelles une consolation céleste, le rafraîchissement de son âme et le renouvellement de ses forces; c'était la plus chère récompense de tous ses sacrifices.

C'est surtout pendant ce temps d'affliction et d'épreuve que parut dans tout son éclat la charité tendre et expansive de cette grande servante de Dieu. Les actes héroïques qu'elle a pratiqués sont incalculables. Les médecins, les autorités, la ville entière de Castelnaudary, étaient dans l'admiration en voyant les prodiges de charité qui s'opéraient par cette sainte Mère. De là ce culte de vénération de tous les habitants de Castelnaudary pour cette vierge de Jésus-Christ, culte qui n'a fait que croître jusqu'à sa mort.

Le souvenir de ce dévouement surhumain ne périra pas. Tant que Castelnaudary subsistera, les pères rediront à leurs enfants qu'en 1835 de l'ère chrétienne, année du grand choléra, tandis que le fléau moissonnait les habitants, une héroïne de leur ville, une vierge consacrée à Jésus-Christ, fit des prodiges de charité; et ils béniront avec transport le nom de la Mère Élisabeth de Brugelles.

CHAPITRE XV

Le 12 mars 1839, elle est élue supérieure générale de la congrégation et succède à la Mère Émilienne Pelras. — Estime et affection des religieuses pour elle. — Sa charité maternelle envers les sœurs malades. — Son esprit de foi, sa droiture dans le gouvernement; sa régularité, ses vertus, l'ascendant de ses exemples. — Maison des orphelines fondée à Castelnaudary par Mlle Joséphine Gardelle. — Le 1er juin 1841, son humilité la porte à abdiquer sa charge.

Le 12 mars 1839, la Mère Élisabeth de Brugelles était élue supérieure générale de la congrégation. Elle succédait à la Mère Émilienne Pelras, magnanime servante de Dieu, qui, avec deux de ses sœurs, Térèse et Henriette Pelras, laisse un nom à jamais béni. Térèse, comme Émilienne, était de la congrégation de Nevers ; Henriette était carmélite du monastère de Compiègne. Ces trois sœurs, en qui Dieu avait mis une force d'âme prodigieuse et un incomparable amour pour la virginité, ont la gloire, pendant la Révolution française, de confesser le nom de Jésus-Christ et de s'offrir au martyre. Émilienne et Térèse sont jetées dans les cachots pour y attendre l'heure du supplice. Elles sont miraculeusement délivrées. Le martyre du sang leur échappe; Dieu leur en donne le mérite, mais les réserve à un martyre plus long, celui du soin des pauvres, des membres souffrants de Jésus-Christ. L'une et l'autre, après avoir consumé leur vie à ce noble office, meurent couronnées de jours et de mérites ; les palmes de la charité en main, et toutes resplendissantes de l'éclat de la virginité, elles vont se réunir au chœur des vierges dans le ciel. Quant à Henriette Pelras, jeune encore, elle moissonne la palme des Agnès et des Lucie. Elle était douée d'une beauté extraordinaire, ce qui avait été un des motifs qui lui avaient fait choisir la solitude du Carmel. Dieu la juge prête pour le martyre ; il prépare autant de couronnes qu'il y a de religieuses dans le Carmel de Compiègne. Ainsi, avec sa supérieure et ses sœurs, Henriette Pelras marche, en chantant les hymnes de la très sainte Vierge, vers le lieu du supplice. Là, avec ces héroïques filles de sainte Térèse, elle déclare qu'elle meurt pour Jésus-Christ ; elle monte ensuite à l'échafaud, et, parée de la pourpre des martyrs, elle prend son essor vers le ciel.

Il faudrait écrire les vies de ces trois sœurs sous le titre de : *Trois Héroïnes chrétiennes*. Quel beau livre ce serait et quelle éloquente prédication pour les âmes ! Que du haut du ciel, en ce moment, elles daignent abaisser leurs regards sur celui qui écrit ces pages et dessine si rapidement leur portrait pour faire entrevoir au lecteur trois ravissants chefs-d'œuvre de la grâce divine.

Élisabeth de Brugelles succédait donc à une grande servante de Dieu. A la tête de la congrégation, elle fut ce qu'elle avait été à Castelnaudary. Mais le dessein de

Dieu était de la montrer seulement dans cette charge élevée et de la rappeler ensuite à Castelnaudary, où il lui avait marqué sa place et où il voulait être glorifié par elle. Le peu de temps passé à Nevers suffit néanmoins pour mettre au grand jour ses éminentes vertus. Les religieuses purent voir quel modèle accompli Dieu leur avait tenu en réserve. On était d'abord frappé de cette humilité vraie qui la caractérisait. Elle n'était rien à ses propres yeux, et elle ne voyait dans le premier rang que le droit et le devoir de servir toutes les autres, à l'exemple du divin Maître, qui a dit : « Je suis venu pour servir et non pour être servi. »

Elle se gouvernait en tout par l'esprit de foi, par la seule considération de la gloire de Dieu. Il n'y avait rien d'humain en elle ; comme nous l'avons vu dès la première partie de cet ouvrage, tout l'humain avait péri en cette vierge consacrée à Jésus-Christ. Inaccessible à toute passion, elle était la droiture même.

De cet esprit de foi procédait en elle l'amour de la régularité. Elle voyait dans la règle et dans chaque exercice fixé par la règle l'expression de la volonté de Dieu et comme une révélation de son bon plaisir. Voilà pourquoi la règle et les saints exercices de la vie religieuse étaient pour elle l'objet d'une souveraine estime ; elle s'y portait de toutes les puissances de son âme. Elle fut donc à Nevers ce qu'elle avait été toute sa vie et ce qu'elle continua d'être jusqu'au dernier soupir, un modèle de régularité.

Éclairée par cette foi si vive, elle ne voyait dans ses sœurs que des compagnes que la grâce de Jésus-Christ lui avait données, des épouses de cet adorable Maître, dans la société desquelles elle devait se sanctifier par l'observation du même institut, et avec lesquelles elle devait un jour partager la gloire des saints. Elle les aimait en Dieu et pour Dieu : voyant ce qu'elles étaient en Jésus-Christ et ce qu'elles devaient être dans le monde futur, elle les accueillait avec bonté et les traitait avec un rare mélange de respect et d'affection spirituelle.

Sa charité, parce qu'elle avait son principe et de profondes racines en Dieu, était maternelle et inépuisable. Et si la charge de supérieure générale fut par quelque côté moins onéreuse pour elle, c'est par la grande liberté qu'elle lui donnait d'exercer sa charité envers ses filles. Ici nous pourrions accumuler les témoignages, mais il faut se borner. Écoutons les religieuses qui ont le plus longtemps vécu avec elle. « Pendant son généralat, nous disent-elles, cette digne Mère envoyait toutes les sœurs très souffrantes de la communauté à sa chère maison de Castelnaudary pour les faire bien traiter et soigner par nos dignes médecins. »

Citons encore le témoignage d'une de ses filles arrivée à Nevers pendant qu'elle était encore à la tête de la congrégation :

« Je ne puis dire ce que j'éprouvai dès que j'eus le bonheur d'être introduite auprès de notre digne Mère. Son air grave et austère, joint à une bonté vraiment maternelle, me frappa singulièrement. Après ma prise d'habit, chargée d'un emploi qui me permettait de la voir de très près, j'ai pu dans toutes les circonstances admirer ses éminentes vertus.

« Voici, en particulier, un trait de sa charité maternelle. Un jour, m'entendant tousser et s'apercevant que j'avais la poitrine fatiguée, elle voulut elle-même me soigner. Pendant quelque temps elle m'envoyait tous les matins à la cuisine pour lui apporter une tasse de lait, et ensuite elle me le faisait prendre. Elle me dit, le premier jour, avec sa bonté ordinaire : « Voyez-vous, « ma fille, ce lait est préparé pour la Mère générale, « prenez-le, il vous fera le plus grand bien, mais n'en « dites jamais rien à personne. »

« Durant le cours de ma vie religieuse, j'ai été envoyée à trois différentes reprises auprès de notre vénérée Mère pour rétablir ma santé, et, grâce à ses soins et à sa charité, je me suis parfaitement remise. La dernière époque où je fus envoyée auprès d'elle fut en 1869. « Cette fois-ci, me dit-elle, vous resterez ici ; « j'ai une salle de malades à vous confier ; préparez-vous « par la prière à cette noble fonction, afin que vous « soigniez les pauvres comme vous soigneriez Notre-« Seigneur lui-même. » Je lui soumis mes difficultés et mes répugnances. « Eh bien, me dit-elle, nous allons « prier ensemble, afin qu'il ne reste pas trace de diffi-« culté en vous et que les malades soient bien soignés. » Voilà trois ans que je suis à cet emploi, et je fais mon travail avec le même goût, le même bonheur que le premier jour ; je puis dire que je suis redevable de cette faveur aux prières de notre sainte Mère. »

Ce trait de charité maternelle nous peint ce que cette vénérable Mère a été toute sa vie. On peut dire avec justice que ce siècle a possédé en elle une des personnifications les plus touchantes de la charité de Jésus-Christ. Quant à elle, elle se traitait sans pitié; pour tout soulagement des maux et des souffrances ordinaires de la vie, elle n'avait que la rigueur de son jeûne. Femme véritablement forte, elle dominait tous ses sens et leur commandait en souveraine qui veut être obéie. Et cet empire, elle l'a gardé jusqu'au dernier terme de sa longue carrière. La maison mère de Nevers eut donc à admirer dans Élisabeth de Brugelles une des servantes de Dieu les plus mortifiées de cette époque.

Les soins qu'elle prodiguait à ses sœurs dans les souffrances du corps ne pouvaient être plus maternels ; mais sa charité pour leurs âmes était plus admirable encore. On pouvait se confier en cette fidèle servante de Dieu, parce qu'elle ne vivait que pour Dieu et qu'elle n'avait en vue que sa gloire et la sanctification du prochain. Une fois qu'une âme s'était ouverte à elle et remise entre ses mains, cette vraie mère ne cessait plus de la garder en quelque sorte sous sa protection. Elle continuait de l'aider, de l'encourager par ses conseils, lui témoignant une affection cordiale. Elle ne cessait de la recommander d'une manière spéciale à Notre-Seigneur. Aussi, par quelques tribulations qu'il plût au divin Maître de faire passer une âme qui s'était confiée à la Mère de Brugelles, cette âme, avec le secours de la servante de Dieu, sortait victorieuse de tous les combats et de toutes les épreuves.

La Mère de Brugelles fut une supérieure générale éminente en ce que cette charge a de plus sacré. Non seulement elle avait cette sagesse qui discerne les aptitudes et sait mettre chaque personne à sa place, mais elle possédait en outre ce que demandent tous les fondateurs d'ordres et tous les saints pour un gouvernement parfait : ils veulent que ceux qui sont à la tête d'un ordre, d'une congrégation, portent les membres de cet ordre, de cette congrégation dans leur cœur, les présentent sans cesse à Dieu par la prière et appellent sans cesse les bénédictions de Dieu. C'est là ce que la charge de supérieure générale a de plus sacré et ce qui fut le précieux apanage de la Mère Élisabeth de Brugelles. Elle avait reçu de bonne heure le don d'oraison. La communication avec Dieu avait été comme l'âme de sa vie depuis les premières années de sa jeunesse. Durant son généralat, cette communication fut incomparablement plus intime. Dans toute la force du mot, Élisabeth de Brugelles portait toute sa congrégation dans son cœur; et, soit dans son oratoire, soit au pied des saints autels, elle la recommandait à Dieu avec les instances de la plus tendre des mères. Les religieuses de la communauté et celles qui venaient de Nevers eurent le bonheur de voir cette épouse privilégiée de Jésus-Christ au pied du saint tabernacle, absorbée dans la prière, et dans l'attitude d'un ange. On ne pouvait la considérer durant ces heures précieuses sans être saisi d'un saint respect. C'est ce qu'ont attesté toutes les personnes qui l'ont vue ainsi plongée dans l'entretien avec Dieu. Quand elle était devant cette Majesté divine, elle semblait n'être plus de ce monde.

Ses prières devaient être d'autant plus agréables à Dieu que, durant son généralat, elle eut de plus grandes tribulations à porter. Car Dieu, dit le roi-prophète, est près de ceux dont le cœur est dans la tribulation. Sans ces tribulations, qui furent le précieux cachet de son gouvernement, il est un genre de croix qu'elle n'aurait pas connues : ce sont les croix qui viennent de la part de ceux dont on devrait attendre concours et protection. Dieu, qui voulait l'élever à une haute sainteté, ne voulut pas lui épargner cette épreuve. Dans le dessein de sa providence, la patience héroïque de la Mère Élisabeth de Brugelles dans ces tribulations devait être un des plus beaux diamants de sa couronne. Si la congrégation des sœurs de Nevers a reçu dans ces derniers temps des bienfaits si signalés de la main du Seigneur, nous ne doutons pas qu'elle n'en soit redevable en partie aux prières et à la sainteté de la Mère Élisabeth de Brugelles. Un jour, dans la révélation du monde futur, dans la très pure lumière de la gloire, on verra combien le court généralat de cette vierge bien-aimée de Jésus-Christ a été fécond en fruits de salut.

Une œuvre florissante fut fondée à Castelnaudary pendant le généralat de la Mère Élisabeth de Brugelles, nous voulons parler de la maison des orphelines. La vierge chrétienne qui dota sa ville natale d'un si précieux établissement était la très digne fille de M. Jean-François Gardelle. Dès sa plus tendre enfance, elle avait puisé dans le sanctuaire de la famille l'amour des pauvres et le zèle pour les bonnes œuvres. Son père et sa mère lui avaient donné sous ce rapport les plus admirables exemples. Pendant près de quarante ans, M. Gardelle, son père, avait été la providence des pauvres. Nommé administrateur de l'hospice de Castelnaudary le 26 novembre 1795, il remplit cette charge avec un noble dévouement jusqu'en 1834, époque où il alla recevoir au ciel la récompense de ses mérites. Ce fut le 11 février que, à l'âge de soixante-quinze ans, cet homme de bien, cet ami des pauvres échangea cet exil contre une meilleure patrie, laissant après lui la mémoire du juste, et la trace indélébile de ses bienfaits.

Ses filles devaient rivaliser de zèle et de charité pour les pauvres.

Mais c'était à Joséphine Gardelle que le divin Maître réservait le privilège de fonder la maison des orphelines. Par cette belle fondation, elle associait à jamais son nom à celui de la Mère Élisabeth de Brugelles. L'heureuse fondatrice a eu la consolation de voir son œuvre prospérer. Confiée aux soins intelligents, à la tendre charité des sœurs de Nevers, dirigée, quant au spirituel, par M. l'abbé Gauzion, si connu dans Castelnaudary par son zèle pour la maison de Dieu, cette œuvre a été constamment bénie du ciel. Merveilleuse fécondité de la virginité dans l'Église de Dieu ! Restée vierge dans le siècle, Joséphine Gardelle est devenue la mère, selon la grâce, de ces chères orphelines ; et, par l'éducation chrétienne qu'elle leur a assurée, elle les met dans le chemin de l'éternité bienheureuse. Mais le zèle qui dévorait l'âme de cette vierge chrétienne ne pouvait se concentrer dans la maison des orphelines ; il se répandait dans la ville entière. Enfin, elle est devenue une des bienfaitrices de l'hospice. Heureuse vierge ! du haut du ciel, où Jésus-Christ la couronne, elle contemple avec bonheur le monument de charité élevé par elle dans sa ville natale. De siècle en siècle, elle va voir les orphelines de sa maison formées à la piété et élevées dans la crainte du Seigneur. Chaque orpheline sauvée ajoutera à sa gloire accidentelle.

C'est à juste titre qu'on a placé le portrait de cette vierge dans la salle des administrateurs et des bienfaiteurs de l'hospice de Castelnaudary. Le portrait de Joséphine Gardelle se trouve en face de celui de son vertueux père. La fille semble bénir le père, et le père semble bénir sa fille. On ne peut les considérer sans penser à la récompense éternelle des justes dont Dieu couronne maintenant leur charité dans le ciel.

Deux ans s'étaient à peine écoulés depuis que la Mère Élisabeth de Brugelles était à Nevers en qualité de supérieure générale, lorsqu'elle donna un exemple d'humilité qui sera toujours admiré dans l'Église de Dieu. Elle demanda avec les plus vives instances d'être déchargée du gouvernement de la congrégation. Cette demande entrait dans le plan divin; elle devait donc être exaucée, et elle le fut. Le 1er juin 1841, la Mère Élisabeth de Brugelles donna sa démission. Dieu avait marqué sa place à Castelnaudary ; il l'y rappelait par des voies incompréhensibles à la raison humaine. Pendant son trop court généralat, les religieuses de Nevers, témoins de ses vertus, bénissaient Dieu d'avoir une sainte à leur tête. Elles avaient pour elle une estime et une affection sans bornes; aussi sa retraite fut-elle un deuil général pour toute la congrégation.

CHAPITRE XVI

Marie de Charmasson, assistante de la Mère Élisabeth de Brugelles, gouverne l'institut jusqu'à l'élection de la Mère Éléonore Salgues. — Notice sur Marie de Charmasson.

Un adoucissement à ce deuil fut le choix de celle qui devait gouverner la congrégation jusqu'à l'élection de la nouvelle supérieure générale. C'était l'assistante de la Mère Élisabeth de Brugelles, son ancienne compagne de noviciat, la Mère Marie de Charmasson, de douce et sainte mémoire. On révérait en elle une des religieuses qui avaient le mieux mérité de l'institut. Pendant vingt ans à la tête du noviciat, elle avait accompli ce ministère avec l'approbation universelle. Les religieuses formées par elle qui vivent encore ne peuvent exprimer l'estime et l'affection qu'elle leur avait inspirées. Quand elles parlent de cette grande servante de Dieu, elles ne peuvent tarir en éloges. Nous avons entendu nous-même la Mère Dosithée-Térèse Gudin, qui gouverne avec tant de sagesse la maison des Quinze-Vingts, à Paris, dire en présence de la Mère Hélène de Rives, avec un accent d'émotion indescriptible : « Oh! quand la Mère Marie de Charmasson revenait de la sainte table, ce n'était plus une femme, c'était un séraphin, tant elle était pénétrée de Dieu et perdue en Dieu ! » Un autre témoignage d'un grand poids à nos yeux est celui de la Mère Rosalie Bouvet, ancienne maîtresse des novices à Nevers. Or, elle nous a affirmé qu'un jour elle trouva la Mère Marie de Charmasson si profondément absorbée en Dieu, qu'elle « était comme ravie en extase ». La Mère Hélène de Rives, formée, ainsi que ses deux sœurs, Marie et Térèse de Rives, par la Mère de Charmasson, partage les mêmes sentiments d'estime et de vénération pour sa sainte maîtresse.

Aussi nous a-t-il paru juste de donner à cette illustre vierge, perle de la ville de Nîmes, une place dans cette Vie. C'est une noble et sainte figure qui mérite de passer à la postérité. Le portrait que nous allons en donner est tracé presque en entier, comme on pourra le reconnaître, par la main de la piété filiale, par d'anciennes novices ou des compagnes qui eurent le bonheur de vivre avec elle. La ville de Nîmes, qui a été le berceau de cette vierge chrétienne, la famille de Charmasson, qui lui a donné le jour, la congrégation de Nevers, dont elle est une des gloires les plus pures, nous sauront gré de mettre en lumière de si belles vertus, une vie si féconde en mérites, une mort si précieuse devant Dieu. Elle aussi, elle tient rang dans le ciel parmi les médiatrices qui intercèdent auprès de Dieu pour la France.

« Marie de Charmasson naquit à Nîmes en 1781. La piété était héréditaire dans sa noble famille. La Révolution française, tout en portant une grave atteinte à la fortune de ses parents, n'avait fait que les enraciner dans l'esprit chrétien. Les soins de sa vertueuse mère tendaient à imprimer dans ceux qui l'entouraient l'amour de la religion et le respect pour l'autorité. Elle éloignait de ses enfants tout ce qui aurait pu les porter au mal, et elle leur donnait l'exemple de toutes les vertus.

« Marie de Charmasson parlait rarement de sa famille ou d'elle-même ; cependant on a pu recueillir plusieurs circonstances de sa première éducation qui faisaient pressentir qu'elle serait un jour un modèle de vertus.

« Dans sa jeunesse, elle eut un terrible combat à soutenir contre le démon. Cet ennemi irréconciliable de la nature humaine, courroucé de voir dans la jeune Marie une telle fleur de virginité, de si belles vertus et un si grand amour pour Jésus-Christ, s'efforça de la renverser tout à coup et de l'enlever pour jamais à Dieu, par une effroyable tentation de désespoir. Il lui mit dans l'esprit qu'elle était réprouvée, et qu'ainsi c'était peine perdue pour elle de servir Dieu, ajoutant que l'unique chose à faire était de se livrer aux plaisirs de ce monde, puisqu'elle devait être éternellement malheureuse dans l'autre. La tempête fut grande, elle fut longue. Ce qu'éprouve une âme qui aime Dieu à la seule pensée de se voir séparée de lui pour une éternité est un martyre incompréhensible. Marie de Charmasson éprouva ce martyre pendant quelques jours ; elle en avait l'âme transpercée. Mais au milieu de son inconsolable douleur, se sentant animée de cette grâce intérieure qui avait animé le jeune François de Sales quand il était en proie à la même tentation, comme lui elle dit à Dieu d'un cœur déchiré : « Eh bien, mon Dieu, puis-« que je ne dois pas vous aimer dans le monde futur, je « veux du moins vous aimer en ce monde de toutes les « puissances de mon âme, je veux vous aimer jusqu'au « dernier soupir. » A cet acte héroïque, l'ennemi du genre humain était vaincu ; la sérénité renaissait dans l'âme de la fidèle vierge. En récompense d'un amour si pur, le divin Maître laissait tomber sur elle un regard de prédilection, il l'appelait à la vie religieuse.

« En 1803, Marie de Charmasson partit pour le noviciat des sœurs de la charité de Nevers avec Élisabeth de Brugelles, et fit profession en 1804.

« La solidité de sa vocation, l'esprit religieux qui la distinguait, la firent choisir immédiatement après sa profession pour la maison des aliénés de Bordeaux, dont la supérieure et les sœurs venaient d'être nouvellement agrégées à la congrégation. Elle fut chargée de la direction des filles pénitentes. L'ascendant de sa vertu et sa piété opérèrent parmi ces âmes les fruits les plus abondants de salut et de conversion. La plupart d'entre elles consolèrent son laborieux apostolat par une vie édifiante et une sainte mort. Longtemps après, la vertueuse Mère Marie, se rappelant et ses premiers travaux et les douces joies qu'elle en avait recueillies, remerciait le Seigneur avec reconnaissance et amour de la bénédiction qu'il avait accordée à ce pénible ministère.

« En 1815, elle fut nommée supérieure à l'hôpital de Foix, où elle sut mériter l'estime et la confiance de tous les habitants. Deux ans après, ayant été rappelée à la communauté, elle y exerça successivement les fonctions de seconde, puis de première maîtresse des novices, charge importante qu'elle remplit pendant vingt années environ. Celles de nos chères sœurs qui furent ses élèves à leur entrée dans la vie religieuse se souviennent encore avec attendrissement et admiration des touchants et saints exemples qu'elle leur donnait et des soins affectueux qu'elle leur prodiguait avec autant de dévouement que de charité.

« Son abord était sérieux, mais plein de dignité ; son maintien, grave et modeste ; tout en elle portait le cachet de la mortification chrétienne, de l'abnégation religieuse, du complet oubli d'elle-même.

« Un des actes de mortification qu'elle pratiqua jusqu'à la fin de sa vie fut de ne s'appuyer jamais au dossier de sa chaise.

« Assidue et vigilante auprès des novices, elle ne les perdait jamais de vue ; son œil pénétrant savait deviner les besoins de chacune, et elle y pourvoyait avec une bonté de mère. Aimant tendrement ses filles spirituelles, elle n'était jamais plus heureuse que lorsqu'elle les voyait gaies et contentes : aussi elle était la première à animer la récréation par des conversations agréables et instructives. A l'aide d'anecdotes intéressantes, elle enseignait à ses novices la manière de préparer un remède, de se comporter dans tel ou tel office, etc. Mais combien étaient pieuses et ferventes ses exhortations à la vertu et à la pratique de notre sainte règle ! Combien était ardent son amour de Dieu ! L'effusion de ses paroles, toutes de feu, révélait le secret de son cœur et pénétrait les sœurs novices, toujours avides de l'entendre !

« Son sacrifice fut grand, mais généreusement accompli, lorsqu'elle dut quitter le noviciat pour se rendre à Saint-Saulge en qualité de supérieure.

« En 1839, la Mère Élisabeth de Brugelles, élue supérieure générale de la congrégation, la fit venir à la communauté pour y exercer la charge d'assistante; elle s'y trouva dans des circonstances qui demandaient une âme d'élite. Dans cette fonction, comme dans toutes celles qu'elle avait remplies, on la vit toujours toute à ses devoirs, s'en acquittant avec ce calme, cette force, cette générosité que lui donnait son esprit de foi et de piété.

« Sa grande vertu la soutint encore parmi les épreuves qu'elle eut à subir dans les différentes maisons où elle fut ensuite envoyée.

« Voici ce qu'on nous écrit de notre maison de Montauban, où cette fidèle servante de Dieu a passé les dernières années de son édifiante vie :

« Pendant tout le temps que la vénérée Mère de Charmasson a passé au milieu de nous, nous avons trouvé en elle un modèle accompli de toutes les vertus. Elle avait demandé à Dieu de faire son purgatoire en cette vie, disant avec l'accent d'une profonde tristesse : « Je ne puis supporter la pensée d'être séparée de mon « Dieu après avoir eu le bonheur de le voir au jugement « particulier. » Son pieux désir a été exaucé : elle a été purifiée, d'abord par des peines intérieures qui n'ont cessé pour ainsi dire qu'au moment où le ciel allait

s'ouvrir pour elle ; en outre, notre divin Maître a permis qu'elle fût accablée d'infirmités corporelles, et elle les a supportées avec une patience inaltérable, son plus ardent désir étant celui de devenir conforme à Jésus crucifié. Elle devint aveugle vers l'an 1847 ; les médecins lui proposèrent une opération, la vertueuse Mère leur fit cette admirable réponse : « Dieu m'a fait ce pré-
« sent, je tiens à le garder ; d'ailleurs, » ajouta-t-elle en souriant, « je ne désire pas revoir les choses de ce
« monde. » A peu près à cette même époque, elle devint complètement sourde. Ne pouvant, à cause de cette double infirmité, se trouver toujours en communauté pendant les récréations, elle disait quelquefois : « Je ne
« suis jamais moins seule que lorsque je vous parais
« être seule ; la sainte Vierge et mon bon ange conversent
« avec moi. »

« Morte ainsi, par ses sens, à tout ce qui est terrestre, cette digne Mère vivait seulement en Dieu, dont elle ne perdait jamais de vue la sainte présence. Aussi de quelles vives lumières son esprit n'était-il pas éclairé ! Son cœur était un foyer d'amour de Dieu, et chacune de ses paroles un trait de ce feu divin.

« Quelle humilité dans cette héroïque vierge ! Quel amour de la sainte volonté de Dieu dans ses souffrances ! Qelle charité pour ses sœurs ! Quel attachement à la pratique de nos saintes règles toujours, et dans les plus petites choses !

« Pendant la dernière récréation qu'elle passa avec nous, une sœur lui demanda comment elle se trouvait.
« Un peu fatiguée, dit-elle ; je voulais demander la per-

« mission de me coucher en sortant de table, mais je
« me suis rappelé ce que sainte Chantal disait à ses reli-
« gieuses lorsque celles-ci la pressaient de se mettre au
« lit, et je n'ai pas voulu, plus qu'elle, laisser reposer ma
« règle. » Elle accompagna ces paroles du ton de cette
douce gaieté qui lui était habituelle aux récréations.

« La bonne Mère s'alita les trois jours suivants ; mais, le dimanche, elle se leva à cinq heures et demie, pour avoir le temps de faire, comme à l'ordinaire, ses prières avant la sainte messe, et elle reçut la sainte communion. Le lundi, elle trouva encore la force de se lever pour entendre la messe ; mais immédiatement après elle se mit au lit pour ne plus se relever : une fluxion de poitrine se déclara le mercredi soir, et ses forces l'abandonnèrent tout à coup.

« Monsieur le grand vicaire, dont le dévouement fut sans bornes pour notre chère mourante, lui dit qu'il allait la confesser. « Oh ! la bonne annonce ! » lui répondit-elle avec effusion. Le lendemain, on lui administra les derniers sacrements. Avant de recevoir le saint viatique, elle demanda la permission de prononcer ses vœux à haute voix, puis elle s'humilia profondément en présence de ses sœurs, qui fondaient en larmes. Se sentant défaillir peu de temps après, elle exprima le désir qu'on lui fît les prières des agonisants, craignant de ne pouvoir y répondre plus tard.

« Pendant son agonie, elle s'informa plusieurs fois du jour et de l'heure : c'était le vendredi, ce jour qu'elle aimait tant ! et ce fut vers trois heures qu'elle commença à n'avoir plus qu'un léger souffle. A quatre heures, au moment où elle avait répété tant de fois avec amour : « O cœur sacré de Jésus, cœur immaculé « de Marie, que les nôtres ne vivent et ne respirent « que pour vous! qu'ils expirent et meurent dans votre « saint amour! etc., » elle s'endormit paisiblement dans ce divin cœur, le 18 décembre 1857, à l'âge de soixante-seize ans. »

Vierge fortunée, Marie de Charmasson, c'est sous ces traits fidèles que vous vivrez d'âge en âge dans le souvenir de vos sœurs et des âmes chrétiennes. Votre nom demeurera à jamais uni au nom d'Élisabeth de Brugelles. Encore quelques années, et la supérieure générale ira rejoindre son assistante dans la gloire. Les deux anciennes compagnes de noviciat se reverront dans la lumière divine, pour ne plus se séparer.

A l'une et à l'autre nous pouvons appliquer ces belles paroles de saint Ambroise : « *Le siècle a mérité de vous avoir, mais il n'a pu vous retenir; vous avez fait rejaillir sur lui l'éclat de vos vertus, mais vous avez su vous garder libres de ses chaînes :* Sæculum vos habere meruit, tenere non potuit. » (Lib. I, *de Virginit.*) L'une et l'autre, avec la noblesse du sang, vous avez reçu de vos pères la noblesse des sentiments chrétiens. Vous avez grandi comme des anges, dans le sanctuaire de la famille. Dès votre adolescence, la virginité s'est montrée à vous avec ses inénarrables charmes, et elle a ravi vos âmes. A la fleur de l'âge, vous avez vu l'impiété régner en souveraine dans votre patrie; vous avez vu tomber les plus illustres têtes et le fils de saint Louis périr sur l'échafaud. Dans tant de nobles victimes, et dans la chute de la plus ancienne couronne du monde, vous avez lu le néant de toutes les grandeurs de la terre. Vous avez dès lors choisi pour époux le Dieu des vierges, Celui qui habite au plus haut des cieux et dont le règne ne finira jamais. L'amour de cet Époux s'est enraciné, s'est dilaté dans vos âmes au milieu des crimes qui souillaient le royaume très chrétien. Et lorsque vous avez vu, après la tempête, se rouvrir les temples de Dieu et les demeures des vierges de Jésus-Christ, alors, vous donnant la main, vous avez tout quitté, vous vous êtes arrachées à vos familles, et ensemble vous avez pris la route de la terre promise. Le siècle vous offrait ce qu'il a de plus éblouissant. Vous avez tout foulé aux pieds, vous avez dit : « Dieu seul est grand, nous ne voulons rien de ce qui passe. Nous voulons servir un Maître et nous enchaîner à un Époux qui a l'éternité pour lui. »

Au noviciat, vous étiez déjà anciennes dans la vertu. Vous vous y êtes formées à la sainte vie des vierges consacrées à Jésus-Christ; et le même jour vous avez engagé votre foi à cet Époux divin, vous liant à lui par une chaîne éternelle. Les grandes qualités, les dons de la nature qui étaient en vous, vous les avez fait servir à la gloire de Dieu, au soulagement des membres souffrants de Jésus-Christ. Votre passage en ce monde a été comme celui du divin Maître, qui a passé en faisant le bien. Vos actes, accomplis dans la grâce de Dieu, demeurent à jamais écrits dans le livre de vie. Vos héroïques vertus, admirées ici-bas, seront admirées sans fin par les habitants de la patrie céleste.

Marie de Charmasson, vous avez combattu soixante-seize ans pour votre Dieu ; et vous, Élisabeth de Brugelles, vous êtes restée quatre-vingt-sept ans dans l'arène. Mais, dans la réalité, ces soixante-seize ans, ces quatre-vingt-sept ans de combat ne sont qu'un moment, en comparaison de l'éternité où vous êtes entrées ; ils ne sont qu'un léger atome, en comparaison du poids éternel de gloire qu'ils opèrent en vous. Vous participez désormais à la félicité infinie de Dieu, et, comme vous voyez que cette félicité est éternelle, vous sentez en quelque sorte à chaque instant le poids entier de l'éternité bienheureuse.

Vous avez mortifié vos corps ; mais un jour ces corps, ressuscités glorieux, porteront les vêtements de la virginité mille millions de fois plus blancs que les lis et la neige, et ils seront plus resplendissants que le soleil et tous les astres réunis.

Vous vivez désormais dans la société triomphante des saints, des saintes et des bienheureux esprits. Avec tous les membres de cette société céleste, vous contemplez face à face la beauté infinie de Dieu ; vos âmes sont ravies par cette vue. Et comme ce Dieu, infini en beauté, se donne à vous et qu'il veut être possédé par vous, il vous rendra éternellement participants de sa béatitude infinie.

Nobles vierges, couronnées maintenant par votre Dieu, et en possession de son royaume, soulevez nos âmes vers le ciel ; allumez en nous les désirs des biens célestes, envoyez-nous cette lumière qui fait voir qu'il n'y a rien ici-bas de plus beau, de plus grand que de servir Dieu, et que le service de Dieu est un ciel commencé sur cette terre !

Par votre crédit auprès de Dieu, faites qu'il nous soit donné de le contempler un jour face à face, de le posséder, de l'aimer et de le bénir avec vous dans toute la durée des siècles éternels !

CHAPITRE XVII

Bénédictions qu'attire sur l'institut l'humilité de la Mère de Brugelles. — Éléonore Salgues élue supérieure générale en 1842; son portrait historique. — En quittant Nevers, la Mère Élisabeth visite plusieurs maisons du Midi. — Entrevue avec la Mère Basile Tixier. — Joie de la ville de Castelnaudary au retour de la servante de Dieu. — Son zèle plus grand que jamais pour le bien des pauvres. — Le 14 mai 1846, elle reçoit le dernier soupir de Mme de Brugelles, sa mère. — Vie édifiante et sainte mort de M. Louis de Brugelles, son frère.

La Mère Élisabeth de Brugelles, en abdiquant sa charge de supérieure générale, venait de donner un exemple d'humilité qui sera toujours admiré, ainsi que nous l'avons dit, dans l'Église de Dieu. Autant la vanité humaine cherche à s'élever et à monter, autant cette vierge cherchait à s'abaisser et à descendre. Nommée supérieure générale le 12 mars 1839, elle avait été consternée à cette nouvelle. Et que n'avait-elle pas fait pour se soustraire au fardeau qui lui était imposé ! Pour vaincre les résistances de son humilité, il avait fallu, nous affirme l'abbé Gauzion, son confesseur, lui déclarer qu'elle était tenue en conscience de se rendre aux ordres de ses supérieurs.

Ses filles de Castelnaudary rendent le même témoignage à son humilité. « Impossible, disent-elles, de dépeindre la douleur de cette bonne Mère en quittant sa communauté et ses pauvres. La pensée de la responsabilité qui allait désormais peser sur elle l'atterrait. Car elle nous avait dit très souvent : « *J'aimerais mieux mourir que d'être jamais supérieure générale.* »

Par cette profonde humilité et par son admirable patience dans les tribulations, qui furent le cachet de son gouvernement, elle appela les bénédictions du ciel sur son institut. Dieu montra ouvertement qu'il veillait, et qu'il conduisait tout. S'il enlève à la congrégation la Mère Élisabeth de Brugelles, c'est qu'il lui tient prête une remplaçante digne d'elle. De plus, il fait tomber les obstacles et brise les entraves qui avaient enchaîné le zèle de sa fidèle servante. Un nouvel évêque nommé à Nevers seconde de tout son pouvoir le gouvernement de la nouvelle supérieure générale. Cette femme, que l'on n'eût pas connue sans la retraite de la Mère Élisabeth de Brugelles, est Éléonore Salgues, de suave et apostolique mémoire.

Née au château de Meuilhac, dans le département du Lot, le 18 juillet 1796, d'une famille où la foi antique s'était conservée dans toute sa pureté, elle fut prévenue dès l'enfance des bénédictions du Seigneur. Dans le sanctuaire de la famille, tout lui parla de Dieu : elle avait de saints parents. Le divin Maître l'appelle à l'institut de Nevers. Novice en 1814, le 15 mai 1815 elle prononce ses vœux. Dans les différents emplois, elle révèle un talent supérieur. Mais les trésors que Dieu a mis en elle ne sont pleinement connus que lorsqu'elle est à la tête de la congrégation. Pendant plus de dix ans l'institut fleurit et prospère sous sa conduite. Cinquante-deux maisons sont fondées par elle. Ainsi, que de vierges reçues dans l'institut, auxquelles par conséquent elle ouvre le chemin du ciel! Nous peindrons d'un trait son gouvernement, qui demanderait une histoire : il rappelle celui de la fondatrice, de Marie de Marchangy, et des premières supérieures générales qui lui succédèrent. Dans toute la congrégation, on combattait avec joie les combats du Seigneur. Dans les retraites annuelles qu'elle présidait, les âmes se retrempaient pour reprendre les armes avec un nouveau courage. Une grande union existait : ce n'était qu'un cœur et qu'une âme. Avec une telle supérieure générale en tête, les sœurs étaient en paix et capables de tous les dévouements pour la cause de Dieu.

Comme la Mère Élisabeth de Brugelles, Éléonore Salgues a été une des femmes les plus remarquables de son siècle et une des plus saintes. Ne pouvant offrir ici le tableau de sa sainteté, nous présenterons du moins celui de ses derniers moments. On verra comment ces vierges héroïques savent mourir, et l'on sera contraint d'avouer que de telles morts sont dignes des respects de toute la terre.

En 1851, au mois d'octobre, Eléonore Salgues, consumée par le feu du zèle, visite les maisons du Midi. C'est pour ses filles une source d'indicible consolation ; il leur suffit de voir une telle Mère pour comprendre la sainteté de leur état. Mais, hélas! c'est pour la dernière fois qu'elles respirent le parfum de ses vertus. De retour à Nevers, elle ne tarde pas à succomber à tant de travaux. Le mal qui va mettre un terme à sa vie est une fluxion de poitrine. Elle le supporte non seulement avec une patience angélique, mais encore avec une joie céleste. A ses filles émues elle dit : « J'aime mes souffrances, j'y tiens beaucoup. »

S'unir à la croix de son cher Maître, y être attachée par la souffrance, y rendre le dernier soupir, est toute l'aspiration de son âme.

A chaque visite, le médecin sort d'auprès d'elle profondément ému et édifié. « Je voudrais, dit-il, que tout le monde pût la voir ! »

Ses saintes dispositions éclatent au dehors le jour où elle reçoit les derniers sacrements de l'Église. La communauté entière est réunie autour de cette Mère bien-aimée. Étant en présence de son Dieu, la fidèle et humble vierge, d'une voix ferme, demande pardon à ses filles, en des termes dictés par l'humilité la plus profonde. Puis elle ajoute : « Je fais à Dieu, bien volontiers, le sacrifice de ma vie pour la congrégation. » Après ces mots, elle reçoit le saint viatique et l'extrême-onction. Possédant dans son cœur le Dieu qu'elle va bientôt voir face à face, elle se recueille en lui. Le reste de cette journée est pour elle un avant-goût du ciel. « Que de grâces ! dit-elle à différentes reprises. Mon Dieu, que de grâces ! Que n'ai-je mille cœurs !... Aidez-moi à remercier le Seigneur, car je ne sais pas le faire dignement. »

Son âme commence à goûter cette paix profonde qui faisait tressaillir le roi-prophète quand il disait : « *Je m'endormirai dans la paix de mon Dieu, et là je me reposerai pour l'éternité :* In pace, in idipsum dormiam et requiescam. » Elle révèle elle-même le fond de son âme par ces paroles : « J'ai toujours craint à l'excès les jugements de Dieu : j'y touche, et mon calme est parfait. Oui, je meurs pleine de confiance en la miséricorde divine : In te, Domine, speravi, non confundar in æternum. — Lorsque je ne pourrai plus parler, vous me répéterez ces mots, qui sont la disposition de mon cœur : Mon Dieu, je crois, j'espère, j'aime et je m'abandonne à vous. »

Pour la rendre plus conforme à lui, le divin Maître l'associe à ses souffrances sur la croix ; il multiplie ses douleurs pour multiplier ses mérites et mesure le crucifiement de cette heureuse vierge à la grandeur de son amour pour elle, afin de l'élever plus haut dans la gloire. Mais, bien que le corps soit crucifié, la joie surabonde dans l'âme.

Le jour de sa mort, voyant des larmes dans les yeux d'une sœur : « Pourquoi cet air triste ? lui dit-elle. Le moment est venu de se réjouir : ce jour est le plus beau de ma vie. Mourir avec ma pleine connaissance, pouvoir offrir mes souffrances à Dieu, quelle grâce ! Oh ! qu'il fait bon faire la volonté de Dieu ! »

«Ce jour est le plus beau de ma vie. » Quelle parole ! quel testament ! quelle révélation de son âme ! quels adieux à sa congrégation ! quelle fin digne d'envie !

C'est dans ces sentiments que, après avoir une dernière fois béni ses filles, elle rend sa belle âme à Dieu, le 12 mars 1852, à huit heures et demie du soir. Sa dépouille mortelle, déjà rayonnante de la gloire future, reste seule sur la terre. Quant à Éléonore Salgues, elle est allée prendre place au ciel parmi les supérieures générales de son institut. Et avec ces vierges, mortes en odeur de sainteté, elle intercède auprès de Dieu pour sa congrégation.

Nous avons dit plus haut que la Mère Elisabeth de Brugelles laissa le gouvernement de l'institut entre les mains de Marie de Charmasson, sa première assistante. De Nevers, elle devait se rendre à Castelnaudary. Elle profita de ce voyage pour visiter plusieurs maisons dans le midi de la France. Elle consola les sœurs qui étaient désolées de sa retraite et leur apporta par sa présence les bénédictions du ciel. Elle alla voir la Mère Basile Tixier, qui était alors très malade, dans sa famille, près de Clermont en Auvergne. La Mère Basile était maîtresse des novices pendant que la Mère Élisabeth de Brugelles était à la tête de la congrégation. Une admirable union existait entre elles; il y avait en outre le lien d'une estime réciproque. Elles avaient porté ensemble le poids des mêmes tribulations. La présence de la Mère de Brugelles ne tarda pas à rendre la malade à la santé. L'une et l'autre bénirent Dieu de ce qu'il leur avait accordé la consolation de se revoir. La Mère Élisabeth de Brugelles continua la visite des maisons; et peu à peu la Mère Basile fut envoyée à Tulle. Avant d'être préposée à la direction des novices à Nevers, elle avait gouverné la maison de Sens. Par sa capacité, ses rares talents, ses vertus et la sainteté de sa vie, elle n'avait pas peu contribué à l'état florissant de ce pensionnat, qui est un des premiers de la congrégation.

L'impartialité de l'histoire nous impose ici le devoir de faire connaître le jugement porté par la Mère Élisabeth de Brugelles sur la Mère Basile Tixier.

« Notre digne Mère, disent ses filles de Castelnaudary, nous parlait souvent de la Mère Basile Tixier, morte en odeur de sainteté à Tulle et qui était maîtresse des novices pendant qu'elle était générale. « Très souvent, » nous disait-elle, « il m'arrivait de me rendre au
« noviciat pour conférer avec la maîtresse sur certaines
« choses concernant la congrégation, quand, chemin
« faisant, je rencontrais moi-même la Mère Basile
« venant à moi et me disant : *Vous venez me trouver*
« *pour telle chose*. — Nous avions vraiment l'une et
« l'autre l'intuition de nos pensées, » disait cette digne Mère, « et cela en toutes circonstances. »

Ce jugement, émané de la Mère Élisabeth de Brugelles, sera d'un grand poids pour apprécier les écrits laissés par la Mère Basile Tixier, parmi lesquels sa *Vie écrite par elle-même*, sur l'ordre de ses supérieures, tient le premier rang. Ce que l'on peut affirmer de cette servante de Dieu, c'est qu'elle est restée infiniment chère à ses anciennes novices. Elles lui ont gardé un véritable culte de vénération. « C'était, nous disent celles qui l'ont bien connue, un ange d'innocence et de candeur. » De grands dons de la nature et de la grâce la distinguèrent : elle les fit valoir pour la gloire de Dieu et le bien des âmes. Elle immola son corps en holocauste par la mortification. Le grand amour de Dieu qui l'embrasait éclatait au dehors, dans les catéchismes qu'elle faisait aux pensionnaires de Sens, dans les instructions qu'elle adressait aux novices de Nevers, dans ses entretiens particuliers, dans ses lettres. Il éclatait surtout après la communion : elle passait alors de longues heures recueillie en Dieu, comme une personne qui est en extase. Mais, parce qu'elle était agréable au Seigneur, il fallait qu'elle passât par le creuset de la tribulation et que la croix de Jésus-Christ fût imprimée en elle. Elle sortit de ce creuset comme l'or le plus pur; et, dans les stigmates de la croix, elle trouva d'ineffables accroissements d'amour pour Jésus-Christ, son Époux crucifié. Elle mourut saintement à Tulle, où était morte en odeur de sainteté Marcelline Pauper, avec laquelle elle eut plus d'un trait de ressemblance.

La Mère Élisabeth de Brugelles avait terminé sa visite dans les maisons du Midi. Dieu, qui exalte les humbles et qui avait trouvé sa servante fidèle au milieu de l'épreuve, n'attendait que son retour dans sa ville natale pour la glorifier. Sa rentrée à Castelnaudary eut un caractère touchant : toute la ville la reçut avec des transports de joie. Les pauvres de l'hôpital ne pouvaient assez remercier Dieu de revoir leur chère Mère après deux ans d'absence. Les religieuses, en la voyant de nouveau à leur tête, étaient au comble de leurs vœux. Parmi elles, nulle ne fut plus heureuse que la vénérable Mère Élisabeth Salières, qui avait gouverné la maison pendant son généralat; elle rentrait avec un indicible bonheur sous l'autorité d'une Mère si chère. Quant aux parents, ils retrouvaient en elle l'ange de la famille.

C'est à Castelnaudary que Dieu voulait désormais être glorifié par sa fidèle servante. Il allait donner la fécondité à ses œuvres, élever, par elle, à ses pauvres une magnifique demeure, et au centre de cette demeure un magnifique sanctuaire. Les vertus de cette vierge chrétienne allaient jeter plus d'éclat que jamais au milieu d'une des populations les plus catholiques du Midi. Elle allait prendre un nouvel ascendant sur les âmes pour les gagner à Dieu. Elle devenait la lumière, le conseil, la consolation des maisons de son ordre voisines de celle de Castelnaudary. Enfin, par sa position, son rang, ses relations, elle avait assez d'influence pour réaliser un projet favori, celui d'une fondation à Toulouse, point si central dans le midi de la France.

Tandis qu'elle méditait ses grands projets pour le bien des pauvres de Castelnaudary, elle eut à remplir une mission déchirante pour son cœur, celle d'assister sa vénérable mère à ses derniers moments.

Jeanne Solier, femme du chevalier de Brugelles, avait été un type accompli de l'épouse chrétienne et de la mère de famille : grand caractère, qui reçut une trempe plus élevée encore au milieu des scènes sanglantes de 1793. Le lecteur se rappelle les agonies de son cœur d'épouse et de mère, lorsque, tenant dans ses bras son fils, âgé d'un an, et n'ayant à côté d'elle que sa fille aînée, âgée de dix ans, elle vit le chevalier de Brugelles, son mari, enlevé par les émissaires de la République et conduit en prison, pour y attendre son jugement; lorsque, pour surcroît d'épreuve, elle vit M. Claude de Brugelles, son beau-frère, également arrêté et jeté dans un cachot, parce que, prêtre fidèle à l'Église, il avait refusé de prêter un serment sacrilège. Qu'on se figure ce que son âme et celle de sa fille durent souffrir dans l'attente du sort réservé à ces deux têtes si chères. Dieu les délivra par un miracle de sa main. Une pareille faveur alluma dans le cœur du chevalier de Brugelles et dans celui de sa femme une reconnaissance sans bornes. Leur piété reçut comme une consécration. Ils le montrèrent tant qu'ils vécurent ensemble : toutes les vertus chrétiennes brillèrent en eux ; la miséricorde envers les pauvres en fut la couronne.

Après que Dieu eut appelé à lui le chevalier de Brugelles, Jeanne Solier, sa veuve, ne s'occupa que de Dieu, de ses enfants, des pauvres et des bonnes œuvres. Elle était un exemple de piété et de toutes les vertus, non seulement pour ses deux filles mariées, pour son fils, M. Louis de Brugelles, mais encore pour toute la ville. La porte de sa maison était ouverte à tous les nécessiteux, et elle savait les rechercher dans leurs humbles domiciles pour subvenir maternellement à leurs besoins. Elle visitait les pauvres à l'hôpital, comme elle l'avait fait dès les premières années, lorsqu'elle y amenait ses filles afin d'imprimer en elles de bonne heure cette sainte commisération pour les membres souffrants de Jésus-Christ, qui est un des grands traits distinctifs de la piété chrétienne. Si elle ne pouvait toujours être auprès des pauvres, ses chers bien-aimés, elle se consolait en pensant qu'elle était représentée auprès d'eux par sa fille aînée, qui nuit et jour habitait leur demeure ; et que, par ses mains, elle leur prodiguait à tous les soins de la plus tendre des mères. Les loisirs que lui laissaient les bonnes œuvres étaient employés à des exercices de piété. Cette servante de Dieu approchait souvent de la sainte table; c'est là qu'elle puisait sa force et que son âme se renouvelait. Après les pures délices goûtées dans l'union avec son Dieu, le plus suave repos de son cœur était de s'entretenir avec sa fille ; elle l'aimait tendrement et la révérait comme une sainte. Témoin de tout le bien qu'elle faisait aux pauvres et dans la ville, elle ne pouvait assez en bénir Dieu. Et à mesure qu'elle avançait vers le terme de sa carrière, détachée de plus en plus de ce monde, elle aimait à s'entretenir avec sa fille des choses de la vie future, du bonheur des saints dans le ciel.

Une si belle vie ne pouvait être couronnée que par une mort précieuse devant Dieu. Aussi tout est grand, tout est saint, tout est digne d'envie dans les derniers moments de Mme de Brugelles. Les plus suaves tableaux des saintes morts dans les premiers siècles de l'Église revivent dans la mort si chrétienne de cette grande servante de Dieu. Elle avait plus de quatre-vingts ans, et conservait toutes ses facultés, quand arriva pour elle le moment de la récompense. A l'annonce de son départ de ce monde, elle est remplie de joie, car elle soupirait après la fin de son exil. Elle dit avec le roi-prophète : « Je me suis réjouie à la nouvelle qui m'a été donnée que bientôt nous irons dans la maison du Seigneur. » Celle qui lui donnait cette bienheureuse nouvelle était sa fille, son ange, et l'ange de toute la famille. Elle fut à côté de sa mère jusqu'à son dernier soupir. La paix surabondait dans cette âme fidèle. Portant un regard sur son passé, et voyant les miséricordes dont Dieu l'avait comblée dans le cours de sa vie, elle tressaillait d'espérance. Une pieuse femme attachée à son service, et qui ne la quitta point durant sa dernière maladie, nous disait à nous-même que les mots qui s'échappaient habituellement de son âme étaient ceux-ci : « Beau ciel! beau ciel! Et quand donc, ô mon Dieu! vous verrai-je face à face? »

C'est dans ces sentiments, dans ces élans d'amour, dans ces saintes aspirations, qu'elle reçoit les derniers sacrements de l'Église. Tandis que son fils, ses filles, les parents et les amis qui assistent à cette sainte cérémonie adorent Jésus-Christ présent, elle, s'adressant à son Sauveur, lui dit trois fois : « Seigneur, je ne suis pas digne que vous entriez dans ma demeure, mais dites une seule parole et mon âme sera guérie. » Après cette triple protestation d'humilité et d'amour, elle reçoit son Dieu, le viatique du ciel, le pain de la vie éternelle. Tous ses vœux sont comblés. Elle bénit ses enfants et tous ceux qui l'entourent. Après cette bénédiction, elle consacre tout ce qui lui reste de temps et de forces à s'unir intérieurement à son Dieu, soupirant après la claire vision. Dans cette union et dans une paix profonde, elle s'endort doucement du sommeil des élus, le 14 mai 1846. A peine a-t-elle rendu le dernier soupir, que les traits de sa figure prennent une expression céleste. Quand elle est étendue sur son lit de mort, tenant en main son crucifix, par la majesté de sa personne et par l'air de sainteté qui brille en elle, elle imprime le respect à tous ceux qui la contemplent. Elle leur dit dans un langage d'une éloquence plus qu'humaine : « J'ai servi mon

Dieu! Ainsi doivent mourir toutes les mères chrétiennes! » On prodigue à l'envi à sa dépouille mortelle les témoignages de la vénération filiale. Élisabeth de Brugelles, sa fille, avant de l'enfermer dans le cercueil, lui donne un dernier embrassement, gage de celui qu'elle doit lui donner un jour dans la gloire. Ses funérailles ressemblent à une fête : la pensée de son bonheur dans le ciel remplit les âmes. Le clergé, les habitants de la ville, les pauvres, l'accompagnent au lieu bénit de son repos. C'est au milieu des larmes et des prières que cette femme très chrétienne et digne d'une éternelle mémoire est passagèrement déposée dans la tombe, jusqu'au jour de la résurrection.

Environ un an après cette mort si précieuse et si sainte, Dieu réservait à la Mère Élisabeth de Brugelles une des plus grandes consolations de sa vie : c'était l'heureux changement opéré par la grâce dans son frère, et que nous avons maintenant à raconter.

Par ses qualités naturelles, par sa bonté, par son intégrité, par son amour de la justice, par sa charité envers les pauvres, M. Jean-Pierre-Louis de Brugelles se montra toujours digne du nom qu'il portait; il marcha sur les traces du chevalier de Brugelles, son père. Bon fils envers sa vertueuse mère, il ne cessa de lui donner les témoignagnes d'un profond respect et d'une sincère affection. Mais, jeune encore, se trouvant maître de lui-même par la mort de son père, il mit de côté les deux grandes obligations du chrétien, la confession annuelle et la communion pascale. Les années de sa jeunesse et les premières années de l'âge mûr se passèrent dans cet oubli. Sa sœur gémissait, devant Dieu, de la conduite de son frère et de l'état de son âme. Mais sa foi vive lui disait que, à force de demander sa conversion, elle l'obtiendrait. Elle multiplia ses supplications aux saints ; elle ne cessait de s'adresser à saint Joseph et à la très sainte Vierge ; elle fit célébrer des neuvaines dans les plus célèbres sanctuaires de la Mère de Dieu. Elle fit à Castelnaudary un grand nombre d'autres neuvaines ; elle intéressait à sa cause toutes les âmes qu'elle savait être puissantes auprès de Dieu.

M. de Brugelles se disposait lui-même de loin par ses bonnes œuvres à la grâce qui devait le ramener à Dieu. N'étant pas marié, comme nous l'avons déjà dit, il jouissait de toute sa fortune ; mais il faut dire à sa louange que tout ce qu'il avait était à sa sœur, c'est-à-dire aux pauvres de l'hôpital, dont elle était la mère. Sa sainte sœur pouvait donc lui demander en toute confiance ce qui lui était nécessaire pour la famille que sa charité nourrissait. Jamais elle n'avait à attendre, elle était plutôt prévenue. M. de Brugelles se plaisait à aller visiter la métairie de l'hôpital ; il prenait un grand intérêt à ce patrimoine des pauvres. Il n'oubliait rien pour seconder la sœur qui s'en occupait et pour le faire prospérer.

Parmi tant de bonnes œuvres de cet homme de cœur, en voici une qui porte un cachet spécial de foi. Sa vénérable sœur, à l'exemple de quelques saints, eût désiré choisir grain par grain le froment qui devait servir à faire les hosties, par le grand respect et le grand amour qu'elle avait pour l'Eucharistie. Au moins se procurait-elle le plus beau froment qu'elle pouvait trouver. C'est à son frère qu'elle le demandait, le priant de choisir la fleur de sa récolte. M. de Brugelles s'estimait heureux de contenter sa sœur; le plus beau froment lui était apporté, et en bonne mesure. Ce qui restait était destiné à ensemencer les terres de l'hôpital. Le Dieu de l'Eucharistie devait lui rendre un jour au centuple ce qu'il avait fait pour sa gloire, par la grande dévotion qu'il devait allumer dans son cœur pour le sacrement de l'autel.

Enfin le moment tant désiré arriva. Les bonnes œuvres de M. de Brugelles, les prières de sa sœur, les intercessions de sa mère dans le ciel, avaient touché le cœur de Dieu. Éclairé par la grâce, brisé de repentir, versant des larmes sur son passé, M. de Brugelles se jeta dans les bras de Dieu et implora se clémence. Il se confessa au pieux aumônier de l'hôpital, l'abbé Casimir Redon, qui resta le guide de son âme. A partir de cette époque, la vie de M. de Brugelles fut celle du plus fervent chrétien. Il vécut environ six ans encore, et il eut le bonheur de racheter par sa ferveur le temps qu'il avait perdu. Il devint l'édification de toute la ville. Sa charité envers les pauvres redoubla ; ses bonnes œuvres se multiplièrent. Il offrit à sa sœur le plus généreux concours, soit pour la construction des nouveaux édifices, soit pour la construction de l'église de l'hôpital. Il avait donné le plus pur froment pour les saintes hosties, il voulut donner le plus beau marbre pour le sanctuaire; il fit plusieurs autres dons à l'église de l'hôpital. Chaque jour il passait un temps considérable devant le très saint

Sacrement. Il se nourrissait souvent du pain de vie. Frappé de cécité dans les dernières années, non seulement il se résigna à la volonté de Dieu, mais il le bénissait de ce que son âme n'était plus distraite par la vue des choses extérieures. Sa conversation était vraiment au ciel. Aussi aimait-il à s'entretenir avec sa sœur, qu'il vénérait comme une sainte. Ces deux cœurs n'en formaient plus qu'un : Jésus-Christ était leur lien, leur centre et le terme de leurs affections.

Il disait avec saint Augustin : « Je vous ai aimée tard, Beauté toujours ancienne et toujours nouvelle ! » Avec lui, il disait encore : « O Amour, qui brûlez toujours et ne vous éteindrez jamais, ô mon Dieu, qui n'êtes qu'amour, embrasez-moi : *O amor qui semper ardes et nunquam exstingueris, charitas Deus meus, accende me.* » Il ne cessait de demander à Dieu la grâce d'une sainte mort : « Que mon âme meure de la mort des justes ! » C'était sa prière habituelle, son vœu le plus ardent.

Vers la fin de décembre 1852, l'état de sa santé indiqua qu'il touchait au terme de sa carrière. C'est alors que sa sainte sœur se montra plus admirable de zèle que jamais. Tout ce que la foi et la tendresse fraternelle peuvent inspirer, elle le mit en œuvre pour préparer un frère si cher à paraître devant Dieu. Sa parole trouvait en lui un écho profond. Les sentiments les plus élevés de la foi débordaient dans son âme. Il avait été miséricordieux envers les pauvres ; Dieu, en retour, l'investissait de sa miséricorde. Chrétien converti, il reconnaissait ses égarements ; du fond du cœur, il disait avec le roi-prophète : « Seigneur, ne vous souvenez pas des péchés de ma jeunesse et de mes ignorances ; mettez-les en éternel oubli, ô mon Dieu ! *Delicta juventutis meæ et ignorantias meas ne memineris, Domine !* » Souvenez-vous de votre clémence. Aussitôt que je suis revenu à vous, vous m'avez reçu comme le père de l'enfant prodigue, vous m'avez serré sur votre cœur, et vous m'avez arrosé de vos larmes. Je me suis senti revivre, et, à partir de ce moment, je ne me suis plus éloigné de vous. « Je chanterai donc éternellement vos miséricordes, ô mon Dieu et mon Père ! *Misericordias Domini in æternum cantabo !* »

Il aimait à redire son *Credo :* « Je crois et confesse de cœur et de bouche tout ce que croit et enseigne la sainte Église catholique, apostolique et romaine, notre Mère. Je veux, comme mes ancêtres, mourir fils soumis de cette divine Église. »

C'est dans ces admirables dispositions que Jean-Pierre-Louis de Brugelles reçut les derniers sacrements. Il fit éclater alors toute la grandeur de sa foi ; il frappa humblement sa poitrine devant son Dieu, il le reçut ensuite avec amour. Sa sœur était à côté de lui ; tous ceux qui étaient présents, parents, amis, fondaient en larmes. Les miséricordes de Dieu étaient consommées ! Muni du viatique de la vie éternelle et oint de l'huile des athlètes de Jésus-Christ, cet humble et fervent chrétien ne tarda pas à prendre son essor. Des bras de sa sainte sœur, il passa dans les bras de son Dieu. C'était le 4 janvier de l'an de grâce 1853. Il était dans la soixante et unième année de son âge.

Qu'elle est belle la mort du chrétien! Si, au moment où il rend le dernier soupir, il n'a rien à expier, il entre soudain au ciel. S'il lui reste quelque dette envers la justice divine, il voit soudain Jésus-Christ, son juge, mais il lit dans son regard qu'il est sauvé. Son âme, de son propre élan, se précipite alors dans les feux du purgatoire, emportant avec elle le regard de son Dieu, qui est un paradis commencé; et, sa dette payée à la justice, elle s'élance pour jamais dans les embrassements de son Dieu.

Quant au corps de ce chrétien, il demeure sacré. Dieu l'a touché du sceptre de sa royauté; il reste jusqu'à la résurrection sous la puissance de ce sceptre. Qu'on le porte à l'église, qu'on le place en face du sanctuaire, qu'en sa présence le sacrifice soit offert, que de l'autel la lumière de Celui qui est la résurrection et la vie aille l'investir au fond de son cercueil, que l'eau bénite tombe sur lui, que l'encens fume autour de lui, que les chants sacrés lui parlent de son glorieux réveil, que la terre où il va être déposé soit bénite, que le prêtre le suive d'une prière suprême jusque dans la tombe, que la croix de Jésus-Christ s'élève sur cette tombe, jamais l'Église catholique ne pourra en trop faire pour ces cendres augustes, qui doivent un jour sortir si resplendissantes du tombeau et partager la félicité infinie d'une âme unie à son Dieu pour l'éternité.

Maintenant, Jean-Pierre-Louis de Brugelles voit au ciel celle qui fut l'ange de la famille, cette sainte sœur qui avait si instamment demandé sa conversion durant tant d'années et qu'il vit à côté de lui à ses derniers moments. Quelles bénédictions ne doit-il pas lui donner! « O sœur bien-aimée, après Dieu, c'est principalement à vous que je suis redevable de mon salut éternel. Soyez éternellement bénie, et aidez-moi à bénir éternellement les miséricordes de mon Dieu! »

CHAPITRE XVIII

Les vastes plans de la charité d'Élisabeth de Brugelles en faveur des pauvres. — Agrandissements successifs de l'hôpital. — Le 2 juillet 1848, premiers fondements de l'édifice qui comprend les salles dédiées à la très sainte Vierge et à saint Joseph. — Le 20 avril 1853, pose de la première pierre de l'église. — Le 25 juillet 1856, bénédiction de l'église par Mgr l'évêque de Carcassonne.

Déjà à l'époque de la mort de sa mère, et avant la conversion de son frère, Élisabeth de Brugelles se préparait à accomplir la grande œuvre que Dieu lui réservait de toute éternité. Elle fut un docile instrument entre les mains de la Providence. La force et la sagesse lui avaient été données en partage. Elle voulait le bien avec énergie; mais, souverainement maîtresse d'elle-même, elle agissait avec calme et toujours avec une noble dignité. L'entreprise qui se présentait devant elle était vaste : il fallait donner à l'hôpital de Castelnaudary les proportions qu'il a de nos jours, élever les nouveaux corps d'édifice et construire la nouvelle église. Mais la gloire de Dieu et le bien des pauvres le demandaient : la Mère Élisabeth de Brugelles se montra à la hauteur de tout par la grandeur de son intelligence et de son courage.

Dieu, qui trouvait en elle un dévouement sans bornes pour sa cause, la protégea d'une manière visible. Il commença par lui dilater le cœur et y versa une des joies les plus pures qu'elle pût recevoir en ce monde, en faisant de son frère un chrétien modèle. Ensuite, il lui fit trouver grâce, faveur et crédit auprès de tous ceux qui pouvaient la seconder dans l'accomplissement de ses desseins. Vénérée par l'évêque et le clergé du diocèse, par la ville de Castelnaudary, par les autorités du département, elle ne rencontra que sympathie et concours pour les grands projets que sa charité envers les pauvres lui avait fait concevoir.

Elle prépara patiemment les ressources pour une si grande entreprise. Elle consacra à cette œuvre une part privilégiée de son propre patrimoine. Sa libéralité trouva dans M. de Brugelles, son frère, un noble imitateur. L'un et l'autre, à l'envi, firent grande la part de Dieu et des pauvres. Cette sainte femme semblait communiquer le feu de la charité qui la consumait. Les âmes qui, selon l'expression du roi-prophète, *avaient l'intelligence de l'indigent et du pauvre*, voulurent concourir avec elle à l'érection de la demeure qu'elle leur préparait. Les donations arrivèrent ; et enfin Dieu mit successivement dans la main de sa fidèle servante tout ce qui était nécessaire pour couvrir de si grandes dépenses.

C'est elle qui conçut tous les plans des nouveaux édifices. L'église à construire était surtout l'objet de sa sollicitude. Comme demeure de Dieu, elle devait avoir un caractère de majesté ; de plus, elle devait être centrale; toutes les différentes sections des habitants de l'hospice, les hommes, les femmes, les orphelins, les orphelines, devaient y aboutir sans se rencontrer et y occuper des places séparées. Ce plan offrait de grandes difficultés. Mais un jour, après une profonde oraison, elle vit tout. Cette belle église, telle qu'elle existe aujourd'hui, se dessina dans son esprit; et c'est ce dessin qu'elle a fait exécuter.

Pour accomplir de si grandes choses, Dieu avait préparé à la Mère Élisabeth de Brugelles une compagne puissante en œuvres dans la sœur Joséphine Crozat. Il l'avait douée de toutes les qualités pour la mission si spéciale qu'il lui destinait. Il y avait en elle une rare intelligence des choses pratiques. Elle suivait les travaux avec le coup d'œil d'un architecte. Tant qu'a duré la construction des édifices, elle a été à la peine, faisant les achats de matériaux, procurant tout à temps et bien conditionné. Que de voyages, que de sollicitudes, que de jours et que de nuits sans repos! Mais c'était pour Dieu et les pauvres; Joséphine Crozat ne connaissait point de fatigues, ne trouvait rien d'impossible.

Pendant ce temps, l'économat de la maison pesait sur elle, et elle faisait marcher de front l'exploitation des terres de l'hospice, s'aidant en cela de ses chers pauvres. Aujourd'hui encore, ce patrimoine des pauvres est administré par elle. C'est chose admirable de la voir à la tête de ses travailleurs. Avec quel bonheur ils la suivent aux travaux des champs! et comme ils lui obéissent! A la vérité, quoique de taille très ordinaire, elle a l'attitude du commandement et une parole qui fait marcher, et, malgré cela, une douceur qui gagne les âmes. Les pauvres voient en elle une vraie mère, dont la sollicitude ne les perd jamais de vue. Elle se livre aux travaux les plus durs, bravant les ardeurs du soleil et les froids de l'hiver, ne dormant quelquefois qu'une heure, et habillée, pour n'avoir pas de temps à perdre au réveil. Son courage pour la cause des pauvres fait d'elle une héroïne à part. Une autre ne tiendrait pas trois semaines ni peut-être trois jours à une vie d'une immolation pareille. Il est évident que Joséphine Crozat est soutenue par un secours spécial de Dieu. Les supérieurs majeurs ont approuvé cet apostolat exceptionnel : ainsi elle marche invincible et joyeuse sous la bénédiction de l'obéissance. La force de son âme est en quelque sorte toute la force de son corps, car elle ne prend que peu de nourriture et jamais une goutte de vin. Au milieu des plus accablants travaux, elle a Jésus-Christ présent à sa pensée, et c'est lui qui la rend si vaillante, en sorte qu'elle peut dire avec l'Apôtre : *Je puis tout en Celui qui me fortifie.* Le dernier secret de ces forces vraiment extraordinaires, c'est l'Eucharistie : là, sa jeunesse se renouvelle comme celle de l'aigle.

Ces pages, nous pouvons sans crainte les tracer de son vivant : sa vertu est trop affermie et son âme est trop forte pour être vulnérable à la louange ou accessible au moindre mouvement de vanité. Les âmes conduites par une voie aussi privilégiée que la sienne savent trop bien discerner ce qui est de Dieu et ce qui est d'elles : elles voient leur propre néant et renvoient à Dieu la gloire de tout le bien qu'elles font avec le secours de sa grâce.

Nous serions, d'ailleurs, historien infidèle, et nous reléguerions dans l'ombre des œuvres visiblement marquées au coin de la grâce divine, si nous passions sous silence ce qu'a fait Joséphine Crozat pour seconder la Mère Élisabeth de Brugelles dans ses saintes entreprises.

Elle aussi, outre ses sœurs, elle a su donner aux pauvres une part de ce qu'elle possédait. Ces dons de sa charité, joints à ce qu'elle a acquis à l'hospice par ses travaux, son infatigable dévouement, sa science des choses pratiques, sa perpétuelle immolation pendant plus de vingt ans, la placent au rang des bienfaitrices insignes.

La justice, les intérêts de la gloire de Dieu exigent que le portrait historique de celle qui a été le bras droit de la Mère Élisabeth de Brugelles passe aux âges futurs avec celui de sa sainte supérieure. On peut dire que l'hôpital de Castelnaudary, tel que ces deux vierges l'ont fait bâtir, est le légitime orgueil de toute la ville. Mais la justice demande que de siècle en siècle les habitants de Castelnaudary renvoient à ces deux vierges l'honneur d'un si beau monument. La justice demande que les religieuses qui se succéderont d'âge en âge dans cette sainte demeure des pauvres en sachent l'histoire, et qu'elles connaissent celles qui l'ont élevée au prix de tant de sacrifices.

Les intérêts de la gloire de Dieu demandent que les

habitants de Castelnaudary, les religieuses de l'hospice, la famille qui a donné Joséphine Crozat à l'Église et au midi de la France, aient d'âge en âge sous les yeux le portrait historique de la Mère Élisabeth de Brugelles et celui de sa digne compagne, et qu'ils voient ces deux portraits à côté l'un de l'autre. Pourquoi? Parce qu'en les voyant, en mesurant du regard ce que ces deux femmes ont fait pour les pauvres, nul ne pourra s'empêcher de louer Dieu. Habitants de la ville, religieuses, descendants ou alliés des familles de ces deux vierges, tous seront émus et attendris au spectacle d'une immolation si héroïque pour la cause de Dieu et des pauvres. Tous seront saisis d'admiration en présence de ces deux vies si saintement employées. Les cœurs seront profondément remués : les saintes pensées y germeront. Ce seront de nouvelles lumières : l'estime de la grâce, des biens du ciel, de l'éternité bienheureuse, l'intelligence du salut, la beauté de la vertu, la sainteté de la religion, le prix des bonnes œuvres, le bonheur d'une conscience en paix avec Dieu, l'espérance de le posséder un jour et d'être admis dans la société des saints. L'amour de Dieu s'allumera dans les âmes, le zèle pour sa gloire les embrasera ; elles voudront, elles aussi, à l'exemple de ces deux vierges, faire quelque chose de grand pour la cause de Dieu et les intérêts éternels du prochain ; et de là de sublimes vocations qui réjouiront l'Église.

Voilà l'avenir de ces portraits historiques, et voilà pourquoi nous les dessinons. Nous disons avec le roi-prophète : « Que ces pages soient écrites pour les générations futures, et le peuple qui sera créé louera le Seigneur : *Scribantur hæc in generatione altera, et populus qui creabitur laudabit Dominum.* »

Si la Mère Élisabeth de Brugelles reçut un concours exceptionnel de Joséphine Crozat, il est de la vérité de dire qu'elle fut admirablement secondée par toutes ses filles. La Mère Élisabeth Salières, qui était de Castelnaudary comme elle, et qui avait passé presque toute sa vie avec elle, la déchargeait d'une grande part de sollicitude. Toutes s'imposaient avec allégresse des privations et des économies, et, comme leur sainte Mère, s'estimaient heureuses de concourir, par toutes sortes de sacrifices, à l'œuvre de Dieu. Pendant près de dix ans, elles vécurent au milieu des travaux de construction. A mesure que les édifices s'élevaient, elles bénissaient Dieu et comptaient pour rien ce qu'elles avaient à souffrir. Toutes ces vierges, vraies servantes de Dieu et des pauvres, méritent qu'on leur rende ici justice. Les habitants de Castelnaudary, les pauvres de l'hospice et les religieuses qui viendront après elles leur devront un éternel tribut de reconnaissance. Heureuses vierges! pour prix d'un héroïsme dont toutes les récompenses de la terre ne sont pas dignes, elles verront leur nom écrit dans le livre de vie. Elles ont fait ici-bas la joie de leur sainte Mère, elles feront sa couronne dans le ciel. Un jour, en présence de toutes les générations de la terre réunies, elles entendront de la bouche de Jésus-Christ ces paroles : *Tout ce que vous avez fait au plus petit de ces pauvres, c'est à moi-même que vous l'avez fait.*

Comme tous les travaux entrepris par la Mère Élisabeth de Brugelles reposaient sur la prière et sur la confiance en Dieu, sur l'immolation et le sacrifice, ils furent heureusement conduits à terme.

Nous laisserons ici parler les sœurs elles-mêmes, nous contentant de transcrire ce qu'elles ont consigné dans leurs archives :

« Le 2 juillet 1848, a été commencé, par les soins de notre digne Mère, le grand bâtiment qui prolonge le grand corridor d'entrée de seize mètres et qui comprend, à droite, deux vastes salles, l'une dédiée à saint Joseph, l'autre à la très sainte Vierge, sous la protection et secours desquels cette entreprise a été commencée et achevée sans qu'il soit arrivé le moindre accident.

« Notre bonne Mère, pendant la durée de ces longs travaux, se multipliait à l'infini, afin de donner le plus de temps possible à la surveillance d'une si grande entreprise. On la voyait constamment au milieu des ouvriers, ayant l'ouvrage ou le chapelet à la main. Craignant continuellement qu'il n'arrivât quelque accident, elle ne cessait de recommander aux ouvriers de sanctifier leur travail par la prière et de mettre leur personne sous la protection de la très sainte Vierge. Aussi cette digne Mère a-t-elle eu la consolation de voir terminer ces immenses travaux sans avoir le moindre accident à déplorer.

« Le 20 avril 1853, a été solennellement posée la première pierre de l'église de notre hôpital. C'est

M. Baby, grand vicaire du diocèse de Carcassonne, qui, assisté de MM. Redon, aumônier de l'hôpital, et Gauzion, aumônier des Orphelines, a présidé cette cérémonie, à laquelle ont assisté : M. Barre, sous-préfet de cette ville, M. Roux, maire, tous les membres de l'administration, toutes les sœurs, les pauvres et grand nombre de personnes de toutes les classes de la société.

« Cette pierre a été posée sous le patronage des demoiselles Térèse Latapie, Gabrielle Reverdy et Marie Noubel. Les deux premières, âgées seulement de quatre ans, moururent dans la même année. Marie Noubel, leur jeune compagne, a survécu à ces deux anges.

« Sous cette pierre, qui est au milieu de la porte d'entrée, est une plaque de plomb sur laquelle a été gravée cette inscription : « Le 20 avril 1853, sous le
« règne de Napoléon III, M. Dugay, préfet de l'Aude,
« M. Barre, sous-préfet de Castelnaudary, M. Ferdi-
« nand Roux, maire, MM. Crispon aîné, Metgé, Fois-
« sac, Alric Théodore, Montpellier, administrateurs
« de l'hospice, a été posée la première pierre de l'église
« de l'hôpital de Castelnaudary, entreprise par la con-
« fiance que les sœurs ont que la divine Providence
« leur viendra en aide, comme elle a déjà fait pour la
« grande bâtisse construite par leurs soins, et l'aide
« de Dieu, de la sainte Vierge et de saint Joseph, en
« qui elles ont une entière confiance. »

« Le 25 juillet 1856, jour de la fête de saint Jacques, patron de l'hôpital, Mgr de la Bouillerie, évêque de Carcassonne, est venu, assisté d'un de ses grands vicaires, pour faire la bénédiction de notre nouvelle église. Tous les prêtres de la ville et des environs étaient présents, messieurs les administrateurs, toutes les autorités civiles et militaires, tous les ouvriers de l'hôpital et un concours très nombreux des personnes de la ville.

« Monseigneur, dans un sublime discours, a fait admirablement ressortir le puissant secours de la divine Providence par lequel l'église et les salles attenantes venaient d'être construites. »

CHAPITRE XIX

Joie de la Mère Élisabeth de Brugelles après la bénédiction de l'église. — L'idéal de la charité chrétienne réalisé par elle dans l'hospice de Castelnaudary. Ce que les pauvres sont à ses yeux; sa manière de les traiter; sa soif ardente de leur salut. — De l'hôpital, sa charité s'étend à toutes les infortunes et à toutes les souffrances. — Ses rapports avec les habitants de la ville; son ascendant sur les âmes; conversion de M. Roussille.

Quand cette belle église fut bénite, quand tous les édifices des pauvres furent terminés, la joie dont la Mère Élisabeth de Brugelles se sentit inondée est un de ces secrets divins que le langage de l'homme ne saurait décrire. Il y avait un magnifique Hôtel-Dieu de plus dans la France catholique; et, devant Dieu, l'édifice devait demeurer éternellement debout. A elle appartenait de dire dans la vérité ce que deux génies de l'antiquité païenne avaient dit dans un fastueux mensonge : « *Je peins pour l'éternité :* Æternitati pingo. — *J'ai élevé un monument plus durable que l'airain :* Exegi monumentum ære perennius. » Les œuvres de ces génies païens et de tous les génies qui n'ont pas adoré Dieu périront à jamais : *In illa die peribunt omnes cogitationes eorum.* De tout ce qu'ils ont fait, rien ne franchira la limite du temps à l'éternité bienheureuse. Pensées, œuvres, auteurs, tout périra dans un commun naufrage, et tout sera englouti dans l'enfer. Selon la parole de l'Esprit-Saint, le nom de ces héros ne sera point inscrit sur les colonnes du temple céleste. Tous ces imitateurs de l'archange tombé, qui ont dit comme lui : « Je monterai et je serai semblable au Très-Haut, » qui non seulement n'ont pas voulu adorer Dieu, mais qui ont tourné contre lui leurs lumières, tous ces génies révoltés, qui ont marché en tête de l'humanité dans la guerre, dans les arts, dans les littératures, seront, avec leurs œuvres, emportés par un coup de foudre comme Lucifer leur maître et précipités au fond des abîmes. Saint Augustin a tracé leur histoire par ces mots terribles :

> *Receperunt mercedem suam vani vanam :*
> Et vains ils ont reçu leur vaine récompense.

Quant à Élisabeth de Brugelles, en considérant la nouvelle église et la nouvelle demeure des pauvres, elle pouvait dire, dans les transports d'une joie céleste : « J'ai travaillé pour l'éternité ; j'ai élevé un monument plus durable que l'airain. » En effet, de siècle en siècle, les pauvres, les membres souffrants de Jésus-Christ, allaient être magnifiquement abrités, les orphelins maternellement accueillis, et, pour comble de bonheur, leurs âmes saintement cultivées et mises dans le chemin du paradis. Tout ce radieux avenir, où plongeait l'œil de sa foi, lui faisait goûter, par anticipation, quelque chose de cette inénarrable béatitude qu'elle devait un jour goûter au ciel, quand elle verrait ces pauvres et ces orphelins dans la gloire.

Pour les chrétiens qui vivent et qui meurent dans la grâce, à qui Jésus-Christ *a donné le pouvoir de devenir enfants de Dieu*, qui par cette adoption sont héritiers de Dieu et cohéritiers de Jésus-Christ, il est de foi que « *leurs œuvres les suivent dans le monde futur :* Opera enim illorum sequuntur illos. » Tout en eux est immortel, les pensées, les œuvres, leurs corps, leurs âmes, parce que les pensées et les œuvres sont vivifiées par la grâce de Jésus-Christ, et parce que leurs corps et leurs âmes sont les temples du Dieu vivant et trois fois saint. Ainsi, aucune de leurs pensées pour Dieu et sa gloire ne périra. Pas une de leurs œuvres pour Dieu et sa gloire qui ne monte avec eux au ciel. Le verre d'eau froide donné aux pauvres pour l'amour de Jésus-Christ sera éternellement présent devant Dieu et toute la cour céleste. Toutes les œuvres accomplies dans la grâce de Jésus-Christ seront éternellement exposées aux regards de Dieu et de ses saints. Ces œuvres seront éternellement glorifiées, honorées de l'approbation divine, de la complaisance divine, exaltées par les louanges de tous les habitants de la cité sainte.

Nous avons maintenant à montrer la Mère Élisabeth de Brugelles réalisant dans cette demeure des pauvres, si magnifiquement agrandie, l'idéal de la charité chrétienne. Mais, pour comprendre cette charité, dont l'Église catholique donne seule l'exemple au monde, il est nécessaire de connaître son principe. Ce principe est surnaturel et divin. Ce qui, depuis l'origine jusqu'à nos jours, crée incessamment dans l'Église toutes ces merveilles de la charité envers les pauvres, c'est cette parole de Jésus-Christ : « *Toutes les fois que vous avez fait une de ces œuvres de miséricorde au plus petit de ces pauvres qui sont mes frères, c'est à moi même que vous l'avez faite.* Quamdiu fecistis uni ex his fratribus meis minimis, mihi fecistis ! » c'est encore cette parole de l'Homme-Dieu : « *Heureux les pauvres, parce que le royaume de Dieu leur appartient!* Beati pauperes, quoniam ipsorum est regnum cœlorum. »

Par ces paroles, Jésus-Christ a fondé un éternel patrimoine aux pauvres, il a fondé le culte de la pauvreté. Les pauvres sont, d'une part, les substituts et les représentants de la personne de Jésus-Christ, et, de l'autre, ils sont les favoris de Dieu et les princes du royaume céleste. Dès que, par la foi, on voit Jésus-Christ dans les pauvres et la dignité des pauvres dans Jésus-Christ, tout s'illumine, se transfigure, se divinise. La charité a un objet divin devant elle, le dévouement devient inépuisable, l'héroïsme ne connaît plus de limites. Que des rois, des reines, que des papes, que les grands de la terre tiennent à honneur infini de servir les pauvres, qu'ils s'agenouillent devant eux, qu'ils baisent leurs plaies avec respect, avec amour, rien d'étonnant. C'est Jésus-Christ qu'on sert, qu'on honore dans la personne des pauvres ; jamais on n'en pourra trop faire pour cet Homme-Dieu. Que des vierges, à la fleur de l'âge, alors que tout leur sourit, abdiquent le siècle et ambitionnent comme souverain honneur et le plus beau partage le titre de servantes des pauvres, de sœurs des pauvres, rien d'étonnant. Dédaignant tout ce qui est périssable et mortel, elles s'enchaînent à Jésus-Christ, dont le règne n'aura point de fin. Elles lui vouent leur virginité, elles s'offrent à lui en holocauste pour se consumer jusqu'au dernier soupir sur l'autel de la charité. Leur noble et sainte devise est celle que nos ancêtres avaient inscrite aux frontispices des Hôtels-Dieu : « *Christo in pauperibus :* A Jésus-Christ dans les pauvres. » Elles peuvent mourir à ce service, mais elles seront fidèles à leurs serments. Sous quelque haillon, sous quelque plaie, sous quelque ulcère que Jésus-Christ se présente à elles dans ses pauvres, sous le coup foudroyant du choléra, sous les teintes livides de la peste, sous l'aspect hideux de la lèpre, c'est Lui, c'est toujours Lui ! Qu'on n'ait pas peur que ces vierges l'abandonnent. Jamais leur divin Époux ne leur est plus adorable que quand il leur apparaît dans ces extrémités de la misère et de la souffrance, et qu'il leur présente ainsi des occasions de lui donner des preuves héroïques de leur amour. Leur regard, comme celui de l'apôtre saint Thomas, traversant l'objet visible et allant droit à la divinité, elles s'écrient dans un transport de foi et d'amour : *Mon Seigneur et mon Dieu!* Et, dans l'étonnement de la mère du Précurseur, elles ajoutent : « Et d'où me vient cet excès d'honneur que mon Dieu vienne à moi, qu'il daigne se confier, s'abandonner à moi dans ces états de détresse et de douleur? Ah ! Seigneur, c'est trop ! Et s'il faut mourir en vous soignant, c'est pour nous la palme des palmes ! Mourons pour Jésus-Christ caché dans les pauvres, pour régner avec Jésus-Christ révélé dans la gloire! *Moriamur pro Christo in pauperibus.* »

Jésus-Christ seul crée, par sa grâce, un dévouement si sublime, et seule dans le monde l'Église catholique possède de telles vierges. Que toutes les religions séparées de cette divine Église, que tous les protestants, tous les schismatiques, tous les hérétiques, que toutes les philosophies humaines, tous les instituts savants, toutes les académies, tous les pouvoirs de la terre se liguent ensemble : on les met au défi de donner à l'humanité souffrante une servante des pauvres, une vierge qui voue à Dieu sa virginité pour s'immoler toute sa vie aux soins des indigents et des infirmes. Puisque la terre est impuissante à créer un pareil dévouement, il demeure manifeste qu'il vient du ciel. D'où il résulte qu'il suffit d'une seule vierge chrétienne, servante des pauvres, pour démontrer la divinité de la religion catholique.

D'après ce qui vient d'être dit, l'idéal de la charité chrétienne, c'est cette foi vive qui découvre Jésus-Christ dans les pauvres, ce respect souverain pour leurs personnes et cette tendre immolation de tout soi-même pour les servir et les sanctifier.

Or tout cela brillait au plus haut degré dans la Mère Elisabeth de Brugelles; et, jusqu'à l'âge de quatre-vingt-sept ans, elle devait servir Jésus-Christ dans les pauvres avec une charité toujours plus héroïque et plus tendre.

Tous les travaux de l'hôpital étant terminés, cette vénérable Mère va jouir d'une paix profonde au milieu de ses pauvres. Les années qui vont s'écouler seront les plus tranquilles de sa vie. Ses filles, qui ont si généreusement partagé ses travaux et ses sollicitudes, partageront sa paix et ses joies. Leur sainte Mère leur est désormais entièrement rendue : elles la possèdent enfin à leur gré. Elles aussi, elles vont passer les années les plus heureuses et les plus tranquilles de leur vie, jouissant constamment de la société si aimable et si sainte de la servante de Dieu, de sa maternelle affection, de ses conseils, de ses exemples.

Ce que ses filles ont vu de leurs yeux, ce qu'elles ont attesté de leur bouche sur l'admirable charité de la Mère Élisabeth de Brugelles envers les pauvres, nous allons le mettre sous les yeux du lecteur. Nous les laisserons parler elles-mêmes, car ce sont elles qui ont recueilli tous les précieux détails qu'on va lire. On aimera cette naïve et simple manière de s'exprimer, parce qu'elle vient toute du cœur :

« Tous les matins, après sa méditation, notre digne Mère allait faire la prière aux hommes, visitait tous les malades, s'informait comment ils avaient passé la nuit, de ce qu'ils désiraient prendre, allait le chercher elle-même à la cuisine ; et, malgré son grand âge, elle n'a pas cessé un seul jour de le faire. S'il nous arrivait de la rencontrer, nous tâchions de l'empêcher de descendre, sachant que cela la fatiguait beaucoup. « Lais-
« sez-moi faire, répondait-elle, il vaut mieux que ce
« soit moi, on me servira mieux que si c'était vous ! »
Et elle remontait toute joyeuse, portant aux malades ce qu'elle savait leur être agréable.

« Outre cela, elle ne manquait jamais d'aller deux fois par jour à la cuisine pour goûter l'ordinaire des pauvres, et tenait par-dessus tout à ce qu'ils fussent contents. Elle voulait que les premiers fruits du jardin fussent servis aux malades.

« Un jour, elle entre dans la salle des malades, trouve l'infirmier faisant plusieurs pansements. Afin de le soulager, elle lui dit : « Continuez, je vais faire « les lits et vous aiderai dans ce que je pourrai. » Lorsque les pauvres souffrants furent couchés, elle demanda à l'infirmier ce qu'il avait pour déjeuner. D'après sa réponse, elle descend à la cuisine pour lui chercher quelque chose, se fait donner une bouteille de vin vieux, et, en lui portant ce qu'on venait de lui donner, elle lui dit : « Prenez ceci pour réconforter vos forces, « afin de bien soigner nos pauvres. » Et elle lui met en même temps une pièce de monnaie dans la main.

« Lorsqu'elle rencontrait des aveugles sur son passage, elle leur glissait une pièce de monnaie dans la main, faisant toujours en sorte de ne pas être devinée, et ces pauvres gens de s'écrier : « C'est notre bien-aimée Mère qui passe. Que le bon Dieu nous la conserve ! »

« Elle savait quels étaient les pauvres qui n'avaient pas d'argent ; elle en donnait à la sœur pour leur distribuer de temps en temps, disant qu'il était trop pénible pour eux de n'avoir pas quelques sous à leur disposition. Le jour de leur décès, elle faisait dire la sainte messe pour eux, et chaque année un grand nombre de messes étaient dites aussi à leur intention.

« Notre digne Mère assistait rarement aux opérations ; voir souffrir était quelque chose de trop cruel pour son excellent cœur. « Je ne puis rien faire ici, » disait-elle ; « je vais à la chapelle demander au bon Dieu

14

« que tout aille pour le mieux. » On s'empressait de la prévenir aussitôt que l'opération était faite, et elle se hâtait de se rendre auprès du pauvre souffrant. Elle le consolait, l'encourageait, lui faisait comprendre combien ses souffrances lui seraient méritoires s'il avait le soin de les unir à celles de Notre-Seigneur.

« Les pauvres venaient à elle comme à une vraie mère, lui confiaient leurs peines et ne s'en allaient jamais d'auprès d'elle sans être consolés et heureux. »

Tout ce qu'une charité si maternelle pouvait inventer pour rendre les pauvres heureux avait un but final, un but divin, la sanctification de leurs âmes. Élisabeth de Brugelles voyait, à la lumière de la foi, le prix inestimable de ces âmes : elle les voyait rachetées par le sang de Jésus-Christ et destinées à régner avec lui dans la gloire pendant toute l'éternité. Consumée d'un zèle tout apostolique, elle souhaitait, avec une inénarrable ardeur, voir ses chers pauvres *remporter*, selon l'expression de l'apôtre saint Pierre, la *fin de leur foi, c'est-à-dire le salut éternel de leurs âmes*. Et, pendant leur vie, toutes ses paroles, tous ses actes tendaient à leur assurer ce bonheur. Mais c'était surtout à leurs derniers moments qu'elle faisait éclater toute l'ardeur de son zèle, toute la tendresse de sa charité. Elle les disposait à recevoir les sacrements de notre sainte mère l'Église; elle leur faisait produire les actes qui devaient les y préparer. Elle était là, priant à côté d'eux, quand le prêtre leur administrait les derniers sacrements. Et, lorsqu'ils les avaient reçus, elle les entretenait dans de pieuses dispositions, dans de saintes pensées. Les pauvres souhaitaient l'avoir à côté d'eux à leurs derniers moments : il leur semblait que Dieu ne pouvait pas ne pas leur faire miséricorde si cette chère Mère priait pour leur salut éternel. Rien de plus touchant que ce qui se passait alors. Cette Mère excellait à les consoler, à les encourager, à ouvrir leurs âmes à la confiance. Elle leur montrait leur asile dans les cinq plaies de Jésus-Christ crucifié; elle leur montrait ces cinq plaies comme cinq fleuves de grâce et de miséricorde, capables de purifier non seulement leurs âmes, mais encore le monde entier. Car elle était vivement pénétrée de la vérité de ces paroles de l'Église : « La terre, l'océan, les astres, le monde, sont lavés par ce fleuve :

> *Terra, pontus, astra, mundus*
> *Quo lavantur flumine.* »

Elle remettait ses chers pauvres entre les bras de la miséricorde infinie du Sauveur, et elle couronnait sa mission à leur égard en leur montrant le ciel ouvert au-dessus de leur tête.

La charité de la Mère de Brugelles ne se renfermait pas dans l'hôpital. « Elle s'étendait, nous disent ses filles, à toutes les infortunes et à toutes les souffrances. Que de misères cachées n'a-t-elle pas secourues! On peut dire qu'elle était la providence vivante pour tous ceux qui étaient dans le malheur. Chacun aimait à venir puiser auprès d'elle les plus sages conseils. Son esprit judicieux lui faisait tout comprendre, tout prévoir et on ne se retirait jamais d'auprès d'elle sans être fortifié et consolé. Les domestiques comme les ouvriers de la maison avaient aussi leur large part dans les bienfaits de cette digne Mère; tous avaient pour elle la plus grande vénération. Sa perte a été et sera toujours vivement sentie par eux.

« La charité de notre bonne Mère était tellement connue partout, qu'on lui écrivait de tout côté, soit pour des églises à construire, des communautés dans la détresse, ou bien pour des pauvres honteux à qui elle a rendu les plus grands services. Elle était de toutes les associations pieuses, en était la première zélatrice, et, par sa pieuse impulsion, les meilleures familles étaient heureuses de s'y enrôler.

« Elle ne refusait aucune bonne œuvre à faire et disait : « J'aime mieux être trompée que de me tromper « moi-même. »

« Voici, entre tant d'autres, un trait touchant de sa charité maternelle et de son zèle apostolique.

« En 1852, le Père Olivieri, de Gênes, en Italie, amena à l'hôpital de Castelnaudary, d'après la demande de notre vénérée Mère, deux petites négresses sur lesquelles éclata la protection de Dieu.

« La première, Zaffara, âgée de neuf à dix ans, née à Tégala, en Afrique, a été volée et vendue au marché d'Alexandrie, en Égypte. Le Père Olivieri l'a achetée dans le mois de mai 1852. Elle lui avait coûté 402 francs, la traversée et l'habillement 100 francs.

« Arrivée à Marseille le 29 mai, et à l'hôpital de Castelnaudary le 10 juin 1852, elle a été nommée au baptême Marie-Élisabeth, et elle est morte le 22 décembre 1859.

« La seconde se nommait Chama, avait de sept à huit ans ; elle a été nommée au baptême Marie-Virginie, et elle est morte le 6 décembre 1835.

« Deux anges à qui la Mère Élisabeth de Brugelles a ouvert le ciel. »

Un si rare mérite, des qualités si éminentes, une sainteté si reconnue, un si beau caractère, une si noble libéralité, une charité si maternelle, donnaient à la Mère Élisabeth de Brugelles un ascendant prodigieux sur les habitants de Castelnaudary. A l'époque où nous sommes parvenus, c'est-à-dire après l'érection de l'église et des nouveaux bâtiments de l'hôpital, la dignité de l'âge venait encore s'ajouter en elle à tous les autres titres qu'elle avait au respect, à l'estime, à l'affection. Les habitants de la ville révéraient en elle une grande servante de Dieu, mais ils la chérissaient comme la plus tendre des mères. Il n'était pas possible de porter plus loin le culte de la vénération filiale. On peut dire qu'elle vécut au milieu de sa ville natale comme une mère au milieu de sa famille. Tous venaient à elle avec une égale confiance. Ils la consultaient pour leurs affaires, ou lui ouvraient leur cœur dans leurs peines. Elle donnait aux uns les plus sages conseils, et elle versait le baume de la consolation dans le cœur des autres. Cette confiance universelle faisait qu'elle pouvait parler à tous, avec une pleine liberté, de leurs devoirs envers Dieu. Des hommes qui vivaient dans l'oubli de ces devoirs, touchés par son langage, se convertissaient. D'autres qui n'avaient pas le courage de franchir le pas lui engageaient au moins leur parole d'honneur qu'ils le feraient; cette promesse était sincère, l'expérience l'a démontré.

Quand ils étaient malades et en danger, elle accourait auprès d'eux; sa seule présence ouvrait leur cœur à la grâce. Avec une ineffable bonté et un accent de foi tout céleste, elle leur disait : « Vous êtes enfants de Dieu et de l'Église, il faut vous réconcilier avec Dieu, vous confesser, recevoir les derniers sacrements et mourir en vrais chrétiens; il faut assurer votre éternité et aller au ciel. » A ces paroles, la foi se ranimait en eux; la justice d'un Dieu offensé leur apparaissait, l'éternité où ils allaient entrer les saisissait d'un salutaire effroi: catholiques et enfants de l'Église, ils voulaient mourir dans la foi de leurs pères. Ils se réconciliaient donc avec Dieu, ils recevaient les derniers sacrements et terminaient leur carrière par une mort chrétienne.

Tels étaient les fruits de l'apostolat de la Mère Élisabeth de Brugelles. Une des conquêtes de son zèle fut le docteur Jean-François Roussille, chirurgien en chef de l'hospice de Castelnaudary. Déjà depuis vingt ans il donnait ses soins aux pauvres de l'hôpital avec un rare dévouement; il connaissait intimement la servante de Dieu, et, la connaissant, il ne pouvait s'empêcher de la vénérer. Vers l'année 1858, il tombe dangereusement malade. La vénérable Mère est aussitôt auprès de lui. Elle lui parle de ses devoirs de chrétien. « Le moment est venu, lui dit-elle avec l'accent d'un cœur de mère, d'assurer le salut éternel de cette chère âme rachetée par le sang de Jésus Christ... » C'en est assez : le docteur Roussille revient à Dieu, demande les derniers sacrements et les reçoit avec édification. Mais Dieu n'avait pas encore marqué sa dernière heure. Par une disposition de sa providence, le docteur vit dix ans encore sans que les sentiments chrétiens qu'il vient de faire paraître se démentent jamais. Ce sont dix années de fidélité, de ferveur, de bonnes œuvres, de soins généreusement donnés aux pauvres. Ce terme écoulé, le moment de Dieu venu, le docteur Roussille lègue à sa famille et à la ville de Castelnaudary l'exemple de la mort la plus chrétienne.

Conquis à Dieu par la Mère Élisabeth de Brugelles, il veut reposer auprès d'elle après sa mort. Ses vœux sont accomplis. Sa tombe est à côté du monument que la ville de Castelnaudary a élevé à cette illustre servante de Dieu et des pauvres.

Voici l'inscription gravée sur la tombe de cet homme de bien :

ICI REPOSE
LE DOCTEUR JEAN-FRANÇOIS ROUSSILLE
CHIRURGIEN EN CHEF DE L'HOSPICE
DE CASTELNAUDARY
DÉCÉDÉ LE 24 FÉVRIER 1868
A L'AGE DE 67 ANS
PRIEZ POUR LUI !

Quand les membres de sa famille, ses parents, ses amis, viendront prier sur sa tombe, ils pourront dire : « S'il a eu le bonheur d'être si fidèle les dernières années de sa vie et de mourir en si bon chrétien, c'est à la sainteté de la Mère Élisabeth de Brugelles et à son crédit auprès de Dieu qu'il le doit et que nous le devons. »

CHAPITRE XX

Sa manière de gouverner les sœurs ; charité sans bornes, cachet dominant de sa conduite. — Son zèle pour le bien de la congrégation ; comment elle travaille à fonder une maison à Toulouse. — Noms des religieuses qui vécurent avec elle à Castelnaudary.

Si la Mère Élisabeth de Brugelles réalisa l'idéal de la charité chrétienne à l'égard des pauvres, elle le réalisa d'une manière plus touchante encore à l'égard de ses filles. Nous pouvons peindre d'un seul trait sa manière de les gouverner, en disant qu'elle fut une supérieure selon le cœur de Jésus-Christ. Les leçons du divin Maître, voilà la règle de son gouvernement, et ces divines leçons elle les trouvait dans l'Évangile.

Après avoir lavé les pieds aux apôtres, Jésus-Christ leur dit, et en leur personne à tous ceux qui auront part au gouvernement des âmes : « *Je vous ai donné l'exemple afin que ce que j'ai fait, vous le fassiez aussi :* Exemplum enim dedi vobis ut quemadmodum ego feci vobis ita et vos faciatis. »

Il dit encore à ses apôtres, et dans leur personne à tous ceux qui devront gouverner les âmes : « *Apprenez de moi que je suis doux et humble de cœur :* Discite a me quia mitis sum et humilis corde. » Le divin Maître, s'adressant à son Père, lui dit : « *Je m'offre en sacrifice pour le salut éternel des hommes :* Pro eis ego sanctifico meipsum. »

Enfin, il est écrit du divin Maître : *Ayant aimé les siens qui étaient en ce monde, il les aima jusqu'à la fin :* Cum dilexisset suos qui erant in mundo, in finem dilexit eos. » Il les aima jusqu'à mourir pour eux ; il les aima jusqu'à se rendre inséparable d'eux après sa mort, par le sacrement de l'Eucharistie.

Les apôtres mettent en pratique toutes les leçons du divin Maître. Ils imitent son humilité. Comme lui ils ne cherchent que la gloire de Dieu. Saint Paul est l'interprète de tous quand il dit aux anciens d'Éphèse : « *Vous savez comment, depuis le premier jour que je suis entré en Asie, je me suis comporté au milieu de vous, servant le Seigneur en toute humilité :* Cum omni humilitate. »

A l'exemple du Sauveur, ayant aimé les âmes qu'ils avaient évangélisées, ils les aiment jusqu'à la fin ne vivant que pour les sanctifier, ils donnent leur vie pour leur ouvrir le ciel. Ils mêlent leur sang à celui de Jésus-Christ sur la croix. Ce que l'on a dit du Sauveur : « *Voilà comment il aimait :* Ecce quomodo amabat ! » on peut le dire d'eux : *Voilà comment ils aimaient !* Le divin Maître avait dit « : *Je m'offre en sacrifice pour les hommes.* » Chaque apôtre, à son exemple, s'est offert en sacrifice pour eux.

Tous les saints qui ont gouverné les âmes ont marché sur les traces de Jésus-Christ et de ses apôtres.

La Mère Élisabeth de Brugelles, à l'exemple des saints, s'efforça d'imiter d'aussi près qu'il fut possible Jésus-Christ et les apôtres, et voilà pourquoi elle a été une des plus parfaites supérieures de son temps. Son humilité était profonde; elle a répandu un parfum toujours plus suave jusqu'à la fin. De la supériorité, elle ne revendiquait que le privilège du divin Maître : « *Il n'est pas venu pour être servi, mais pour servir :* Non venit ministrari, sed ministrare. »

Ornée des dons les plus signalés de la nature et de la grâce, elle les voyait dans la source d'où ils émanent et en renvoyait la gloire à Dieu. Ainsi aucune pensée personnelle ou d'intérêt propre n'effleurait cette grande âme. Dieu, sa gloire, les âmes, la sanctification de ses sœurs, des pauvres, du prochain, voilà l'objet constant de ses pensées.

On peut dire qu'elle aima ses filles jusqu'à la fin, mais d'un amour surnaturel, puisé tout entier dans le cœur de Jésus-Christ. Elle voyait en elles les épouses de cet adorable Sauveur et révérait en elles cette dignité infinie. Travailler à les rendre dignes d'un tel titre, les embraser de l'amour de ce divin Époux, c'était toute l'aspiration de son âme. Elle aimait ses filles, comme les saints aiment sur la terre.

A l'exemple du divin Maître, des apôtres, des saints, elle pouvait dire : « Je m'offre pour elles en sacrifice. » Elle se sacrifiait en effet pour elles, toutes les fois qu'elle pouvait leur épargner quelque chose de pénible. Elle se sacrifiait pour elles, quand elles étaient malades, n'oubliant rien de ce qui pouvait les soulager et les soignant elle-même.

Cette charité si maternelle répandait le bonheur dans la communauté. Chacune y goûtait la vérité de la parole du Seigneur : *Mon joug est doux et mon fardeau léger*. L'allégresse était dans les âmes. Dieu était servi avec ferveur, et les pauvres comme des membres souffrants de Jésus-Christ.

Les sœurs pouvaient se reposer pour tout sur la sagesse de leur sainte supérieure. Elles savaient que, outre ses lumières naturelles, son jugement droit, elle avait recours pour tout au divin Maître. Ainsi, grâce à la sagesse de son gouvernement et à sa réputation de sainteté, la communauté était entourée d'une estime et d'une considération universelles; elle vivait dans une paix profonde.

Toutes ses filles sont unanimes pour affirmer que, dans sa manière de gouverner, elles virent constamment la douceur, l'humilité, la tendresse du cœur du divin Maître. Heureuses les vierges de Jésus-Christ qui peuvent rendre de tels témoignages à leurs supérieures, et plus heureuses encore les supérieures qui les ont mérités !

« La Mère Élisabeth de Brugelles était pour ses sœurs non pas une supérieure, car elle s'appliquait à faire disparaître tout ce que l'autorité pouvait avoir de pénible, mais une vraie mère et une amie dévouée. Son bonheur était de nous savoir heureuses et contentes. Elle était grande et généreuse pour nous, veillait sans cesse à ce que rien ne nous manquât, allait même souvent au-devant de nos désirs. Nous trouvions en elle un guide sûr, une discrétion à toute épreuve ; nous ne sortions jamais d'auprès d'elle sans être consolées et fortifiées.

« Quand on lui soumettait quelques peines, elle répondait : *Il n'y a que l'offense de Dieu qui doive nous affliger, le reste doit nous servir pour aller directement à lui.*

« Elle se réjouissait des succès de ses sœurs ; elle était heureuse de la considération dont elles jouissaient, et sa profonde humilité faisait retomber sur elles tout le bien qui s'est opéré dans l'hôpital.

« Il nous est impossible de redire la charité de cette vénérée Mère pour chacune de nous. En voici un trait entre mille :

« Sachant qu'une de ses sœurs souffrait beaucoup lorsqu'elle était obligée de faire les pansements, cette digne Mère allait tous les jours les faire à son insu, avec défense expresse à l'infirmier d'en jamais rien dire

« Quelle n'était pas sa charité pour les sœurs malades que la maison mère lui envoyait! Infirmes, elle les habillait et déshabillait elle-même, sa sollicitude se portait plus particulièrement sur celles-là ; elle veillait à ce qu'on satisfît à leurs plus petits désirs, et, avec sa délicatesse exquise, elle faisait porter à l'infirmerie, par l'intermédiaire d'une sœur chargée de les soigner, soit des vêtements neufs dont elle s'était aperçue qu'elles manquaient, soit autre chose qu'elle prévoyait leur devoir être agréable.

« Notre vénérée Mère était la femme forte par excellence, car, malgré ses nombreuses occupations, elle ne laissait pas de descendre dans les plus petits détails de la gestion domestique. Les travaux manuels remplissaient tous les moments qu'elle pouvait avoir de libres. Dieu l'avait douée d'un goût exquis, d'une adresse merveilleuse. Presque tous les ornements, aubes et garnitures de la chapelle, ont été faits par elle ; tout ce qu'elle faisait était perfectionné. Un an avant sa mort, elle brodait encore aux récréations ; jamais, malgré son grand âge, nous ne l'avons vue se reposer un seul instant.

« Que n'a-t-elle pas fait pour orner la chapelle ! Elle ne craignait pas de demander pour embellir la maison de Dieu. Et la grande estime que l'on avait pour elle faisait qu'on accédait aussitôt à ses désirs. Aussi est-ce à son initiative que l'on doit les magnifiques tableaux qui font aujourd'hui le plus bel ornement de l'église de l'hôpital.

« L'amour que la Mère Élisabeth de Brugelles avait pour sa communauté et ses pauvres s'étendait à toute sa congrégation ; car, en abdiquant l'autorité de supérieure générale, elle en avait gardé le cœur. C'est bien à son initiative qu'on doit d'avoir une maison à Toulouse, où sont accueillies les sœurs qui passent par cette ville, tandis qu'auparavant elles étaient obligées d'aller loger à l'hôtel. Pendant l'hiver de 1847, cette digne Mère fit plusieurs voyages à Toulouse pour la fondation de cet établissement. Avec un zèle infatigable, elle prépara tout ce qui était nécessaire pour que les sœurs n'eussent pas à souffrir. Enfin, elle contribua avec la noble libéralité qui la distinguait à la prospérité de cette maison, que la Mère Marie-Dominique Cénac et ses compagnes ont rendue si florissante.

« La maison de Toulouse n'est pas la seule qui ait été favorisée des bienfaits de notre sainte Mère ; celles des environs ont eu leur part aussi. Avec quel bonheur cette digne Mère voyait-elle nos sœurs des départements voisins se rendre à son appel pour faire à Castelnaudary leur retraite annuelle ! Non seulement elle ne recevait aucune rétribution de leur part, mais elle s'estimait heureuse de donner des gages de sa libéralité à leurs communautés respectives. »

Ces témoignages rendus à la Mère Élisabeth de Brugelles par ses filles confirment ce que nous avons dit de sa manière de gouverner ; ils justifient le titre que nous lui avons donné de supérieure selon le cœur de Jésus-Christ.

Retraçant dans toute sa conduite la douceur, l'humilité, la bonté de ce divin Maître, il lui était facile de gouverner les sœurs. Un si puissant exemple les entraînait ; une si maternelle affection gagnait leur cœur, En tout et pour tout leur Mère était à leur tête. Ce n'était vraiment qu'un cœur et qu'une âme. Ses filles goûtèrent avec elle un suave avant-goût des douceurs de la société céleste. Et parce qu'elles avaient une sainte et une vraie mère à leur tête, elles combattaient avec allégresse et courage les combats du Seigneur. Aussi les jours passés avec elle demeurent peints dans leur mémoire ; sa maternelle et tendre affection reste gravée dans leur cœur. Son âme est au ciel, mais son image est vivante pour ses filles; pour elles, son portrait est partout.

Le cimetière où elle repose se trouvant en face de l'hôpital et n'en étant séparé que par la voie publique, il semble qu'elle n'a pas quitté la maison. De sa tombe elle la protège encore et la bénit. Dans ce pieux monument que lui a érigé la piété filiale, ses filles vont la trouver comme si elle était encore en vie. Elles répandent leur cœur devant elle et dans son cœur. Là, que de prières qui, toutes, se résument en celle-ci : « Obtenez-nous, tendre Mère, de suivre la voie que vous nous avez tracée, et de mourir comme vous dans le baiser du Seigneur ! »

Cette sainte Mère, en quittant la terre, a emporté gravées dans son cœur celles que Jésus-Christ lui donna pour filles. Au ciel, elle les aime plus que jamais, et elle est plus puissante que jamais pour faire descendre sur elles les bénédictions de Dieu.

En parlant du concours qu'elle reçut de ses filles dans tout ce qu'elle a fait pour l'hôpital, nous n'avons désigné par leur nom que deux d'entre elles. La justice de l'histoire et surtout le cœur de cette incomparable Mère demandent que les noms des autres soient consignés ici. Ce sera, d'ailleurs, pour les familles si chrétiennes et si honorables qui ont donné ces vierges à Jésus-Christ et aux pauvres, une indicible consolation de voir des noms si chers unis dans ces pages à celui de la Mère Élisabeth de Brugelles. Voici donc les noms de ces compagnes privilégiées de la servante de Dieu :

Élisabeth Salières, Joséphine Crozat, dont nous avons fait une mention particulière, Émilienne Aribaud, actuellement supérieure à Périgueux, Delphine Testanier, Gertrude Chalmettes, Honorine Ducos, Dosithée Mazaguil, actuellement à Bourbon-Lancy (Saône-et-Loire), Ambroise Boussagole, Ursule Rolland, Claire Lautar, supérieure à Neuvic-d'Ussel (Corrèze), Albert Gauget, nièce de M. l'abbé Gauzion, Baptistine Chadelles, Lucie Ricalens, Léonie Théron, Térèse Giraud.

Cette dernière a été la secrétaire de ses sœurs ; avec tout le zèle de l'amour filial, elle a écrit les notes historiques qu'elles lui ont fournies, et, de plus, les divers documents relatifs à cette *Vie*.

Après avoir tracé ce suave tableau de la charité de la Mère Élisabeth de Brugelles envers les pauvres, envers les habitants de Castelnaudary, envers ses filles, nous ne pouvons nous empêcher de nous élever par la foi jusqu'à ce séjour de la vision béatifique où Dieu couronne sa servante selon la grandeur de ses mérites. O Élisabeth, vous avez été sur la terre la vive image du Dieu qui est la charité infinie, et maintenant ce Dieu se donne lui-même à vous pour l'éternité! Votre âme lui est unie par le nœud du plus incompréhensible amour : elle participe à sa félicité souveraine, elle a commencé à tressaillir de cet *Exultavit* qui ne finira jamais. Vous avez dit avec la Mère de Dieu : *Et mon esprit a tressailli en Dieu mon Sauveur!* Du sein de ce Dieu où toute charité est ordonnée, votre regard discerne ceux qui vous furent chers en ce monde, cette cité de Castelnaudary dont vous serez l'éternel honneur, cet Hôtel-Dieu où votre charité a moissonné de si saintes palmes, enfin ces vierges de Jésus-Christ qui furent vos compagnes et vos filles. Écoutez les inspirations de cette charité que vous puisez désormais à sa source infinie; intercédez, comme une vraie mère, pour la cité qui vous vit naître, afin qu'elle continue d'être une des plus catholiques du Midi; intercédez pour la demeure des pauvres, afin que de siècle en siècle ils soient servis par des imitatrices de votre maternelle et héroïque charité. Intercédez pour vos filles qui partagèrent vos travaux et qui vécurent si heureuses sous votre conduite. Par votre crédit auprès de Dieu, obtenez que le livre de vie retienne dans ses pages les noms de ces filles bien-aimées que nous venons d'écrire à côté du vôtre dans les pages de ce livre. Intercédez pour la France, afin qu'elle soit le royaume très chrétien jusqu'au dernier jour du monde. Intercédez pour l'Église, afin que, libre de ses chaînes, elle puisse étendre le règne de Jésus-Christ jusqu'aux extrémités de la terre. Ne cessez de prier pour tous ceux qui vous furent unis par les liens sacrés de la nature ou de la grâce, qui vous ont aimée sur cette terre et qui vous invoquent dans la gloire, jusqu'à ce que vous les voyiez enfin auprès de vous dans la cité du Dieu vivant!

CHAPITRE XXI

Élisabeth de Brugelles, une des vierges les plus mortifiées de son siècle. — Deux degrés dans la mortification : la mortification nécessaire au salut et la mortification de conseil. — Dans ce second degré, les mortifications héroïques : leur principe, l'amour de Jésus-Christ crucifié. — Effets de cet amour dans la Mère Élisabeth de Brugelles; ses jeûnes, ses austérités, sa manière de faire le carême ; son héroïsme à panser les plaies les plus affreuses; visite quotidienne, à jeun, aux malades ; soins donnés à un homme dont la figure était dévorée par un cancer.

Quand il n'y aurait dans la vie de la Mère Élisabeth de Brugelles que l'héroïsme de sa mortification, cette vierge de Jésus-Christ serait digne de passer à la postérité. L'honneur de Dieu demande qu'un tel héroïsme soit connu, parce qu'il est un des plus éclatants triomphes de sa grâce. Élisabeth de Brugelles, comme on va le voir, compte, au XIXe siècle, parmi les vierges les plus mortifiées de l'Église catholique.

La mortification chrétienne a deux degrés : la mortification de nécessité et la mortification de perfection. La première est condition de salut; la seconde est abandonnée à notre libre arbitre, elle est de pur conseil.

La première consiste à nous soumettre, quant à

l'âme et au corps, à tous les commandements de Dieu et de l'Église. Cette mortification doit se trouver dans tout membre de l'Église catholique. C'est là l'abnégation chrétienne proclamée par Jésus-Christ dans son Évangile, quand il dit : *Si quelqu'un veut me suivre, qu'il se renonce lui-même.* L'accomplissement des commandements de Dieu et de l'Église est condition essentielle du salut. Ainsi, le chrétien doit être en tout et toujours l'homme de la volonté de Dieu, l'homme du devoir. La vie éternelle est à ce prix. « *Faites cela et vous vivrez :* Hoc fac et vives. »

La Mère Élisabeth se signala dans ce premier degré de mortification. Non seulement elle accomplit avec fidélité les commandements de Dieu et de l'Église, mais elle montra dans le service de Dieu, dès sa première enfance, une admirable ferveur. Toute sa vie, elle se porta avec une rare énergie à l'accomplissement de tous les devoirs de la vie chrétienne.

Ce premier degré de mortification était trop peu pour cette magnanime vierge. Dès la fleur de sa jeunesse, elle s'élève au second degré : la mortification de perfection et de conseil, pratiquée par tous les saints. A dix-neuf ans, elle s'impose les chaînes de la vie religieuse. Dès ce moment, non seulement les trois vœux, mais les lois de son institut deviennent sacrés pour elle. Elle fut, toute sa vie, un modèle de régularité. Son amour pour Dieu était loin d'être satisfait par cette fidélité à la règle. Pour lui donner un incessant témoignage de cet amour, elle accomplissait avec toute la perfection dont elle était capable chacun des actes de la vie religieuse.

Elle a eu ce trait de ressemblance avec le divin Maitre : « *Elle a bien fait toutes choses :* Bene omnia fecit. » Elle a mis en pratique ce conseil de l'Esprit-Saint : « *En toutes vos œuvres, excellez, soyez parfaits :* In omnibus operibus tuis præcellens esto. » (Eccl.)

Mais, dans la vie religieuse, dans la pratique des conseils, Élisabeth de Brugelles marcha par des voies extraordinaires, en ce qui regarde la mortification de son corps. Cette mortification fut héroïque en elle. Jusqu'à l'âge de quatre-vingt-sept ans, elle fit de son corps un véritable holocauste, qu'elle offrit à Dieu en témoignage de son amour.

C'est le récit de ces mortifications héroïques qu'il faut mettre maintenant sous les yeux du lecteur. Mais, pour comprendre ces mortifications, il est nécessaire d'en connaître le principe. Quel est donc ce principe? Il est éminemment surnaturel et divin : c'est l'amour de Jésus-Christ crucifié. Le divin Sauveur crucifié, voilà celui qui a allumé dans les âmes non seulement la soif des mortifications héroïques, mais la soif du martyre. Depuis les apôtres jusqu'à nos jours, cette soif brûle les âmes embrasées d'un grand amour et les brûlera jusqu'à la fin du monde.

« *Jésus-Christ m'a aimé, et il s'est livré pour moi,* » c'est le cri d'amour qui part du fond de l'âme de saint Paul : « Dilexit me, et tradidit semetipsum pro me. » C'est le cri de tous les apôtres et de tous les martyrs. Ils soupirent après les croix, après les supplices, avec d'inénarrables soupirs d'amour. Saint André est saisi d'un transport divin au seul aspect de la croix qui est dressée pour lui, sur laquelle il va rendre à Jésus-Christ amour pour amour, et des bras de laquelle il va passer dans les bras de son cher Maître. Saint Ignace, troisième évêque d'Antioche, après saint Pierre, tressaille d'une ineffable joie à la pensée qu'il va être, à Rome, exposé aux bêtes, et ces paroles que le Ciel seul peut dicter s'échappent de son cœur : « Je commence maintenant à être le froment de Jésus-Christ, je vais être moulu par la dent des lions. » Tous les martyrs partagent cette divine soif de la croix de Jésus-Christ.

Parmi les vierges, les Catherine d'Alexandrie, les Lucie, les Agnès, les Agathe, les Cécile jettent le monde romain dans l'étonnement par leur invincible constance, enfin par leur triomphe. Épouses d'un Dieu crucifié, elles ravissent l'admiration du ciel et de la terre, par la soif de la croix de leur Époux. Depuis les premiers siècles du christianisme jusqu'à nous, toutes les vierges qui ont cueilli la palme du martyre ont brûlé du même feu, allumé en elles par le Saint-Esprit. « Il m'a aimé, et il s'est livré pour moi ! » Je l'aimerai et je me livrerai pour lui : sang pour sang, croix pour croix, amour pour amour !

Mais les mères chrétiennes ont moissonné, comme les vierges, la palme du martyre. Qui comptera leur nombre depuis les temps apostoliques jusqu'à nos jours ? Si les vierges nous ravissent parce qu'elles vont au martyre parées de leur virginité, les mères chrétiennes ont droit de nous ravir parce que, parées de leur maternité, elles rendent hommage à Jésus-Christ à la face du ciel et de la terre, et donnent leur sang pour cet adorable

Sauveur! S'élevant au-dessus de l'amour de leurs époux, de leurs enfants, elles se présentent aux supplices comme à une fête. Leurs vœux sont au comble, parce qu'elles partagent la croix de Jésus-Christ et qu'elles meurent pour lui. Des mères martyres, quel ornement de l'Église de Dieu! quelle félicité pour leurs enfants dans le ciel de pouvoir les appeler du doux nom de mères! De leurs têtes couronnées, de leurs palmes, de leurs manteaux de pourpre, quel éternel rejaillissement de gloire, non seulement sur leurs enfants, mais encore sur leurs époux! Pour la mère chrétienne, le martyre sera le comble de l'honneur. Une femme, une mère assimilée dans sa mort à Jésus-Christ attaché à la croix, mourant pour lui, comme il est mort pour elle, que concevoir de plus sublime, de plus divin dans une créature humaine? Il n'y a que Dieu qui puisse récompenser l'héroïsme d'un tel amour. Sa munificence à récompenser sera digne de lui, et elle égalera la durée des siècles éternels.

Jésus-Christ crucifié allume seul la soif du martyre; seul il allume encore la soif des mortifications et des pénitences héroïques. Dans les saints et les saintes à qui il n'a pas été donné de remporter la palme du martyre, quel courage à mortifier leurs corps! L'amour de Jésus-Christ crucifié les presse, et ils veulent porter dans leurs corps sa divine ressemblance. De là tout ce qui s'est fait d'héroïque dans l'Église depuis Jésus-Christ jusqu'à nos jours. Ce tableau si admirable des pénitences chrétiennes est présent à l'esprit du lecteur, nous n'avons pas à le retracer ici. Mais, comme les vierges apparaissent au premier rang dans cette arène, et qu'elles font des prodiges pour immoler leur chair, nous nous arrêterons quelques instants à considérer comment la vue de Jésus-Christ crucifié les élève au-dessus d'elles-mêmes et transforme leur faiblesse en un si étonnant héroïsme.

La vierge chrétienne qui a voué à Jésus-Christ sa virginité et qui a choisi cet Homme-Dieu pour époux se dit à elle-même : « Sous un chef couronné d'épines, dois-je être couronnée de fleurs? Mon Sauveur, mon Dieu et mon Époux, depuis la crèche jusqu'à la croix, n'ayant accordé la moindre satisfaction à son corps, dois-je en accorder au mien? De la crèche à la croix, sa vie n'ayant été qu'un enchaînement de souffrances, dois-je rechercher quelque plaisir? Le corps adorable de mon Époux et de mon Dieu ayant été flagellé, déchiré par les verges et meurtri jusqu'aux os, faut-il que le corps de son épouse demeure étranger à la souffrance? Mon Sauveur et mon Dieu, après toutes les blessures de la flagellation, qui avaient collé ses vêtements à sa chair ensanglantée et meurtrie, ayant porté la croix jusqu'au Calvaire, ne dois-je pas l'aider à la porter? Enfin, mon Sauveur, mon Époux et mon Dieu se laissant crucifier par amour pour moi et, après trois heures d'indicibles tourments, voulant mourir par amour pour moi sur la croix, ne dois-je pas crucifier mon corps, autant que je le pourrai, avec le secours de sa grâce, imprimer ainsi sa ressemblance en moi et lui rendre amour pour amour? »

C'est cette considération de Jésus-Christ crucifié et l'amour qu'elle allume dans l'âme des vierges qui leur inspirent les mortifications héroïques et qui les en rendent insatiables. Jésus-Christ crucifié, voilà le secret, le principe, le levier de toutes les pénitences extraordinaires qui se font dans l'Église de Dieu.

La Mère Élisabeth de Brugelles fut appelée à suivre cette voie. Et qu'en cela elle obéit à l'inspiration du Saint-Esprit, ce fut chose visible, car sa mortification portait tous les caractères de la vérité. Premièrement, au milieu de ses austérités elle était profondément humble, et, loin de s'enorgueillir, elle s'humiliait devant Dieu d'en faire si peu pour lui. Secondement, ces mortifications ne l'empêchaient pas de remplir tous les devoirs de sa charge et de son état, ni de suivre tous les exercices de la vie commune. Troisièmement, en se traitant elle-même avec une rigueur inouïe, elle était toute charité pour ses sœurs et la plus tendre des mères. Quatrièmement, elle ne tenta jamais de conduire ses sœurs par la voie qu'elle suivait. Leur institut ne prescrit pas ces mortifications extraordinaires, et les sœurs s'engagent selon leur institut. Leur imposer un tel surcroît, c'eût été une aggravation intolérable : elle serait allée contre la prudence, la justice, la charité. Ainsi, en réservant les rigueurs pour elle-même et en n'exigeant de ses filles que ce qui est prescrit par leur institut, elle montrait qu'elle était conduite par l'esprit de Dieu.

Pressée par l'amour de Jésus-Christ crucifié, Élisabeth de Brugelles, à l'exemple de tous les saints, voulut imprimer en elle la ressemblance de son divin Sauveur. Nous allons voir combien elle fut magnanime à crucifier son propre corps. Tous les faits qu'on va lire sont attestés par ses filles et ses compagnes, parmi lesquelles il en est une, Élisabeth Salières, qui a vécu près d'un demi-siècle avec elle.

Dès qu'elle eut engagé sa foi à Jésus-Christ dans la vie religieuse, à l'âge de dix-neuf ans, Élisabeth de Brugelles, pour plaire à son Dieu et à son Époux crucifié, entra dans cette carrière d'austérités et de pénitences où elle devait marcher avec un invincible courage jusqu'à l'âge de quatre-vingt-sept ans. Il est beau de la voir au champ de bataille, triomphant de son corps, le réduisant en servitude, lui imprimant les glorieux stigmates de la croix, l'immolant en holocauste sur l'autel de la charité.

Tout en gardant la propreté, qui est un reflet extérieur de la beauté de l'âme et une source d'édification, cette humble et courageuse vierge choisit, toute sa vie, pour ses vêtements, ce qu'elle pouvait trouver de plus pauvre et de plus grossier. Elle couchait, tout l'été, sur la paille; et si l'hiver elle souffrait qu'on mît un matelas à son lit, c'était plutôt pour faire plaisir à ses filles que pour s'accorder quelque douceur. Elle ne voulait que des draps de grosse toile grise. Tout le linge à son usage était des plus grossiers. Quant à ses vêtements, il fallait les plus vives instances pour lui en faire accepter de neufs, et encore fallait-il les lui faire à son insu. Elle disait sans cesse : « C'est assez bon pour moi, » tandis que pour ses sœurs elle était grande et généreuse. Elle ne voulait pas de chambre particulière. Depuis longtemps, malgré son grand âge, elle couchait au dortoir des sœurs, et, peu de temps avant sa mort, il fallut les plus pressantes sollicitations pour la décider à quitter le dortoir, qui est très froid, et à lui faire accepter d'aller dans une chambre. Bien qu'elle fût très sensible au froid, elle ne voulait jamais se chauffer. Un jour, comme le froid était très rigoureux et qu'elle n'avait pas dormi les nuits précédentes, on lui chauffa le lit avant qu'elle allât se coucher. S'en étant aperçue, elle dit : « **Lorsqu'**on chauffera le lit à tous nos pauvres, je m'accorderai cette faveur; mais je ne veux et ne dois pas être mieux traitée qu'eux. » Sa plus grande peine était qu'on fît attention à elle, et elle ne pouvait supporter qu'on eût pour elle la plus petite prévenance.

Au début de sa dernière maladie, la sœur de la cuisine lui portait un bouillon. Après l'avoir pris, elle lui dit : « Ma sœur, ce bouillon est très bon pour moi; mais, je vous conjure, n'en donnez jamais de semblable aux malades. » Pendant cette dernière maladie, elle ne s'est jamais départie de cet esprit de mortification et de charité qui l'a toujours caractérisée. Lorsqu'on lui portait quelques petites douceurs, il fallait qu'on lui dît, pour l'engager à en prendre un peu, qu'on les avait préparées pour les malades. Un jour qu'on lui faisait prendre quelques gouttes de bon vin : « C'est assez pour moi, dit-elle; qu'on le donne aux malades. »

Tout ce qui était à son usage portait un cachet de pauvreté parfait et faisait l'admiration de tout le monde. Elle honorait ainsi la pauvreté et le dénuement de Jésus-Christ, commençant sa carrière dans la crèche et la terminant sur la croix.

La constance à pratiquer toute sa vie ce que nous venons de dire suffirait pour faire d'elle un modèle de mortification chrétienne. Cette fidélité magnanime jusqu'au dernier terme d'une si longue carrière serait déjà quelque chose d'héroïque. Mais, pour sa soif de ressemblance avec son divin Époux crucifié, c'était peu : elle se sentait pressée de lui donner d'autres témoignages de son amour. Elle s'imposa donc, durant sa vie entière, un véritable jeûne. Elle ne prenait rien jusqu'à midi ; et, dans ce repas, elle pratiquait la mortification, choisissant les aliments les plus communs. La même mortification assaisonnait sa collation du soir. Nous avons rapporté cette parole sublime qui lui échappa un jour dans un élan de charité pour les pauvres : « Pour moi, je suis forte ; il me suffit d'un peu de pain et d'eau ; ce sont les pauvres, les membres souffrants de Jésus-Christ qu'il faut soigner ! » Or, cette parole, il n'était pas rare qu'elle la mît en pratique. Elle était heureuse de se priver et de donner à ses chers pauvres. Pour eux, elle s'arrachait volontiers le morceau de pain de la bouche. Qui sait les jours que la noble fille du chevalier de Brugelles a passés avec un peu de pain et d'eau ? Car, dans les notes historiques rédigées par ses filles, nous trouvons ces paroles : « En temps ordinaire, c'est-à-dire en dehors du carême, elle avait mille industries pour se mortifier. Elle ne buvait presque jamais de vin, et elle ne consentait à en prendre un peu que lorsqu'elle avait quelques défaillances d'estomac ; souvent, elle ne mangeait que du pain. »

Mais ce qui ravit l'admiration et ce qui attendrit

en même temps, c'est l'héroïsme de cette vierge à se mortifier pendant le saint temps du carême. Jamais elle n'a fléchi ; jamais, jusqu'au dernier terme de sa carrière, elle n'a rien diminué de ses rigueurs : à soixante-dix ans, à quatre-vingts ans passés, elle était aussi courageuse qu'à trente et à quarante. Ici nous laisserons parler les témoins oculaires, c'est-à-dire ses filles et ses compagnes :

« Elle a toujours fait ses carêmes rigoureusement, ne voulant jamais user pour elle des permissions accordées par l'Église. Elle ne mangeait, pendant ce temps de pénitence, que des légumes cuits à l'eau, et, pour ses collations, un peu de pain trempé dans l'eau. Plusieurs sœurs la supplièrent de leur permettre de faire le carême avec elle, et cela pour lui préparer les légumes convenablement ; mais elle n'a jamais voulu consentir à ce qu'on les lui préparât avec de la graisse. »

Rappelons-nous ici les prodiges de mortification et de charité de la Mère Élisabeth de Brugelles en 1814 et en 1815, quand, après la bataille de Toulouse et pendant l'invasion des alliés, l'hôpital de Castelnaudary était sans cesse encombré de soldats blessés ou malades qui se succédaient dans ses salles. On la vit alors déployer un courage surhumain. Elle montra ce que la charité de Jésus-Christ peut opérer de grand et d'héroïque dans une vierge chrétienne. Elle était sans cesse au chevet de ces infortunés, dominant toutes les fatigues, ne diminuant rien de la rigueur de son jeûne habituel, souvent ne pouvant manger un morceau qu'à la volée, faute de loisir. Elle prodiguait les soins les plus dévoués aux corps, afin d'assurer par là le salut éternel des âmes. Il lui arriva une fois, ainsi que l'atteste une de ses compagnes, de passer près de trois semaines au milieu des soldats blessés, leur prodiguant ses soins nuit et jour, sans prendre le moindre repos.

En 1835, l'année du grand choléra, ce sont les mêmes prodiges de mortification et de charité. Le fléau décimait les habitants de Castelnaudary. Élisabeth de Brugelles était partout, assistant les cholériques, relevant leur courage, ranimant leur foi, les préparant à bien mourir. Et, tant que dura le fléau, la magnanime vierge, sans nul souci d'elle-même, se dévoua sans mesure au soin des victimes.

En dehors de ces époques solennelles de sa vie, où l'immolation d'elle-même tenait du prodige, quel art de se mortifier! et quel enchaînement continu de mortifications! Elle était toujours à jeun quand elle faisait la visite des malades. Elle était à jeun quand elle faisait les pansements. Avec une sainte industrie, elle revendiquait les pansements les plus pénibles, souhaitant n'avoir que Dieu et ses anges pour témoins. Nous avons vu avec quelle maternelle charité elle remplaça une de ses sœurs dans cet office. Le lecteur se rappelle avec quelle délicatesse infinie, dans quel secret absolu et avec quelle tendre charité elle prodigua pendant près de six ans ses soins à l'angélique Magdeleine de Séguin, qui avait un cancer à la poitrine.

En vraie fille de Marie-Scholastique de Marchangy, fondatrice de l'institut, elle était sereine et invincible devant les plaies les plus répugnantes pour la nature, parce qu'elle était toute pleine de la pensée de Jésus-Christ. Tout ce qu'il y avait dans les plaies, dans les ulcères, d'affreux à la vue, n'était pour elle qu'un voile sacré sous lequel elle voyait l'Homme-Dieu.

Sa longue carrière fut semée d'actes héroïques; mais elle prenait un soin extrême de les dérober à la vue, n'ambitionnant que le regard de Dieu. Parfois néanmoins Dieu permettait qu'elle ne pût les cacher. En voici un exemple mémorable. Ce sont ses filles elles-mêmes qui nous en ont transmis le récit :

« Nous avions dans une chambre particulière un pauvre homme atteint d'un cancer qui lui avait dévoré presque toute la face ; sa mâchoire étant toute décharnée, on ne pouvait l'alimenter que par le gosier. Notre digne Mère allait le panser chaque matin à l'insu de tout le monde et le visitait plusieurs fois dans la journée. Comme elle jeûnait toute l'année, un jour l'odeur fétide de ce cancer lui donna des maux d'estomac affreux. Une de nos sœurs qui l'avait vue sortir de la chambre de cet homme lui dit qu'elle avait tort, ne prenant rien le matin, de s'exposer ainsi. Peinée de ce qu'on s'en était aperçu, elle répondit à la sœur : « Gardez le silence. »

Élisabeth de Brugelles, on le voit, a conquis une place parmi les vierges les plus mortifiées de ce siècle. Un tel héroïsme de mortification et de charité est l'honneur de l'humanité, de l'état religieux et de l'Église catholique. Il faut ne pas porter un cœur humain dans la poitrine, il faut ne pas croire, n'être pas enfant de l'Église, pour n'être pas ravi d'admiration et saisi d'attendrissement en présence de cette noble et héroïque vierge. Heureuse et mille fois heureuse la cité de Castelnaudary, qui a la gloire de la présenter au monde! Le martyre du sang lui a manqué, il est vrai, mais les palmes du martyre de la mortification et de la charité resplendiront éternellement entre ses mains. Et que ces palmes seront belles! car elle a combattu jusqu'à l'âge de quatre-vingt-sept ans. Non, non, magnanime vierge, ce que la grâce de Jésus-Christ a fait en vous de grand ne sera pas enseveli dans un indigne silence! Jésus-Christ, de siècle en siècle, vous montrera aux fidèles comme une de ses plus saintes épouses et comme une des plus illustres servantes de ses pauvres. De siècle en siècle, ces pages, où vous êtes vivante, feront battre les cœurs chrétiens et couler de nobles larmes! Vous entraînerez à votre suite, pour les enchaîner à Jésus-Christ, des âmes à qui vous aurez montré le néant du monde et révélé ce qu'il y a de divin dans la charité chrétienne. Votre gloire accidentelle grandira d'âge en âge par les conquêtes de votre apostolat. C'est ainsi que Dieu honore ceux qu'il veut honorer. Il rend leur nom immortel, leur tombe glorieuse, leur souvenir précieux, leurs actions fécondes, leurs exemples entraînants, leur image souverainement chère! Il se plaît à faire briller sur la terre quelques-uns des rayons de la gloire dont il les couronne dans le ciel.

CHAPITRE XXII

Vie intérieure de la Mère Élisabeth de Brugelles. — Ses sentiments pour Notre-Seigneur; son culte pour sa parole et son Évangile. — Son amour pour l'Eucharistie. — Sa dévotion à la très sainte Vierge et à saint Joseph. — Son zèle pour la délivrance des âmes du purgatoire. — Son recours aux saints anges. — Sa dévotion au sacré Cœur de Jésus. — Amour de son saint état; régularité exemplaire; ses recommandations à ses filles.

Le tableau de la vie intérieure de notre sainte héroïne que nous allons mettre sous les yeux du lecteur a été tracé par ses filles. Il est fidèle, et, s'il respire la piété filiale, il est en même temps l'expression de la vérité.

« Nous pouvons dire que notre vénérée Mère ne voulait d'autre flambeau dans ses lectures que les lumières de la grâce, ni d'autre guide que sa foi.

« Les hommes sont bien insensés, disait-elle en tenant son Nouveau Testament, de consulter tant de livres. Qu'ils soient fidèles à pratiquer les instructions de notre divin Maître, ils deviendront bientôt de savants disciples. Il faut l'écouter avec les dispositions des premiers chrétiens qu'il nourrissait lui-même de cette parole de vie, on ne sentira ni indifférence ni dégoût pour cet aliment délicieux: »

Elle ajoutait :

« Oui, divin Jésus, je vous proteste que je révère votre parole autant que votre chair adorable. Je vous aimerai toujours caché dans ce volume sacré autant que si j'avais le bonheur de jouir de votre présence dans le ciel. »

Impossible de rendre l'accent avec lequel cette sainte Mère prononçait ces paroles. « Il m'est arrivé souvent, dit la sœur qui a été la secrétaire de ses compagnes, d'entrer dans son cabinet lorsqu'elle lisait le Nouveau Testament : ou elle me faisait signe de ne point l'interrompre, ou bien elle me faisait les réflexions que je rapporte ici. Ces réflexions, je les ai notées avec soin, d'abord parce qu'elles étaient dites par une sainte, et ensuite pour ma conduite personnelle. »

L'amour qu'elle avait pour Notre-Seigneur faisait qu'elle ne le perdait jamais de vue, marchant toujours en sa présence, et se conformant à lui en toutes ses actions, paroles et pensées. Elle ne parlait presque jamais qu'elle ne citât en même temps quelque maxime ou quelque action de Notre-Seigneur, tant elle était remplie de son esprit et nourrie de sa doctrine.

Dans les conseils qu'elle donnait, elle recommandait particulièrement, lorsqu'on avait à parler ou à agir, de faire réflexion sur soi-même et de se dire : « Comment Notre-Seigneur aurait-il parlé ou agi dans cette occasion ? de quelle façon dirait-il ou ferait-il cela ? O Seigneur, inspirez-moi ce que je dois faire ou ce que je dois dire, parce que de moi-même je ne puis rien sans vous. » Cette vénérée Mère était fortement persuadée que le caractère de notre perfection et de notre prédestination consiste dans notre conformité avec Notre-Seigneur.

Elle avait un amour ardent pour la divine Eucharistie ; pendant son action de grâces, qui durait souvent trois quarts d'heure, on aurait dit un séraphin. Un jour, il lui échappa de nous dire : « Lorsque je reçois la sainte hostie, je dis à Notre-Seigneur : « Bénissez ma langue ; faites qu'elle ne mente jamais, qu'elle ne parle jamais mal de personne, et qu'elle vous bénisse éternellement. »

Pendant son action de grâces, elle faisait cette prière : « Oui, Seigneur, vous êtes le Dieu de mon cœur, car vous venez d'en prendre possession, et vous faites reposer votre cœur sur le mien. Soyez-le en tout et pour toujours ; soyez le seul Dieu de mon âme, pour être mon partage dans l'éternité ; unissez les sentiments de mon cœur aux inclinations du vôtre ; rendez-le humble, doux, patient, charitable comme vous l'êtes, et ne permettez pas que l'union que j'ai l'honneur de contracter avec vous soit stérile comme celle d'une branche sèche avec le cep de la vigne, ou languissante comme celle d'un bras frappé de paralysie avec le corps ; mais faites que ce soit une union vivifiante et perpétuelle, comme celle de l'aliment que prend un corps qui s'en nourrit. »

Quant à son oraison, on pouvait dire qu'elle était continuelle. Cette sainte Mère a passé une grande partie de sa vie au pied des saints tabernacles. Là étaient son centre et le renouvellement de ses forces. Elle traitait, elle conversait avec Celui qui était son Dieu, son Époux et son tout. Elle disait avec une profonde vérité cette parole échappée à saint François d'Assise et qui est le cri d'amour de tous les saints : « Mon Dieu et mon tout! » L'union intime à laquelle elle s'est élevée n'est connue que de Dieu seul. Mais on peut en conjecturer quelque chose par cette attitude de séraphin qu'elle avait quand elle était au pied des saints autels et en particulier quand elle venait de recevoir son Dieu.

Elle avait vu, à une haute lumière, l'excellence de l'oraison. Voilà pourquoi, non contente de pratiquer ce saint exercice, elle ne cessa d'y convier ses filles. Elle les encourageait à y persévérer malgré les luttes, les sécheresses, les distractions. Un jour, une sœur lui faisait part des distractions qu'elle avait pendant ce saint exercice. « Hélas! répondit cette sainte Mère, je ne suis donc pas la seule? Faites comme moi : lorsque je suis trop harcelée, je dis ceci : « Mon Dieu, pensez en moi, priez en moi et aimez en moi. »

Sa dévotion envers la sainte Vierge était très grande, elle voulait que toutes les fêtes en son honneur fussent célébrées avec pompe. Elle ne cessait de recommander qu'on la fît aimer et honorer, surtout par les jeunes filles.

Elle honorait aussi d'un culte particulier le glorieux saint Joseph, en qui elle avait une grande confiance; et elle conseillait de recourir souvent à lui. Chaque jour, en communauté, elle récitait les litanies composées en son honneur.

Elle avait un recours habituel aux saints anges, afin de s'assurer de leur protection. Et elle demandait en même temps à Dieu, avec une foi très vive, d'écarter de sa maison les embûches des esprits pervers. Dans ce but, elle avait composé cette prière, qu'elle faisait dire matin et soir par les pauvres :

« Nous vous supplions, Seigneur, d'éloigner de votre maison les fléaux de l'esprit de malice et d'écarter de nous la malignité des tempêtes répandues dans l'air. Nous vous en conjurons par Notre-Seigneur Jésus-Christ, qui vit et règne dans la suite de tous les siècles des siècles. Ainsi soit-il. »

Sa dévotion envers le Sacré-Cœur de Jésus était très grande. Chaque matin elle disait cette formule, que Notre-Seigneur lui-même enseigna à sainte Mechtilde :

« Très aimable Jésus, c'est à vous que j'adresse le premier soupir aujourd'hui sorti de mon cœur : daignez accepter toutes mes actions, afin que, perfectionnées et purifiées dans votre très doux Cœur, elles soient unies à vos mérites et offertes en louanges éternelles à votre divin Père. »

Cette vénérée Mère achetait à ses frais chaque année une certaine quantité de Mois du Sacré-Cœur, qu'elle propageait autant que possible. Faire aimer ce divin Cœur était pour elle une source de bonheur. Pendant la dernière guerre, elle a fait distribuer grand nombre de scapulaires du sacré Cœur. Et, chose digne de remarque! tous les militaires à qui elle en a donné sont revenus sains et saufs, quoique tous soient allés sur le théâtre de la guerre.

Elle avait aussi une grande dévotion pour les âmes du purgatoire, priait continuellement pour elles et faisait dire grand nombre de messes à leur intention.

Toutes les actions de notre Mère portaient le cachet d'une religieuse parfaite. Son amour pour notre saint état était si grand, qu'elle ne cessait de nous recommander la pratique constante de nos saintes règles, et son plus grand soin était de nous en donner l'exemple : la première à tous les exercices, sans jamais y manquer ; son bonheur était d'arriver le matin la première à la chapelle ; malgré son grand âge et cinq semaines encore avant sa mort, elle était rendue la première au pied des saints tabernacles. Elle se levait tous les jours à quatre heures et demie, afin d'avoir quelques instants pour se recueillir devant le saint Sacrement avant de commencer les prières.

Quoique très malade déjà, elle assistait néanmoins à tous les exercices de la communauté. Elle voulut aussi assister à la messe de minuit, disant que c'était la dernière fois ; le lendemain, fête de saint Étienne, malgré ses grandes souffrances et nos plus vives instances, elle voulut encore entendre la sainte messe et, dans la soirée, recevoir la bénédiction. Ce dernier acte accompli, elle se coucha pour ne plus se relever.

Lorsque nous lui offrîmes nos derniers vœux de bonne année, elle nous remercia en nous disant : « chères sœurs, mes vœux les plus ardents pour vous sont l'amour des souffrances, la pratique constante de nos saintes règles. Soyez très sévères sur ce point ; ne nous abusons pas : ce sera sur nos saintes constitutions que nous serons jugées ; observez le silence rigoureusement. Pratiquez la charité en tout ; aimez-vous les unes les autres ; soyez indulgentes pour les torts qu'on pourrait avoir eus envers vous; prévenez-vous les unes les autres par des témoignages d'affection. »

On aurait dit entendre l'apôtre saint Jean recommandant sans cesse la pratique de la charité; la grande âme de notre vénérée Mère avait compris combien cette vertu est agréable à Notre-Seigneur.

Elle ne cessait de recommander aussi d'apporter une grande pureté d'intention dans toutes nos actions, répétant sans cesse : « Tout ce que nous ne faisons pas pour Dieu est perdu pour le ciel. Les œuvres les plus éclatantes ne sont d'aucun prix à ses yeux si elles ne sont faites pour lui; au contraire, les plus communes sont grandes et méritoires si elles se rapportent directement à lui. Rappelons-nous ce qui est dit dans le saint Évangile : « qu'un verre d'eau froide donné en son nom sera récompensé au centuple. » Cette digne Mère pratiquait à la lettre ce qu'elle disait.

Enfin, elle nous avait donné toute sa vie l'exemple d'une charité héroïque envers les pauvres, fondée sur cette vérité : que servir les pauvres c'est servir Jésus-Christ lui-même. Elle n'avait cessé de nous inculquer cette doctrine. On peut dire qu'elle fut comme le testament de sa charité, car, quelques jours avant de mourir, elle dit à une de ses filles :

« Ma sœur, je vais mourir; n'oubliez jamais la recommandation que je vous fais en ce moment : soignez bien les pauvres malades, soyez douce et complaisante pour eux, veillez à ce que rien ne leur manque, ne vous reposez jamais sur les infirmiers pour les soins à leur donner, que votre vigilance envers eux soit continuelle; ayez soin de surnaturaliser tous vos actes pour ne voir en eux que les membres souffrants de Notre-Seigneur; en agissant ainsi, vos mérites s'accroîtront, et vous les gagnerez à Dieu. »

CHAPITRE XXIII

Coup d'œil général sur la vie d'Élisabeth de Brugelles : quatre privilèges et quatre faces ravissantes de cette vie.

Au point où nous sommes parvenu de ce travail historique, le tableau presque entier de notre sainte héroïne est déroulé sous les yeux du lecteur. Il ne nous reste plus à décrire que l'estime générale dont elle se vit constamment entourée et les derniers jours qu'elle passa sur cette terre.

C'est donc ici le moment d'envisager d'un coup d'œil général le tableau d'une si belle vie, et d'en considérer, au flambeau de la foi, quatre grands privilèges, quatre faces ravissantes.

Le premier grand privilège, la première face radieuse de la vie d'Élisabeth de Brugelles est sa consécration à Dieu dès ses plus tendres années ; car tout ce que le Saint-Esprit promet de grâces à ceux qui portent de bonne heure le joug du Seigneur devient alors son riche et glorieux apanage.

C'est une heure solennelle dans l'existence et qui aura un sublime contre-coup dans le monde futur, que celle où, ayant déjà connaissance de ses actes et de son éternelle destinée, l'âme chrétienne fait promesse à Dieu de lui être fidèle jusqu'au dernier soupir! Qu'il est beau de se tourner librement du côté de Dieu, de lui donner ses préférences, à cet âge où l'œil de la raison découvre, à la lumière de la foi, d'un côté, le magnifique tableau des bienfaits divins, de l'autre le tableau des joies mensongères du monde; à cet âge où, à la vue des amabilités de Dieu, l'âme, pure de la pureté de son baptême, frémit à la seule pensée de l'ingratitude et du malheur de l'offenser; où l'âme, respirant toute la fraîcheur de l'innocence et ne connaissant Dieu que par les candides et ingénues effusions de l'amour filial, lui dit: « Seigneur, qui m'avez tant aimé, je vous aimerai toujours! » D'une main jeune encore, c'est planter héroïquement son étendard sur le rivage de l'éternité bienheureuse. Un pareil serment est porté par les anges au ciel et écrit dans le livre de vie.

Non, jamais on ne comprendra ce que l'inébranlable dessein de servir Dieu, pris à ce bel âge de la vie, verse de félicité dans un cœur, jusqu'à quel point il transfigure l'existence et embellit l'avenir; ce qu'il fera lever de jours sereins, ce qu'il mesurera d'heures fortunées, ce qu'il préparera de suaves souvenirs, ce qu'il fera descendre du ciel de grâces, ce qu'il fera germer d'actes de vertus; ce qu'il assure de protections, d'appuis célestes; ce qu'il fera moissonner de palmes, ce qu'il détournera d'orages, ce qu'il épargnera d'amers calices, ce qu'il tirera des yeux de douces larmes, et ce qu'il écartera de lugubres tableaux; par quelles fêtes de la conscience tranquille il conduit à la fête des saints dans la patrie ; ce qu'il répandra de confiance filiale, ce qu'il allumera de désirs des biens éternels, ce qu'il imprimera d'élan vers Dieu à la dernière heure, et par quel avant-goût du paradis il fera passer du baiser du Seigneur dans l'exil, aux embrassements du ciel et aux splendeurs de la claire vision !

Embrassez maintenant d'un regard la vie d'Élisabeth de Brugelles, et voyez si elle ne vérifie pas d'une manière éclatante cette parole du Saint-Esprit : « C'est une source de biens ineffables pour l'homme de porter le joug du Seigneur dès ses premières années. »

La fidélité à Dieu est la mesure de ses grâces ; plus on lui est fidèle, plus il les prodigue.

Plus on l'aime, plus il aime ; et aimer, pour Dieu, c'est nous vouloir du bien ; et vouloir, en Dieu, c'est faire.

Sur ce double principe, quelles grâces n'a pas attirées à Élisabeth de Brugelles une fidélité si constante jusqu'à l'âge de quatre-vingt-sept ans !

Quels accroissements d'amour, quels regards de Dieu n'a pas attirés à cette vierge un amour qui ne s'est jamais éteint depuis que le Saint-Esprit l'a allumé au baptême et qui n'a cessé de croître par des actes quotidiens, pendant une si longue série d'années ! C'est là un insondable mystère de gloire qui ne sera révélé que dans le monde futur.

Le moindre degré de la grâce sanctifiante, de la charité divine dans une âme est un trésor incomparablement plus précieux que toutes les couronnes du monde, que toutes les qualités naturelles qui ont resplendi ou resplendiront dans toutes les créatures intelligentes, collectivement prises, hommes et anges. C'est l'enseignement de l'Église catholique. Quelle dignité doit donc constituer à Élisabeth de Brugelles cette charité de Dieu répandue dans son âme, qui s'est perpétuellement dilatée et a pris des proportions toujours plus grandes pendant une si longue carrière? C'est une dignité devant laquelle toute dignité purement humaine s'efface. Cette charité de Dieu en l'âme est, comme s'exprime le prince des apôtres, une réelle communication de la nature divine. C'est le titre d'enfant de Dieu avec tous ses droits à la possession éternelle de Dieu ; c'est une déification commencée. Au ciel seulement, elle se révélera telle qu'elle est. « Nous savons, dit saint Jean, que lorsque Dieu nous apparaîtra, nous lui serons semblables, parce que nous le verrons tel qu'il est : *Scimus quoniam cum apparuerit similes ei erimus, quoniam videbimus eum sicuti est.* »

O Elisabeth, combien nous vous félicitons d'avoir, de si bonne heure, choisi Dieu pour votre partage!

Mais le soleil de la grâce ne s'est levé chaque jour, pendant tant d'années, dans l'âme de cette vierge, que pour y faire germer des moissons de mérites pour le ciel. Et c'est cette immensité de mérites qui constitue le second privilège de sa belle vie.

C'est une vérité de foi, définie par le saint concile de Trente, « que tout acte chrétien accompli dans la grâce de Jésus-Christ, toutes les bonnes œuvres faites dans la grâce de Jésus-Christ sont méritoires de la vie éternelle. » Donc, autant d'actes accomplis dans cette grâce, autant de fois la vie éternelle méritée! La racine de ce mérite surnaturel et surhumain est le concours que Jésus-Christ donne au chrétien dans l'acte qu'il accomplit avec sa grâce. C'est ce concours d'un Dieu qui imprime à cet acte une dignité infinie, qui le rend, par conséquent, méritoire d'une récompense infinie, laquelle n'est autre que la possession éternelle de Dieu. Les actes les plus petits dans leur élément humain, dès qu'ils sont accomplis dans cette grâce et élévés par ce divin concours, sont méritoires de la vie éternelle. Ainsi, le verre d'eau froide donné pour l'amour de Jésus-Christ au plus petit des siens aura sa récompense éternelle dans le ciel.

Cet enseignement de l'Église bien compris, vous pouvez vous former une idée des mérites d'Élisabeth de Brugelles. Suivez le cours de cette vie, où les années, les journées, les heures sont consacrées à des œuvres de miséricorde ou à d'autres actes de la vie chrétienne. Interrogez d'abord les actes extérieurs accomplis par cette vierge dans la grâce de Jésus-Christ; additionnez ces actes jusqu'à la dernière heure de son pèlerinage sur cette terre, la quantité que vous obtenez vous donne une première idée des mérites de cette vierge devant Dieu!

Mais, après les actes extérieurs qu'il vous est donné de saisir, vous avez un autre calcul à faire, celui des actes intérieurs, qui n'ont que Dieu pour témoin. Or, ces actes sont incomparablement plus nombreux que les premiers, dans la vie de la servante de Dieu. Parmi ces actes intérieurs, ceux qui tiennent le premier rang sont les actes d'amour de Dieu; et c'est cet amour qui donne le prix à tous les autres actes. Plus l'âme s'unit à Dieu par l'amour, plus elle multiplie les actes divins de cette vertu. Plus les actes se multiplient, plus ils accroissent l'amour qui les produit, et plus le foyer de l'amour d'où émanent les actes se dilate et s'embrase, plus les actes sont ardents et ont de mérite. Or, dans la vie intérieure d'Élisabeth de Brugelles, l'exercice dominant a été celui de l'amour de Dieu. Ce grand cœur, dans ce monde, n'a battu que pour Dieu, et pour le prochain en vue de Dieu.

Qui pourra donc comprendre les actes d'amour de Dieu de cette vierge ? Que d'actes d'amour dans tant de communions ! que d'actes d'amour dans ses oraisons ! que d'actes d'amour dans tant d'heures passées au pied des saints tabernacles ! que d'actes d'amour dans les visites extraordinaires de la grâce à certains jours solennels de sa vie ! Alors, quel redoublement de ferveur et quelle nouvelle intensité dans ses actes ! C'est mille et mille fois qu'elle se donnait tout entière, se consacrait de nouveau, s'enchaînait à jamais à Jésus-Christ, qu'elle lui offrait, avec tout l'amour de son cœur, tout l'amour du ciel et de la terre. Et comme, dans cette âme souverainement fidèle et détachée de tout le créé, Jésus-Christ ne trouvait aucun obstacle aux effusions de ses grâces, avec quelle munificence prodigue il devait la traiter ! Car la pente de Jésus-Christ est de se communiquer aux âmes bien disposées. Quelles durent donc être ses communications à l'âme de sa fidèle servante ! En pénétrant par la foi dans ce sanctuaire intime, dans ce *sancta sanctorum*, nous verrons l'adorable Maître laissant déborder de son cœur des torrents de grâces dans l'âme de cette vierge, et cette vierge, à son tour, faisant monter vers le cœur de son Dieu des ardeurs qui provoquaient des grâces nouvelles. Il ne se lassait point de donner, et elle ne se lassait point de lui rendre en ardeurs d'amour tout ce qu'elle recevait.

Joignez maintenant tous ces actes intérieurs aux actes extérieurs de la vie d'Élisabeth de Brugelles ; la nouvelle quantité que vous obtiendrez achèvera de vous donner une idée des mérites de cette vierge devant Dieu. Ces actes, étant en quelque sorte innombrables, forment comme une immensité de mérites pour le ciel.

Les jours de cette vie sont éminemment pleins, selon la belle expression de l'Écriture. A cette vue, on ne peut s'empêcher de se rappeler ces paroles du saint patriarche Isaac bénissant son fils Jacob : « Voilà que l'odeur de mon fils est comme l'odeur d'un champ fertile et plein que le Seigneur a béni : *Ecce odor filii mei sicut agri pleni cui benedixit Dominus.* » Dans cette vie d'Élisabeth de Brugelles, tout est plein. Les épis des bonnes œuvres, des actes d'amour de Dieu, sont serrés, se pressent partout dans ce champ béni du Seigneur. Cette vierge a été, toute sa vie, la bonne odeur de Jésus-Christ. Elle a ce privilège ineffablement et éternellement digne d'envie : c'est qu'elle a toujours édifié ! Dans une si longue vie, jamais un acte, jamais une parole qui ait causé le moindre dommage spirituel aux âmes ; elle les a toujours édifiées en Notre-Seigneur ; elle a toujours été la bonne odeur de Jésus-Christ.

De là le troisième privilège de la vie de cette vierge :

la tranquillité de la conscience à la fin de sa carrière, la paix et la joie de l'âme, la mort des saints, souverainement précieuse devant Dieu.

A la fin de sa carrière, Élisabeth de Brugelles peut dire avec saint Paul : « J'ai combattu un bon combat, j'ai consommé ma course, j'ai gardé la foi ; pour prix de ma fidélité, j'attends la couronne de justice que le Seigneur me rendra en ce jour où, en juste juge, il jugera le monde. »

Cette paix profonde, cette attente de la couronne de justice que le Seigneur tient déjà dans sa main sont quelque chose d'ineffable ; c'est un avant-goût de la félicité du ciel.

Dieu permet parfois, il est vrai, que les plus saintes âmes, aux derniers jours de leur vie, éprouvent des peines intérieures, des craintes ; et, comme nous le verrons, il ne voulut point épargner ces peines à la Mère Élisabeth de Brugelles. Son dessein est d'achever de purifier ces âmes et d'accroître leurs mérites par un abandon filial entre ses paternelles mains. Mais son amour dissipe bientôt ces nuages, et il fait lever dans l'âme une sérénité qui est l'aurore du jour éternel. Non, après ce que nous sommes destinés à voir dans la patrie, il n'est pas de tableau plus ravissant que celui qu'il nous est alors donné de contempler.

Qu'elle est belle la dernière heure de la vierge chrétienne qui, à la fleur de l'âge, s'est consacrée à Jésus-Christ et qui, fidèle à ses serments, a consumé sa vie à l'aimer et à le faire aimer ! A cette heure suprême qui s'illumine des premières teintes de l'éternité, elle jette un regard sur sa vie ; et elle lui apparaît comme un champ fertile où son œil ne découvre que des fleurs, des fruits, de riches moissons. C'est une chaîne d'or continue de grâces du ciel, de bonnes œuvres, d'actes d'amour de Dieu. Avant de prendre son essor vers la patrie, elle interroge une dernière fois tous les battements de son cœur, et elle voit qu'il n'a battu que pour Dieu, pour Jésus-Christ, son céleste Époux, pour l'Église, pour les âmes. C'est un radieux faisceau des plus purs, des plus suaves, des plus attendrissants souvenirs : c'est Dieu, c'est toujours Dieu, Dieu toujours aimant et toujours aimé ! A cette vue, à l'aspect de ce tableau, un ineffable sourire de joie et de confiance vient se peindre sur les lèvres de cette heureuse vierge. Elle lève les yeux au ciel : elle voit que Dieu lui tend les bras, elle s'y élance et va se perdre dans les embrassements éternels de son amour.

Le quatrième privilège de la vie de notre sainte héroïne nous apparaît : son élévation dans le ciel.

La gloire correspond au mérite : c'est une couronne de justice que le juste Juge pose sur la tête de ses fidèles serviteurs. Nous venons de voir que les mérites d'Élisabeth de Brugelles se dérobent par leur nombre à tous nos calculs, et que des *jours pleins* forment le tissu de sa belle vie. Sa gloire sera donc au-dessus de nos faibles appréciations.

Dieu récompense en Dieu. Quand il a donné la mesure de gloire exigée par sa justice, il y ajoute un surcroît : c'est le don de sa pure munificence. Voilà pourquoi le divin Maître, dans l'Évangile, appelle « la mesure réservée à nos mérites une mesure bonne, pressée, entassée et débordant de toutes parts : *mensuram bonam, et confertam, et coagitatam, et supereffluentem dabunt in sinum vestrum.* » (Luc, VI, 38.)

Cette mesure de gloire et de félicité qui déborde de toutes parts est souverainement digne de Dieu. Il aime en Dieu, c'est-à-dire avec un amour infini, et il le fait paraître en élevant la récompense des siens bien au-dessus de leurs mérites. Ce sera là l'éternel triomphe de son amour.

Ce surcroît de récompense au delà de la justice, accordé à toute la société céleste, sera le moyen suprême par lequel Dieu mettra le comble au bonheur des siens. Le ciel sera plus ciel pour chacun de ses habitants quand il se verra éternellement récompensé au delà de ses mérites. En vertu de ce surcroît, il y aura dans tous les membres de la société céleste un degré de déification plus élevé que celui que leur aurait conféré la couronne de justice. Par ce degré, don de la pure munificence de Dieu, et pur témoignage de son amour infini, tous les habitants du ciel, anges et hommes, seront plus étroitement unis à Dieu qu'ils ne l'auraient été par la seule récompense de la justice. Plus rapprochés de Dieu, plus unis à Dieu, ils verront plus clairement l'essence divine ; ils seront embrasés d'un plus grand amour, ils aimeront Dieu avec des ardeurs plus grandes, ils auront un transport de reconnaissance plus élevé ; ils adoreront Dieu, ils le loueront, ils le béniront, ils l'exalteront avec plus de force et d'amour. Succombant, en quelque sorte, sous le poids de la munificence de leur Dieu et sous les effusions de son amour infini, ils trouveront éternellement les éternités trop courtes pour témoigner à leur magnifique Rémunérateur et à leur Dieu tout ce qu'ils ressentent de reconnaissance et d'amour! Ce sera là un des plus admirables caractères de la société céleste. Et comme chacun des membres de cette société verra ce caractère dans tous les autres, et que tous ensemble se verront comblés et surcomblés des bienfaits de leur Dieu, inondés et enivrés d'une félicité divine qui dépasse leurs mérites, il y aura en eux, pendant toute l'éternité, une inénarrable émulation pour exalter tous ensemble, pour bénir, pour aimer Celui qui les traite avec un si paternel amour et une si divine munificence! Et, s'ils sentent qu'ils ne peuvent égaler leur reconnaissance à ses bienfaits, et leur amour à son amour, ils se consolent de cette impuissance par la vue et la certitude qu'ils ont l'éternité devant eux, et que possédant toute l'éternité ils l'aimeront, du moins, de toute la mesure de l'amour qu'ils possèdent.

Dans ce surcroît au delà de ce qui est dû par justice, Dieu se montre d'autant plus magnifique, que l'âme s'est montrée plus généreuse envers lui dans cette vie; il mesure aussi le comble de son élévation sur la profondeur de son humilité, car il se plaît à exalter les humbles. C'est ce que le divin Maître nous indique encore par ces paroles : « La mesure dont vous vous serez servis envers Dieu est celle dont il se servira envers vous : *Eadem quippe mensura, qua mensi fueritis, remetietur vobis.* »

Or, Élisabeth de Brugelles a été une des âmes les plus généreuses de ce siècle envers Dieu, et une des âmes les plus profondément humbles. Quel sera donc, pour elle, ce surcroît qui fait déborder de toutes parts la mesure !

O Élisabeth de Brugelles, ô vierge privilégiée, depuis que nous avons conçu le dessein d'écrire les actes de votre vie, nous n'avons cessé de considérer cette hauteur de gloire où Dieu vous élève dans le ciel, et c'est ce qui nous a soutenu dans ce travail. La seule pensée que votre âme, mise en contact avec l'âme des lecteurs, les embraserait du désir du ciel, nous élevait au-dessus de notre faiblesse. Dans le chœur des vierges, quelle place vous occupez ! que la couronne posée sur votre tête est resplendissante ! Après y avoir mis tous les diamants de sa justice, Dieu, par surcroît, y a semé à pleines mains les diamants de sa munificence. Dans ces excès de gloire, ne nous oubliez pas, intercédez pour nous. De ces hauteurs de la lumière incréée, de ce séjour de la félicité éternelle, par votre puissant crédit, faites descendre un rayon divin qui pénètre toutes les profondeurs de nos âmes, qui en bannisse toutes les ténèbres et qui nous fasse comprendre que la conquête du ciel est le souverain comble de la grandeur, que cette conquête est incomparablement supérieure à celle de tous les royaumes de la terre, dût-on en garder le sceptre jusqu'au dernier jour du monde ! Que ce rayon de vérité divine nous dise au plus intime du cœur que la perte du ciel est pour nous le désastre à son comble, désastre incomparablement plus grand que celui de toutes les batailles perdues, de toutes les couronnes enlevées, puisqu'il nous fait perdre, non ces biens d'un jour, mais Dieu, le ciel, notre âme, l'éternité! O Élisabeth, par la puissance de votre crédit, rendez la foi catholique victorieuse en nous! Faites que nous nous souvenions de notre divine noblesse! Enfants de Dieu, ses héritiers, cohéritiers de Jésus-Christ, nous avons le ciel, notre éternelle patrie, à conquérir. Obtenez, par vos prières, que nous ne cessions de combattre vaillamment, jusqu'à ce que nous fassions, enfin, retentir ce cri de victoire : « Tout est conquis, Dieu, le ciel, notre âme, l'éternité! »

CHAPITRE XXIV

Estime générale et vénération que l'on avait pour la Mère Élisabeth de Brugelles. — Les évêques de Carcassonne, et en particulier Mgr de Bonnechose, aujourd'hui cardinal et archevêque de Rouen. — Les vicaires généraux, le clergé du diocèse. — Les curés et les prêtres de Castelnaudary; les autorités civiles, les ministres, préfets, sous-préfets; les maires et les magistrats de Castelnaudary; tous les administrateurs de l'hospice; les plus anciens habitants de la ville.

Élisabeth de Brugelles a eu, en ce siècle, le privilège de se voir entourée d'estime dès les premières années de sa jeunesse, et de voir cette estime grandir jusqu'au dernier terme de sa carrière.

Un pareil privilège est rare, parce qu'il suppose une vie sans tache et un mérite toujours croissant.

Que ces deux grands titres à l'estime se trouvent dans cette vierge, notre récit l'a démontré. Sa vie est presque séculaire, et elle est sans tache. Notre héroïne se présente au tribunal de l'histoire sans peur et sans reproche. Dans cette vie en quelque sorte miraculeusement prolongée, pas une heure de défaillance, pas un acte qui ternisse l'éclat d'un si haut mérite, pas une ombre à ce pur et suave tableau. Tous ses contemporains, témoins de sa vie, se lèvent pour l'attester.

Mais, de plus, sa vie porte le caractère de la vie des justes, si magnifiquement tracé par l'Esprit-Saint : « Le sentier des justes est pareil à une lumière resplendissante qui jaillit et qui s'accroît sans cesse, jusqu'à ce qu'elle arrive au jour parfait : *Justorum autem semita, quasi lux splendens, procedit et crescit usque ad perfectam diem.* » (Prov., IV, 18.) Les qualités éminentes de cette vierge, son noble caractère, sa bonté inépuisable, ses œuvres, son héroïque amour des pauvres, sa sainteté, jettent un éclat toujours plus vif, jusqu'au dernier jour de sa belle vie.

Ainsi que nous l'avons raconté, Pie VII, à son passage à Castelnaudary en 1814, cédant sans doute à une inspiration d'en haut, voulut donner à Élisabeth de Brugelles une bénédiction spéciale. De son doigt, le Vicaire de Jésus-Christ imprima le signe de la croix sur le front de cette vierge et prononça ces paroles : « Bonne religieuse, bonne religieuse. »

Ces paroles de l'auguste Pontife étaient une prophétie : elles se sont réalisées dans tout le cours de la longue carrière d'Élisabeth de Brugelles. Elle a été un des types les plus accomplis de la vie religieuse au dix-neuvième siècle.

Aussi l'estime pour cette illustre servante de Dieu était générale, et si profonde, qu'elle se transformait en un culte de vénération.

Les causes de cette estime et de cette vénération étaient les dons de la nature et de la grâce que Dieu avait répandus avec profusion dans sa fidèle servante. Ces dons si éminents ont été mis en lumière dans le cours de notre récit.

Nous nous contenterons de dire ici que l'extérieur, chez cette vierge, était l'image de l'intérieur. Les nobles traits de sa figure, la majesté de sa taille, la dignité de sa personne, étaient les indices de ce qu'elle était devant le Seigneur.

Par une faveur de Dieu, Élisabeth de Brugelles a gardé jusqu'à la fin de sa vie toutes ses facultés intègres; la vieillesse ne lui a apporté que ses plus nobles tributs. Son esprit avait conservé toute sa vigueur; ses lettres respiraient une fraîcheur de style et de pensées qui charmait. Une de ses filles nous parle d'elle en ces termes :

« Notre vénérée Mère était douée d'un esprit vaste, d'une mémoire prodigieuse qu'elle a conservée jusqu'aux derniers moments de sa vie. Elle était profondément instruite dans l'Écriture sainte; l'histoire générale ne lui était pas moins connue. Les dates et les principaux faits lui étaient aussi présents que dans son jeune âge.

« Elle avait une éducation parfaite, une politesse exquise, parlait très peu, et chacune de ses paroles portait sentence. »

Il y avait en elle un rare mélange de noblesse et d'humilité. Fille de gentilhomme, elle en avait les manières. Sa taille majestueuse relevait encore la dignité de sa personne. Mais, à cette noblesse qui commandait le respect, elle joignait tant de bonté, tant d'humilité, qu'elle inspirait la confiance et gagnait les cœurs. Toutes les personnes qui ont eu le bonheur de traiter avec elle, lui ont voué un véritable culte de vénération filiale.

Tandis que Dieu, par un privilège bien rare, conservait dans toute leur lucidité les facultés de cette vierge, il ne cessait d'embellir le sanctuaire intérieur de son âme. Et cette lumière intérieure de la grâce se reflétait de plus en plus sur les traits de sa figure et sur toute sa personne.

Ce que saint Augustin dit de sainte Monique, sa mère, se vérifiait dans Élisabeth de Brugelles : « Nous révérions en elle votre servante, ô mon Dieu, et nous sentions votre présence en son âme. »

Plus elle avançait en âge, plus sa sainteté lui donnait d'empire sur les cœurs. Elle exerçait cette attraction que les saints exercent sur les âmes : ils les attirent à eux pour les attacher plus étroitement à Dieu.

Tous les évêques qui ont occupé le siège épiscopal de Carcassonne pendant que la Mère Élisabeth de Bru gelles était à la tête de l'hôpital de Castelnaudary lui ont prodigué à l'envi les témoignages de la plus profonde estime. Mais Mgr de Bonnechose, aujourd'hui prince de l'Église et archevêque de Rouen, a fait éclater d'une manière spéciale ses sentiments de vénération envers la servante de Dieu. On peut dire qu'il traitait avec la vénérable Mère Élisabeth de Brugelles comme le saint archevêque de Bordeaux, Mgr d'Aviau du Bois de Sanzay, traitait avec la célèbre fondatrice de la Miséricorde, Térèse Lamouroux, d'impérissable et sainte mémoire. Ce prélat, qui, déjà archevêque de Vienne en 1790, était resté en France pendant les orages de la Révolution; qui, transféré en 1802 au siège de Bordeaux, s'était montré, en 1811, au concile de Paris, une colonne de fer et un mur d'airain contre le caprice despotique du maître absolu qui voulait faire des évêques en se passant du Pape qu'il tenait en prison à Savone; qui, entendant de sa bouche ces paroles : « Savez-vous, monsieur l'abbé, que je puis faire mettre votre tête à cinq pieds de votre corps? » avait répondu : « Sire, je le sais très bien, voilà pourquoi j'ai fait mon testament avant de venir; » ce saint évêque, l'immortel honneur de l'épiscopat français, se plaisait, après ses courses apostoliques dans son diocèse, à visiter la fondatrice de la Miséricorde, cette vierge qui avait illustré le beau nom de Térèse, d'abord par les prodiges de son courage pendant la Terreur, et ensuite par les prodiges de sa charité à Bordeaux. Entre elle et lui c'étaient des entretiens comme entre saint Ambroise et sainte Marcelline, entre saint Benoît et sainte Scholastique. L'humble appartement témoin de ces entretiens a été conservé avec son humble ameublement. Il est regardé comme un sanctuaire. Là, sur cette chaise, était assise Térèse Lamouroux, la vierge héroïque; sur cette chaise en face était assis le saint archevêque, le confesseur de la foi. Un parfum de sainteté se fait sentir, et ces murs nous redisent encore les paroles échangées entre ces deux saintes âmes.

Cette profonde estime, cette vénération de Mgr d'Aviau pour Térèse Lamouroux, Mgr de Bonnechose l'avait pour Élisabeth de Brugelles. Il connaissait les trésors de sagesse et de vertu que Dieu avait cachés en cette vierge. Quand il devait faire la visite des villages qui environnent Castelnaudary, il logeait à l'hôpital, afin de pouvoir jouir des saints entretiens de la servante de Dieu. Au prix d'une telle consolation, il comptait pour rien d'être logé dans une pauvre chambre après les fatigues apostoliques de la journée. Son âme se reposait et se retrempait dans les entretiens qu'il avait avec cette âme si sainte et si privilégiée. Il n'est sorte de bons offices qu'il n'eût été prêt à lui rendre, et, en sa considération, à la congrégation tout entière. Si, à Rome, il appuya avec tant de bienveillance la supplique présentée à Pie IX à l'effet d'obtenir l'approbation de l'institut des sœurs de Nevers, c'est principalement en considération de la Mère Élisabeth de Brugelles qu'il le fit.

Mis au rang des princes de l'Église par Pie IX et élevé sur le siège métropolitain de Rouen, Mgr de Bonnechose est resté le même à l'égard de la Mère Élisabeth de Brugelles. Les relations fondées sur Jésus-Christ ne sont pas altérées par l'éloignement; elles n'en deviennent que plus élevées. Xavier, du fond des Indes, exprime à Ignace des sentiments d'une affection plus vive que s'il fût resté en Europe.

Une des plus grandes grâces en ce monde, c'est de se trouver en des termes intimes avec les saints, avec les amis, les favoris de Dieu. A la lumière de la foi, de tels rapports sont une inestimable faveur. C'est pour l'âme un charme de les cultiver. C'est en même temps un essai des rapports de la société céleste. Mgr de Bonnechose avait reconnu la sainteté de la Mère Élisabeth de Brugelles. La foi vive qui distingue ce prince de l'Église lui montrait en elle une puissante médiatrice auprès de

Dieu. Voilà pourquoi, quand il s'est vu éloigné d'elle, il a voulu cultiver ses rapports d'autrefois. Ne pouvant la voir à Castelnaudary, il la visite par ses lettres. Il se transporte en esprit dans cette demeure des pauvres où il lui a été donné de converser avec la servante de Dieu, et où il a entendu de sa bouche des paroles de sainteté qui ne s'effacent pas du souvenir. Il se recommande aux prières de cette vierge, dont il connaît le puissant crédit auprès de Dieu. Il regarde comme une grande grâce du ciel le bonheur de la revoir encore sur la terre.

Aussi, c'est avec un indicible contentement que ce prince de l'Église a appris que la mémoire de la Mère Élisabeth de Brugelles allait être sauvée de l'oubli et que les actes de sa sainte vie allaient être offerts à la piété des fidèles. Son Éminence s'est empressée de nous le faire savoir et de nous autoriser en même temps à publier quelques-unes de ses lettres à la servante de Dieu. Ces lettres, qui couronnent ce chapitre, seront la meilleure preuve de ce que nous venons de dire.

Le clergé tout entier du diocèse de Carcassonne partageait les sentiments des évêques. Les vénérables curés qui ont gouverné les paroisses de Castelnaudary, les prêtres de la ville, les aumôniers de l'hôpital, ont été unanimes pour la Mère Élisabeth de Brugelles. Tous ont eu un culte de vénération pour cette illustre vierge de Jésus-Christ. Celui qui, après l'abbé Raymond de Tréville, a eu une connaissance plus intime de son âme, le vénérable abbé Gauzion, qui a été son guide spirituel pendant près de quarante ans, a résumé son témoignage en déclarant « qu'il l'estime une des plus saintes religieuses de ce siècle ».

Les autorités civiles l'honoraient de leur respect. Pour son hôpital et pour l'église, elle eut bien des demandes à adresser au gouvernement. Il fallut correspondre avec le ministère à Paris, avec les préfets du département et avec les sous-préfets de la ville. Le conseil d'administration s'en référait à la Mère Élisabeth de Brugelles pour formuler les demandes faites au ministère, et c'était elle qui les rédigeait. Or, dans toutes les lettres qui venaient soit du ministère de l'intérieur, soit de la préfecture ou de la sous-préfecture, c'est dans les termes les plus respectueux que l'on parle à la Mère Élisabeth de Brugelles. Le texte de ces lettres, qui sont conservées aux archives de l'hôpital, en est la preuve irrécusable.

Les administrateurs qui se sont succédé pendant que la Mère Élisabeth de Brugelles gouvernait l'hôpital de Castelnaudary ont professé pour elle une estime sans bornes. Elle était à leurs yeux la femme forte de l'Écriture, à qui Dieu avait donné la sagesse en partage. Ils révéraient en elle la vierge consacrée à Jésus-Christ et la sainte servante des pauvres. C'est, de leur part, un concert unanime de louanges.

A leur tête est M. Jean-François Gardelle, dont nous avons parlé au chapitre xv.

Joséphine-Adélaïde Gardelle, sa fille, qui épousa M. Antoine-Bernard Metgé, fut un modèle de tendresse pour les pauvres et les nécessiteux.

Après M. Gardelle, un des administrateurs qui ont

montré le plus de vénération envers la Mère Élisabeth de Brugelles et le plus de dévouement envers les pauvres est M. Antoine-Bernard Metgé, chevalier de la Légion d'honneur. Nous verrons comment Dieu l'en récompensa à la fin de sa vie.

En 1832, M. Antoine-Bernard Metgé succédait à M. Gabriel Metgé, son père, dans la charge d'administrateur de l'hôpital de Castelnaudary. Pendant plus de quarante ans, on vit en lui un vrai tuteur et un vrai père des pauvres ; il fut le digne coopérateur de la Mère Élisabeth de Brugelles.

Dès les premiers rapports que sa charge lui donna avec la servante de Dieu, cet homme, qui était droit, bon, judicieux, vit le rare mérite, les qualités éminentes, la charité de cette vierge. Et c'est de cette époque que datèrent en lui cette estime sans bornes, cette vénération profonde et ce dévouement illimité qu'il a toujours montrés pour elle.

Nous avons vu ce que la Mère Élisabeth de Brugelles a fait pour la cause des pauvres. Cette magnifique demeure qu'elle leur a élevée nous le redit encore et le redira de siècle en siècle. Or, pendant qu'elle exécutait les grands desseins conçus par sa charité, M. Antoine-Bernard Metgé lui donna constamment le concours le plus actif et le plus dévoué. L'administrateur était un père pour la famille adoptive que la religion lui confiait. A quelque moment que ce fût, il était prêt à se rendre à l'hospice, dès que les intérêts des pauvres le demandaient.

Toutes ces qualités le rendaient infiniment cher à la

Mère Élisabeth de Brugelles ; c'est pourquoi elle prit vivement à cœur les intérêts éternels de son âme. Non contente de prier pour lui, elle lui indiquait la voie où il devait entrer pour être un chrétien parfait. M. Antoine-Bernard Metgé était attaché du fond du cœur à la foi de ses pères : de là son respect pour la religion, son dévouement pour la cause des pauvres et ce culte de vénération pour la Mère Élisabeth de Brugelles ; mais, dès sa jeunesse, il s'était affranchi des deux grands devoirs du chrétien, la confession et la communion annuelles. La Mère Élisabeth de Brugelles le pressait avec une sainte liberté de rentrer dans la voie du salut. Ses paroles étaient toujours accueillies avec un profond respect, et il laissait toujours entrevoir la volonté d'y déférer.

La sainte Mère persévéra toujours dans son dessein de gagner cette âme. Quand elle fut sur son lit de mort, son zèle eut quelque chose de céleste. M. Antoine-Bernard Metgé sollicita la faveur de la voir encore une fois. Dans cette entrevue, elle lui dit : « Je vais mourir, mais, avant de quitter la terre, j'ai une grâce à vous demander. Depuis longues années, nous travaillons de concert pour les pauvres, nous avons tâché de leur faire du bien. Comment pourrais-je supporter la pensée d'être séparée au ciel ? Aussi, je vous en conjure, pensez sérieusement à vos intérêts éternels. »

Ce furent les adieux. M. Antoine-Bernard Metgé était trop ému pour répondre ; il sentait son cœur déchiré, mais les paroles qu'il venait d'entendre ne devaient plus s'effacer de son âme.

Depuis plus de trois ans, Élisabeth de Brugelles intercédait pour lui au ciel. Ses prières allaient enfin être exaucées. Le triomphe de la grâce devait être d'autant plus touchant qu'il avait été plus différé.

Dieu, qui voulait glorifier sa fidèle servante, nous avait conduit à Castelnaudary. Il n'y avait en nous, pour ce voyage, qu'un pur motif de piété filiale. Nous voulions, avant de mourir, prier sur le tombeau de cette sainte Mère. Nous avons dit, dans la préface, les liens qui nous unissaient à elle. Mais à peine étions-nous dans cette demeure des pauvres, si longtemps sanctifiée par sa présence, que le dessein de Dieu se fit jour. Il fut arrêté que nous écririons la vie de la Mère Élisabeth de Brugelles. M. Antoine-Bernard Metgé accueillit avec transport ce projet. Offrir son concours pour le réaliser était le dernier témoignage qu'il pouvait donner à cette vénérable Mère de son affection filiale. Avec quel cœur il le lui donna ! Il eut plusieurs entretiens avec nous ; il nous fournit les renseignements les plus précis : il avait été témoin de ce qu'il racontait. Il affirma, en particulier, ces deux faits : Premièrement, que la charité de cette sainte Mère était si inépuisable et sa confiance en Dieu était si illimitée, que jamais elle n'avait pu se résoudre à refuser aucun des pauvres qui se présentaient. Les administrateurs avaient beau lui dire qu'il était impossible d'en recevoir un plus grand nombre, que les ressources manquaient ; elle leur répondait avec l'accent de la foi et de la tendresse maternelle pour ces infortunés : *Laissez-les toujours entrer ; la Providence y pourvoira.* Les administrateurs étaient contraints de céder, et cette Mère était au comble du bonheur. C'est Jésus-Christ qu'elle accueillait dans ces pauvres : pouvait-elle manquer de pain pour lui? Sa charité était récompensée. Le divin Maître lui venait en aide : les amis des pauvres apportaient de quoi les sustenter.

Le second fait attesté par M. Antoine-Bernard Metgé est que, dans tout le cours de la vie de cette sainte femme, nul à Castelnaudary n'avait jamais vu un acte, un procédé, entendu un discours qui ne fût marqué au coin de la sagesse. Non seulement elle avait été irréprochable en tout, mais elle avait constamment donné l'exemple de toutes les vertus.

La ville de Castelnaudary devait donc s'estimer souverainement heureuse de voir que l'histoire allait recueillir les actes de la vie de cette vierge, une des plus pures gloires du midi de la France. La perspective de ce monument littéraire était pour M. Antoine-Bernard Metgé une des plus douces joies à la fin de sa vie. Il fallait, selon lui, ne rien négliger pour léguer fidèlement à la postérité la mémoire d'une si sainte héroïne.

Déjà, par les soins et le vœu de toute la ville, s'élevait dans le cimetière, en face de l'hôpital, la chapelle destinée à recevoir la dépouille virginale d'Élisabeth de Brugelles, et la translation des saints ossements ne devait pas tarder. Le monument historique qui allait être élevé achevait de combler les vœux de cet homme de bien, si juste appréciateur de la vertu.

Dieu n'attendait de M. Antoine-Bernard Metgé que ce témoignage de vénération rendu à la Mère Élisabeth de Brugelles pour montrer comment il sait récompenser ce qu'on fait pour ses saints et pour ses pauvres. Le moment était venu où il allait révéler avec éclat, en cet ami des pauvres, la puissance des bonnes œuvres, de la miséricorde, de l'aumône. Cette puissance est divinement décrite dans les Livres saints. Tobie dit à son fils, « Soyez soigneux de faire part de vos biens aux pauvres: *parce que l'aumône délivre de tout péché et de la mort, et qu'elle ne permettra pas que l'âme s'en aille dans les ténèbres :* Quoniam elcemosyna ab omni peccato et morte liberat, et non patietur animam ire in tenebras. » Au livre de l'Ecclésiastique, il est écrit : « *L'eau éteint un feu ardent, et l'aumône résiste aux péchés :* Ignem ardentem exstinguit aqua, et eleemosyna resistit peccatis. » Daniel dit à Nabuchodonosor, qui était ému par ses paroles à bien faire : « *Agréez le conseil que je vous donne: rachetez vos péchés par les aumônes et vos iniquités par la miséricorde envers les pauvres* : Consilium meum placeat tibi, et peccata tua eleemosynis redime, et iniquitates tuas misericordiis pauperum. » Il donne à ce prince pour conseil ce qui lui semble plus propre à fléchir le cœur de Dieu. Dans l'Evangile, c'est Jésus-Christ lui-même qui révèle la puissance de la miséricorde : parlant du jugement dernier, il dit qu'il s'adressera aux élus en ces termes : *Venez, les bénis de mon Père, et recevez la récompense éternelle, parce que j'ai eu faim et vous m'avez donné à manger, j'ai eu soif et vous m'avez donné à boire...* et le reste; prouvant, par ces paroles, que c'est le sujet de la prédestination des siens. Enfin, dans l'Évangile selon saint Luc, le divin Maître termine une de ses exhortations par ces paroles : « *Au reste, faites l'aumône, et voilà que tout est pur en vous :* Quod superest, date eleemosynam, et ecce omnia munda sunt vobis. » Comme s'il voulait dire : « Faites l'aumône, et il n'est pas de souillure dont votre âme ne vienne à bout de se purifier avec le secours de ma grâce. »

Telle est, selon les Livres saints, la puissance de l'aumône, de la miséricorde, des bonnes œuvres. Elles tiennent la justice de Dieu enchaînée. Sans doute les bonnes œuvres accomplies dans l'état de péché ne sont pas méritoires pour le ciel. Mais elles sollicitent la clémence divine ; mais elles sont une voix toujours plus puissante sur le cœur de Dieu. Dieu, qui est père, qui ne veut pas la mort du pécheur, mais qu'il se convertisse et qu'il vive, quand il voit persévérer dans la miséricorde envers les pauvres, sent ses entrailles émues, et, comme il est la miséricorde infinie, il cède à cette pente, qui était contenue par sa justice, et il épanche enfin les trésors de la clémence et du pardon sur le pécheur miséricordieux.

Or, il y avait plus de quarante ans que M. Antoine-Bernard Metgé était le père des pauvres et que la sainte Mère Élisabeth de Brugelles priait pour lui. Dieu voulut montrer en même temps la puissance de la miséricorde et de la prière. Nous avons à raconter ici un des plus touchants triomphes de sa grâce.

Dans un de nos entretiens sur la Mère Élisabeth de Brugelles, M. Antoine-Bernard Metgé venait de rendre hommage à son mérite et à ses vertus ; il allait nous quitter. En ce moment, Dieu allumant en nous la flamme du zèle apostolique et nous revêtant de sa force, ces paroles sortent de notre cœur : « Monsieur Metgé, maintenant, j'ai une mission de la Mère de Brugelles à remplir : je suis son envoyé et son ange auprès de vous ; du haut du ciel, elle vous prie par moi de tenir la parole que vous lui avez donnée, c'est-à-dire de vous confesser ; et à la Mère de Brugelles se joint une autre habitante du ciel, Joséphine-Adélaïde, votre femme. »

A ces deux noms si chers et si révérés une émotion profonde s'empare de M. Metgé ; on eût dit que la sainte Mère de Brugelles et Joséphine-Adélaïde se montraient à lui du haut du ciel. La grâce pénètre suavement son cœur. Les larmes coulent. Tout était consommé ! Irrévocablement conquis à son Dieu, il nous serrait la main en signe qu'il nous confiait son âme.

La foi chrétienne avait repris sur lui tout son empire. Il se confessa avec des dispositions admirables. Ensuite, il voulut communier à l'église de l'hôpital, se plaçant près de la table sainte, en face de ce prie-Dieu où il avait tant de fois vu la Mère de Brugelles absorbée dans la prière et l'adoration. C'était un samedi, une fête de la très sainte Vierge. Nous offrîmes le saint sacrifice de la messe. Il reçut le pain des forts, et toutes les sœurs communièrent avec lui. Les pauvres s'unirent à nos prières. Un des plus beaux jours de sa vie venait de se lever : il y avait de plus dans son âme le ciel et toutes ses espérances ! Le Père de famille lui avait mis l'anneau au doigt et l'avait serré sur son cœur. Plusieurs messes furent dites en actions de grâces. Cet humble chrétien ne voulut faire aucun éclat des faveurs que

Dieu venait de lui accorder. Mais sa famille les connaissait et ne savait comment en exprimer à Dieu sa reconnaissance. Quant à lui, il ne songeait qu'à racheter le temps par la ferveur. Rentré dans les voies du salut, il y marcha d'un pas ferme jusqu'au dernier soupir.

Un de ses souhaits les plus ardents était de voir imprimée la Vie de la Mère Élisabeth de Brugelles. Un an après les scènes que nous venons de raconter, il eut la consolation d'entendre lire la première partie de ce travail. Nous étions réunis dans la maison de M. le chevalier de Brugelles, qui appartient aujourd'hui à M. Prosper Alquier. Là, tout était plein des souvenirs de famille. Nous lûmes nous-même, en présence de M. Antoine-Bernard Metgé et de M. Prosper Alquier, le portrait historique de notre sainte héroïne. Il l'écouta avec un ineffable intérêt, et il attesta que ce qu'il venait d'entendre était conforme à ce qu'il nous avait dit. Il appelait de tous ses désirs la conclusion de l'ouvrage.

Il nous parla avec plus d'admiration que jamais de la Mère Élisabeth de Brugelles. C'était la dernière fois qu'il nous était donné de nous entretenir d'elle sur cette terre. Car il ne devait pas tarder à la revoir dans un monde meilleur. Le 17 septembre 1874, il fut enlevé à l'affection des siens et des pauvres, dans la soixante-dix-huitième année de son âge. Sa mort fut soudaine, mais elle n'était pas imprévue : il était prêt. Les pauvres secourus par lui et déjà dans la gloire firent cortège à son âme au tribunal de Celui qui a dit : « Bienheureux les miséricordieux, parce qu'ils obtiendront miséricorde ! »

M. Antoine-Bernard Metgé est mort dans la foi

catholique, apostolique et romaine, dans la foi de ses pères, fils soumis de notre sainte mère l'Église.

Maintenant, il voit dans la lumière du ciel tout ce que la Mère Élisabeth de Brugelles a fait pour le salut de son âme ; et, pendant l'éternité, il ne cessera de lui en témoigner sa reconnaissance.

Mais, ainsi que nous l'avons dit plus haut, ce sont tous les administrateurs de l'hospice qui ont fait éclater les sentiments de la vénération la plus profonde envers la Mère Élisabeth de Brugelles. Les noms de ces hommes sont désormais inséparables de celui de cette illustre servante de Dieu et des pauvres. Il est donc de la justice de les inscrire dans les actes de sa vie. Ces vrais tuteurs des pauvres sont : le marquis d'Hébrail, chevalier de l'ordre royal et militaire de Saint-Louis, M. Barre aîné, M. Driget Henri, M. Serres de Gauzy, M. Foissac, chevalier de la Légion d'honneur, M. Louis Connac, M. Raymond de la Nougarède, chevalier de l'ordre royal et militaire de Saint-Louis, M. Crispon, M. d'Andréossy, M. Alric, M. Montpellier, M. Delord, avocat, M. François de Vesian-Rodière, M. Roux Ferdinand, M. Galabert Auguste, M. Tholosé. Ils ont rendu à la Mère Élisabeth de Brugelles ce témoignage : qu'ils l'ont trouvée irrépréhensible en toute sa vie.

La vénération des plus anciens habitants de Castelnaudary pour la Mère Élisabeth de Brugelles portait un caractère particulier. Ils l'avaient connue dès sa jeunesse ; ils avaient eu des rapports de mutuelle estime avec le chevalier de Brugelles, son père, et avec Jeanne Solier, sa mère. Ils savaient que les premières années de la jeune vierge avaient répandu un parfum d'innocence au milieu des orages et des crimes de la Révolution ; ils se souvenaient du courage avec lequel, à la fleur de la jeunesse, elle avait abdiqué le siècle, et comment, sur la parole de son saint guide, l'abbé Raymond de Tréville, elle avait brisé les plus tendres liens de famille pour suivre Jésus-Christ, qui l'appelait à lui. Ils l'avaient revue, peu d'années après, au milieu des pauvres de l'hôpital de sa ville natale, et, à partir de cette époque, ils avaient été témoins de sa charité héroïque envers les membres souffrants de Jésus-Christ. Ils avaient vu cette vierge élever aux pauvres une vaste demeure, un Hôtel-Dieu, et couronner tous ces travaux par une magnifique église ; ils avaient présents à l'esprit les prodiges de courage par lesquels sa charité s'était signalée lorsqu'en 1814 et 1815 des soldats blessés ou malades remplissaient les salles de l'hospice, et lorsqu'en 1835 le choléra décimait la ville et y répandait le deuil. Devant cette vie sans tache, devant de si grandes œuvres, devant la noblesse toujours soutenue de ce caractère, devant l'inépuisable bonté de ce cœur et la charité maternelle qui en a débordé durant près d'un siècle, tous les anciens de la ville étaient ravis d'admiration et décernaient à cette vierge de Jésus-Christ le titre que les habitants de Béthulie décernaient à Judith : « Vous êtes l'honneur de notre peuple : *Tu honorificentia populi nostri.* »

Parmi ces anciens de la cité, un des plus justes appréciateurs de la Mère Elisabeth de Brugelles a été M. Henri Driget. Par une touchante disposition de la

Providence, ce patriarche a assez vécu pour rendre témoignage à la sainte héroïne avant d'entrer dans la voie de ses pères. Il tressaillit de joie en apprenant que sa vie allait être écrite, et sur-le-champ il se mit à remonter le passé, à interroger ses souvenirs pour venir en aide à l'historien. Il nous a donné les plus précieux renseignements sur le chevalier de Brugelles et sa femme, sur les premières années de leur fille, sur Marie Driget, sa sœur, compagne de première communion d'Élisabeth de Brugelles, et morte comme un ange à l'âge de vingt-sept ans; sur Louise de Latour, ancienne religieuse ursuline qui fut leur institutrice et mourut en odeur de sainteté à Castelnaudary. M. Henri Driget fut un des administrateurs les plus dévoués de l'hospice de Castelnaudary. Il eut, selon l'expression des Livres saints, *l'intelligence de l'indigent et du pauvre.* C'est dire qu'il fut leur père. Ses rapports avec la Mère Élisabeth de Brugelles furent pour lui une source de grâces. Les prières de cette fidèle servante de Dieu, les prières des pauvres, les prières de sa sainte sœur Marie Driget, l'ange de la famille, fixaient sur lui et ses enfants les bénédictions d'en haut. Une de ces bénédictions les plus précieuses devait être l'union de sa fille aînée avec un chrétien éminent et un jurisconsulte distingué, M. Demante, aujourd'hui professeur de droit à la Faculté de Paris.

Le bonheur de voir entrer sa fille dans une des familles les plus honorables et les plus chrétiennes de la capitale, dans une famille qui compte parmi ses membres un religieux de la Compagnie de Jésus, était considéré par cet homme plein de foi comme un des plus grands bienfaits de Dieu. Les faveurs dont la nouvelle famille a été comblée, les petits-fils qu'elle lui a donnés et qu'il a vus grandir, portaient la joie dans son âme. Mais la bénédiction du ciel qui a couronné toutes les autres et qui a mis le comble à tous ses vœux a été le privilège de laisser dans Jean-Marie-Félix Driget, son fils, un digne héritier de son nom, un autre lui-même, un chrétien énergique et, nous nous plaisons à le dire, un rare modèle de piété filiale. Pénétré de cette foi qui distinguait nos ancêtres pour qui un père était la plus touchante image de Dieu sur la terre, Jean-Marie-Félix Driget a porté au sien une affection et un respect auxquels on ne peut rien ajouter. Forcément éloigné de lui par ses devoirs d'état, il a tout fait et même sacrifié des occasions d'avancement, par le désir de se rapprocher de lui, de l'assister dans sa vieillesse. Fixé pendant plus de dix ans à Revel, il allait chaque dimanche visiter son vieux père, il lui amenait sa jeune famille, et il lui a fallu la voix impérieuse du devoir pour qu'il ne revînt pas séjourner dans la maison paternelle. Ainsi, la vieillesse de M. Henri Driget a été entourée d'affection et de respect. Sa seconde fille a toujours été auprès de lui. Ses derniers moments ont été ceux du juste, ceux des anciens patriarches bénissant à leur lit de mort leur postérité : il est mort dans la foi de ses pères, muni des sacrements de l'Église. Après avoir rendu témoignage à la Mère Élisabeth de Brugelles, il est allé la rejoindre dans la patrie où il n'y a plus de séparations et où le bonheur est éternel. Là, il retrouve les siens qui l'avaient précédé, sa vertueuse épouse, son angélique et sainte sœur Marie Driget. Heureux patriarche, il prie désormais pour ceux des siens qu'il laisse sur la terre, ainsi que pour tous ceux qui lui furent unis par les liens de l'amitié.

Mais, pour être historien fidèle, nous devons dire, à la louange de toutes les familles de Castelnaudary, qu'elles avaient ces sentiments d'affection filiale et de vénération pour la Mère Élisabeth de Brugelles. La parole spontanée qui s'échappe de tous les cœurs est celle-ci : « Jamais on ne pourra dire ce qu'était cette sainte Mère, jamais ce que l'on dira ne pourra atteindre la réalité. »

Elle avait un cœur de mère pour tous les habitants de la ville. Ainsi que nous l'avons raconté plus haut, ils venaient à elle avec la plus entière confiance; ils lui ouvraient leurs cœurs dans leurs peines et se retiraient consolés. Ils aimaient à la consulter dans les affaires les plus épineuses; et, par ses sages conseils, les choses réussissaient toujours. A la vérité, cette digne Mère ne décidait jamais rien d'important sans être allée prier longtemps devant le très saint Sacrement. Lorsqu'on lui demandait un conseil, elle se recueillait toujours quelques instants, et la marche qu'elle donnait à suivre était marquée par le cachet de la sagesse. Les ouvriers qui avaient travaillé aux constructions de l'hôpital avaient pour elle une vénération extraordinaire. Ils l'ont pleurée à sa mort. Et maintenant ils ne peuvent prononcer son nom sans être émus et sans que ces paroles s'échappent de leurs lèvres : « Ah! la chère Mère! la sainte Mère! »

Quant aux religieuses qui vécurent avec la Mère Élisabeth de Brugelles à Castelnaudary, elles eurent pour elle l'affection et la vénération qu'on a pour les amis et les favoris de Dieu. Elles l'ont considérée comme une supérieure selon le cœur de Jésus-Christ. Elles sont unanimes pour attester que son gouvernement était celui des saints. Toutes affirment que, durant tant d'années passées dans sa société, jamais elles n'ont vu en elle rien qui fût imparfait. Elle était profondément humble, toute charité pour ses filles, ne respirait que la gloire de Dieu et le salut des âmes. Elle était la règle vivante ; il suffisait de son exemple pour entretenir la ferveur dans la communauté. Il lui a été donné de faire sentir à ses compagnes toute la suavité du joug de Jésus-Christ. Toutes ont déclaré que jamais elles ne pourraient rendre à cette véritable Mère la justice qu'elle mérite.

Quant au sentiment des autres religieuses de l'institut sur cette grande servante de Dieu, on peut dire qu'il se traduit par ce mot, resté historique, de Mgr Dufêtre, évêque de Nevers et supérieur général de la congrégation : *Il n'y a dans la congrégation qu'une Mère de Brugelles!*

CHAPITRE XXV

Nouveaux témoignages de haute estime et de profonde vénération pour la Mère Élisabeth de Brugelles. — Mlle Jeanne Dejean; le comte B. Dejean. — Correspondance entre le comte B. Dejean et la Mère Élisabeth de Brugelles. — Lettres de Son Éminence le cardinal de Bonnechose, archevêque de Rouen, à la servante de Dieu.

Parmi les personnes qui ont le plus estimé et le plus aimé la Mère Élisabeth de Brugelles figure une vierge chrétienne qui, par ses éminentes qualités, par l'élévation de son caractère, par ses bonnes œuvres et par la sainteté de sa vie, fut un des plus grands ornements de Castelnaudary, sa ville natale. Élisabeth de Brugelles lui a décerné le beau nom de sainte amie ; à ce seul titre, elle mérite un rang à part dans cette histoire. Cette vierge, dans laquelle Dieu accorda à notre héroïne de trouver en ce monde les trésors d'une sainte amitié, est Mlle Jeanne Dejean, la sœur aînée de Jean-François-Aimé Dejean, qui devait conquérir à sa famille une si haute illustration par la gloire des armes et à qui la voix impartiale de l'histoire devait décerner cet éloge :
« Il a été universellement estimé. »

Elle naquit le 7 février 1741 [1]. Dans le plan providentiel, cette enfant avait une sublime et touchante mission à remplir : elle devait être l'ange de sa famille, l'édification de sa ville natale, la providence des pauvres, l'âme de toutes les bonnes œuvres, enfin la digne amie d'Élisabeth de Brugelles.

Dieu, qui est toujours grand et magnifique dans ses œuvres, se plut à orner cette fille des dons de la nature et de la grâce. Il réunit en elle, dans un degré éminent, les qualités du cœur et de l'esprit. Dès sa première enfance, elle montra la ferveur d'un ange. Sa piété naissante ne trouva que concours, appui, encouragement, au sein d'une famille profondément chrétienne. Avec les années croissaient en elle les lumières divines de la grâce. Dans la fleur de la jeunesse, la sainteté fut l'attrait qui ravit son âme. Elle dit donc un éternel adieu au siècle et aux choses qui passent; elle se consacra à Jésus-Christ : elle prit pour son partage l'Époux des vierges.

Elle fut un puissant exemple de religion pour ses frères et pour ses sœurs. Le dernier de ses frères était Jean-François-Aimé Dejean, que nous venons de nommer. Élevé par des parents chrétiens, il était capable de comprendre la piété de sa sœur. Il l'aimait et la

---

1. Extrait de naissance : « Mlle Jeanne Dejean, née le 7 février 1741, fille de M. Jean-Pierre Dejean, lieutenant, maire de cette ville, et de dame Marie de Fabry; son parrain, M. André de Fabry de Fontenilles, son oncle; sa marraine, dame Jeanne de Robert, épouse de M. Gabriel de Lauret, conseiller au présidial de Lauraguais; le père absent; le parrain et la marraine signés au registre : de Fabry de Fontenilles, Jeanne de Robert de Lauret, Fabry; prêtre commis, Lefort, vicaire. »

vénérait. Étant passé de l'école de Sorèze à celle du génie de Mézières, et de là dans les armées, il se vit, bien jeune encore, séparé de sa sainte sœur. Mais il en emporta partout le souvenir, et il savait qu'il avait en elle une protectrice auprès de Dieu.

Ce fut surtout pendant les orages et les crimes de la Révolution que Jeanne Dejean dut élever vers Dieu le cri de la supplication et de la prière. Tandis que les catholiques se voyaient forcés de vivre comme les premiers chrétiens dans les catacombes, notre magnanime et fervente vierge avait un recours perpétuel à Dieu. Non seulement elle le priait de la sauver des dangers qui la menaçaient elle et les siens dans sa ville natale, mais elle le conjurait encore d'écarter tous les périls de la tête de son frère, qui, en 93, était commandant du génie dans l'armée du Nord, sous Pichegru. Tant que les églises furent fermées et les prêtres fidèles poursuivis, elle ne pouvait entendre la messe que rarement. Elle communiait alors et offrait la communion pour tous les siens, et en particulier pour son frère Jean-François-Aimé. Sa dévotion envers la très sainte Vierge était grande et croissait en proportion des dangers. Elle avait donc son saint rosaire à la main ; elle le récitait avec une foi vive ; elle recommandait son frère à cette divine Mère et la conjurait de le lui garder. O pouvoir des prières de l'ange de la famille ! au milieu de tant de batailles, ce valeureux guerrier a toujours été couvert de la protection de Dieu.

Peu d'années après, c'est le fils de Jean-François-Aimé Dejean qu'elle a à recommander à Dieu et à la très sainte Vierge. A trente ans, général de brigade, il se distingue en Espagne ; il est ensuite de l'armée de Russie ; il arrive au grade de général de division, et il combat à Waterloo. Sa sainte tante prie pour lui; et lui aussi, comme son père, au milieu de tant de périls, a toujours été couvert de la protection de Dieu.

Bien que sa sollicitude se portât plus particulièrement sur ceux des siens qui étaient le plus exposés, elle fut pour tous les membres de sa famille un ange de paix.

Dieu lui réservait pour les dernières années de sa vie une des plus pures consolations qu'elle pût goûter en ce monde : c'étaient les rapports intimes qui allaient exister entre elle et la Mère Élisabeth de Brugelles. Son affection et son estime pour la fille du chevalier de Brugelles dataient de son enfance et de sa jeunesse. Elle avait admiré dans la jeune vierge un chef-d'œuvre de la grâce de Dieu. Amie de la famille, elle l'avait vue de près.

Lorsqu'en 1807, quatre ans après son entrée dans l'état religieux, Élisabeth de Brugelles reparut dans Castelnaudary, sa ville natale, qu'elle ne devait pour ainsi dire plus quitter, Mlle Dejean bénit avec effusion cette suave disposition de la Providence à son égard.

La similitude des caractères et la grâce de Jésus-Christ formèrent un lien très étroit entre ces deux vierges.

Jeanne Dejean pénétra alors à fond l'âme d'Élisabeth de Brugelles. Elle vit tout ce qu'il y avait de beau, de grand, de saint. Elle reconnut que c'était une âme laquelle elle pouvait se confier sans réserve. Elle s'attacha à elle; elle s'estima heureuse de posséder son amitié, et elle en recueillit les fruits les plus précieuex. Dans ces deux vierges c'était la même élévation d'âme, la même noblesse de caractère, même estime de la grâce, même amour pour Jésus-Christ, même ferveur de foi, même besoin de sacrifice, même soif de faire régner Dieu dans les âmes et d'étendre sa gloire. Élisabeth de Brugelles, vivant dans la demeure des pauvres, répandait de là la bonne odeur de Jésus-Christ dans toute la ville. Jeanne Dejean vivait dans le monde; mais enchaînée à l'Époux des vierges, elle était toute aux indigents et aux malheureux. Selon la belle expression de l'Écriture sainte, « la loi de la clémence était sur ses lèvres, et l'intelligence du pauvre dans son cœur ». De là cette bonté maternelle envers les membres souffrants de Jésus-Christ et cette source intarissable de bienfaits.

Cacher ses dons dans la main de sa fidèle amie pour les faire arriver aux pauvres était une des joies les plus pures de sa vie. Visiter, soulager elle-même les malades et les indigents était pour son cœur une satisfaction céleste.

Les bonnes œuvres, les intérêts des pauvres unissaient ces deux vierges; elles s'entretenaient souvent de cette cause sacrée.

Mais le charme des charmes pour ces deux nobles et saintes âmes était de pouvoir s'entretenir de Dieu, de son adorable bonté, de ses perfections et du bonheur de le contempler un jour face à face dans la céleste patrie.

Ces joies divines qui couleront par torrent au travers de notre cœur, ces extases éternellement renaissantes de notre âme unie à Dieu, cette société des saints, des saintes et des esprits célestes, adorant Dieu, aimant Dieu, revêtus de sa gloire, vivant de sa vie, participant à sa félicité, leur faisaient éprouver quelque chose de ce qu'éprouvèrent Augustin et Monique dans ce suprême entretien qu'ils eurent, à Ostie, sur la vie du ciel.

Elles sortaient de ces entretiens embrasées de l'amour de Dieu et enflammées d'ardeur pour secourir le prochain.

Ces rapports d'une sainte amitié embellirent les neuf dernières années de la vie de Jeanne Dejean. Une parole de l'Évangile résume fidèlement cette belle vie. Cette vierge « *a passé en faisant le bien* : Transiit bene faciendo. » Dieu lui accorda de longs jours, afin qu'elle fût longtemps la consolation des malheureux et la providence des pauvres; il prolongea son pèlerinage sur terre, afin qu'elle recueillît une plus riche moisson de mérites pour l'éternité. C'était au mois de février 1816 qu'elle devait prendre le chemin de la bienheureuse patrie. Pendant les derniers jours qu'elle passa dans cet exil, elle trouva une ineffable consolation dans les entretiens d'Élisabeth de Brugelles; ce furent les derniers épanchements de la sainte amitié qui les unissait en Jésus-Christ. La mort des saints couronna une si belle vie. L'ange de la famille Dejean prit son essor de la maison paternelle pour aller continuer au ciel sa sublime mission.

Nous laisserons M. le comte Benjamin Dejean ajouter

les derniers traits au portrait historique que nous venons de dessiner. La lettre qu'il nous a fait l'honneur de nous écrire achève de mettre en lumière la sainte figure de cette vierge ; elle est, de plus, une des pages les plus précieuses des annales de Castelnaudary.

LETTRE

De M. le comte Benjamin Dejean au P. Marcel Bouix, à l'École Sainte-Geneviève, à Paris.

Montpellier, 4 mai 1875.

Mon révérend Père,

M. de Cavailhès, voisin de campagne de mon neveu, appelé à Montpellier par la première communion de ses nièces, me remet ce matin même une lettre écrite par vous à l'un de vos amis de Castelnaudary pour obtenir des renseignements sur l'une de mes tantes, que la supérieure de Brugelles qualifiait de sainte et respectable. M. de Cavailhès et votre ami ont pensé que personne à Castelnaudary ne pouvait satisfaire votre désir et que dans ma famille seulement on pouvait, par tradition, donner quelques détails sur Mlle Jeanne Dejean, que la supérieure de Brugelles avait connue dans sa jeunesse.

Mlle Dejean est morte dans le mois de février 1816, il y a près de soixante ans, dans un âge avancé que je ne peux préciser et sur lequel je ne puis faire aucune recherche, n'ayant ici aucun papier de famille à ma disposition. Je sais seulement qu'elle était plus jeune que son frère Louis Dejean, capitaine et chevalier de Saint-Louis, né en 1739, et plus âgée que son frère André, évêque d'Asti, né en 1747. — Son père, M. Dejean, président au présidial de Castelnaudary et plusieurs fois délégué aux états de Languedoc par cette ville , avait laissé de son mariage avec Mlle de Fabry, mariage contracté en février 1736, sept enfants, quatre fils et trois filles. Mon grand-père, le général comte Dejean, né en 1749, était le plus jeune de toute cette famille. Entré très jeune au service, il n'avait que très rarement résidé dans sa ville natale, mais il avait conservé pour cette sœur, demeurée dans la maison paternelle avec ses deux frères aînés, une très vive affection.

Et cependant, durant les longues années de son ministère, il ne put jamais la déterminer à venir le visiter à Paris, et à discontinuer même momentanément les bonnes œuvres dont elle était constamment occupée. Toute sa vie s'est passée à Castelnaudary. Elle est née et morte dans la maison de ses parents, qu'elle avait perdus étant encore fort jeune.

L'aîné de ses frères, chanoine de la collégiale de Castelnaudary, né en décembre 1736 et mort en 1815, quelques semaines avant sa sœur, était administrateur de l'hôpital de Castelnaudary. Comme aîné, il avait à sa disposition tous les revenus de la famille, et Mlle Dejean pouvait, avec les libéralités de son frère, satisfaire tous les instincts de son cœur généreux.

Quand, quinze ans après sa mort, je suis venu comme préfet habiter le département de l'Aude, j'ai trouvé à

Castelnaudary une grande vénération pour la mémoire de cette charitable et sainte parente. Elle était non seulement ma grand'tante, mais aussi ma marraine, et mon regret de ne pas l'avoir connue s'est beaucoup augmenté quand je me suis trouvé en contact avec le vif souvenir que l'on conservait pour ses vertus et ses bonnes œuvres.

Depuis lors, plusieurs générations se sont successivement éteintes, et je ne crois pas que l'on puisse trouver de détails personnels sur Mlle Dejean auprès de personnes l'ayant connue, sauf auprès de ses petites-nièces Mme Sarrail, née Mahul, et Mlle Mahul, habitant Carcassonne, petites-filles de Mme Cazal, née Dejean, sœur de Mlle Jeanne. Mais ces deux dames, surtout Mlle Mahul, étaient fort jeunes à l'époque de la mort de leur tante. Elles ont cependant l'une et l'autre conservé la tradition de sa charité et de sa piété.

Je regrette beaucoup, mon révérend Père, de ne pouvoir mieux satisfaire votre désir d'information sur une personne que les éloges de la supérieure de Brugelles ont désignée à votre attention. Permettez-moi de profiter de cette occasion pour vous renouveler l'expression de mes plus respectueux sentiments.

B. Dejean.

L'auteur de cette lettre, le comte Benjamin Dejean, fils et petit-fils des comtes Dejean dont nous venons de parler, était destiné, dans les desseins de la Providence, à seconder les grandes entreprises de la Mère de Brugelles en faveur des pauvres. Il lui avait été donné de la connaître, pendant qu'il était préfet de l'Aude et député de Castelnaudary. Pour une âme comme la sienne, connaître une femme d'un tel mérite, c'était lui vouer une estime sans réserve. Devenu membre du conseil d'État et directeur des postes, il saisit toutes les occasions pour montrer à la Mère de Brugelles qu'elle pouvait compter sur lui. Il appuyait ses demandes au ministre de l'intérieur et au chef de l'État, et ses démarches étaient toujours couronnées de succès. Non seulement il intervenait auprès des autorités de la capitale pour toutes les suppliques présentées par la Mère de Brugelles en faveur de sa maison de Castelnaudary, mais avec une noble délicatesse il demandait comme une faveur de concourir à orner l'église de l'hôpital. Si la plupart des tableaux qui décorent ce sanctuaire sont des dons du gouvernement, il en est quelques-uns, et des plus beaux, qui sont un souvenir et un hommage du comte Dejean à la Mère de Brugelles. Par une haute pensée de foi, il a ambitionné la faveur d'offrir le magnifique tapis qui couvre les degrés de l'autel et le sanctuaire aux grands jours de fête.

Providentiellement amené à Paris lorsque nous nous occupions de ce travail, le comte Dejean, dans un entretien que nous eûmes à l'école Sainte-Geneviève, parla avec le plus grand éloge de la Mère Élisabeth de Brugelles. Nous avons vu, par son témoignage, la haute estime et la religieuse vénération dont il était pénétré pour la noble et sainte fille du chevalier de Brugelles. Il lui a rendu éclatante justice. « Si elle a fait de si grandes choses à Castelnaudary, nous a-t-il dit; si elle a trouvé concours, appui, dévouement de la part de tous, c'est à son mérite personnel, à son nom, à son rang, à ses relations sociales, à la noblesse de son caractère, à ses vertus, à sa charité héroïque, qu'elle le doit. C'est parce qu'elle était de Castelnaudary, et une femme d'un tel mérite, que toute la ville a applaudi à ses entreprises. Jamais une supérieure étrangère n'aurait pu faire ce qu'elle a fait. »

Mais rien ne nous peut mieux révéler les sentiments de réciproque estime du comte Dejean et de la Mère de Brugelles que leur correspondance. C'est pourquoi nous la mettrons sous les yeux du lecteur. Les autographes de ces lettres sont conservés dans les archives de l'hôpital de Castelnaudary. C'est un trait de providence, que la Mère de Brugelles ait laissé copie écrite de sa main des lettres adressées au comte Dejean.

LETTRE

De M. le comte Benjamin Dejean à la Mère Élisabeth de Brugelles, supérieure générale des sœurs de Nevers, à Nevers.

Paris, le 9 mars 1840.

Madame la Supérieure générale,

J'attendais, pour répondre à la lettre que vous m'avez fait l'honneur de m'écrire à l'appui d'une demande de secours formée par l'hospice de Castelnaudary, de pouvoir vous annoncer positivement le résultat de mes démarches : diverses circonstances l'ont retardé plus que je ne pensais, et ce n'est que depuis très peu de jours que j'ai pu être informé positivement qu'un secours de quatre mille francs a été accordé. Cette somme sera ordonnancée très prochainement et mise à la disposition de la commission administrative. Je suis heureux de pouvoir m'associer, par l'obtention de ce secours, à l'amélioration d'un établissement auquel vous continuez de prêter, malgré votre éloignement, l'appui de votre expérience et de votre zèle charitable.

Je vous prie d'agréer, madame la Supérieure générale, l'assurance des sentiments respectueux de votre très humble et très obéissant serviteur,

Le conseiller d'État, député de l'Aude,

DEJEAN.

EXTRAIT

D'une lettre du comte Benjamin Dejean à la Mère Élisabeth de Brugelles, supérieure générale des sœurs de Nevers.

Paris, 22 décembre 1840

Je voudrais, madame la Supérieure générale, pouvoir obtenir la réalisation de tous vos vœux, dictés par tant de bonté et de sagesse : ce serait particulièrement une vive satisfaction pour moi que de faire obtenir à l'hôpital pour lequel vous avez montré tant d'affection ce que vous souhaitez.

LETTRE

De M. le comte Benjamin Dejean à la Mère Élisabeth de Brugelles, à Castelnaudary.

Paris, 5 janvier 1843.

Madame la Supérieure,

J'ai été vivement touché des marques de bon souvenir que j'ai reçues par votre entremise. Je n'espérais pas que mes faibles efforts pour la prospérité de votre sainte maison me valussent de si gracieuses preuves d'intérêt et d'affection. Soyez assez bonne, madame, pour offrir à vos pauvres petites filles l'expression de tout mon contentement et veuillez bien être persuadée que je redoublerai de zèle à l'avenir pour mieux mériter des sentiments qui m'honorent et me flattent à un si haut point. Permettez-moi de ne point m'en laisser enorgueillir et de ne point accéder à votre trop bienveillante demande de mon portrait. Tous ceux qui décorent votre salle représentent des personnes qui ont rendu à votre maison des services signalés, et je n'oserais, même pour un avenir éloigné, concevoir l'espérance de mériter comme eux une telle distinction.

Ma mère, qui a pu apprécier toute la perfection du gracieux travail de vos enfants, me charge de vous exprimer combien elle est touchée de l'agréable souvenir qu'elle a reçu.

Agréez, madame la Supérieure, tous les souhaits que

je forme pour la conservation de vos jours précieux, et l'expression de mes sentiments respectueux.

B. Dejean.

LETTRE

De la Mère Élisabeth de Brugelles à M. le comte Benjamin Dejean, à Paris.

M. le lieutenant général Pierre-François-Marie-Auguste, comte Dejean, pair de France, venait de mourir à Paris, le 17 mars 1845. La mère Élisabeth de Brugelles exprime à M. le comte Benjamin Dejean, son fils, toute la part qu'elle prend à une perte si douloureuse.

Castelnaudary, le 26 mars 1845.

Monsieur le Comte,

Je voudrais n'avoir qu'à vous offrir les expressions de gratitude de la part de chacun des membres de ma famille, pour le favorable appui que vous avez eu la bonté d'accorder au désir de mon neveu; mais je dois y joindre celle de la part que nous prenons tous à la peine que vous cause la perte de monsieur votre père.

Les rapports de mutuelle estime et sincère dévouement qui liaient vos dignes ancêtres avec ma famille exciteront toujours en nous, monsieur, la plus vive émotion sur tout ce qui vous intéressera.

En mon particulier, le souvenir des témoignages d'amitié dont m'honorait mademoiselle votre sainte et respectable tante suffirait seul pour me faire adresser à Dieu des vœux les plus ardents afin qu'il daigne accomplir tous les vôtres.

A tous ces sentiments vivement éprouvés de ma part, je dois encore joindre les expressions de ma reconnaissance pour toutes vos bontés envers les pauvres de notre hôpital, qui, réunis aujourd'hui avec nous dans notre chapelle, ont adressé à Dieu leurs prières pour le repos de l'âme de monsieur votre père. Une messe de *Requiem* eût été offerte à la même intention, si la solennité de l'octave de Pâques ne l'eût fait remettre au premier jour de la semaine prochaine. Tous nos pauvres y assisteront, et tous ensemble nous demanderons à Dieu qu'il ait pitié des morts et qu'il conserve et prolonge vos jours autant que nous le souhaitons.

Veuillez agréer l'hommage des sentiments d'estime avec lesquels j'ai l'honneur d'être, monsieur le Comte,

Votre très humble et très obéissante servante,

Élisabeth de Brugelles.

RÉPONSE

De M. le comte Benjamin Dejean à la lettre précédente.

Paris, 30 mars 1845.

Madame,

J'ai été bien touché des expressions de bienveillante condoléance que renfermait la lettre que vous m'avez fait l'honneur de m'écrire. Ma famille est particulièrement touchée des preuves de sympathie et d'affection qu'elle reçoit dans cette douloureuse circonstance d'une personne qui a connu plusieurs générations des membres de ma famille et veut bien me rappeler, à l'occasion du malheur qui nous accable aujourd'hui, les rapports qu'elle conserve pour les respectables parents auprès desquels elle a vécu. Nous vous sommes aussi bien reconnaissants, madame, d'avoir bien voulu mêler vos prières aux nôtres et d'avoir bien voulu ordonner un service pour le repos de l'âme de celui qui vient de nous être enlevé. Quelle voix sera plus digne dêtre exaucée que la vôtre, madame? De qui pourrait venir des prières agréables à Dieu, si ce n'est de vous, madame, qu'une vie tout entière consacrée aux exercices de la piété et de la charité les mieux éclairées rend le meilleur intercesseur auprès de Celui de qui découlent toutes les grâces et toutes les bénédictions?

Recevez, madame, l'expresssion de mon dévouement le plus respectueux.

B. DEJEAN.

LETTRE

De M. le comte Benjamin Dejean à la Mère Élisabeth de Brugelles, à Castelnaudary.

Part qu'il prend à la douleur que lui cause la mort de Mme de Brugelles, sa mère, décédée le 14 mai 1846.

Paris, 30 mai 1846.

Madame la Supérieure,

La lettre que vous m'avez fait l'honneur de m'écrire le 26 mai m'a fait connaître la perte douloureuse que monsieur votre frère et vous venez d'éprouver. Per-

mettez-moi de vous faire agréer, à vous et à lui, les expressions de ma sincère condoléance. J'ignorais la cruelle épreuve qui est venue vous affliger, et je me serais hâté de vous dire quelle part je prenais à votre juste douleur. . . . .
. . . .

Veuillez agréer, madame, l'expression de mes sentiments respectueux.

B. Dejean.

LETTRE

De la Mère Élisabeth de Brugelles à M. le comte Benjamin Dejean, à Paris.

Castelnaudary, le 23 juin 1847.

Monsieur le Comte,

Les sentiments qui unissaient jadis ma famille à la vôtre me faisant prendre une vive part à tout ce qui vous concerne, je ne serai jamais étrangère à ce qui pourra vous causer de la peine ou de la satisfaction.

Je viens d'apprendre, monsieur, que vous êtes appelé à occuper une place qui, en vous mettant à même d'augmenter tout le bien que votre heureuse disposition vous porte à faire, vous procurera la jouissance de pouvoir vous satisfaire.

Je serais néanmoins peinée si, en prenant possession d'une nouvelle charge, vous abandonniez celle qui vous a acquis le juste titre de protecteur des pauvres de l'arrondissement de Castelnaudary. Je prie donc bien instamment Dieu qu'il exauce nos vœux, afin que rien ne s'oppose à ce que vous soyez longtemps et bien longtemps directeur général des postes et député de l'Aude.

Veuillez agréer l'assurance de tous les sentiments avec lesquels j'ai l'honneur d'être, monsieur le Comte,

Votre très humble et très obéissante servante,

ÉLISABETH DE BRUGELLES.

RÉPONSE

Du comte Benjamin Dejean à la lettre précédente.

Paris, 6 juillet 1847.

Madame la Supérieure,

J'ai bien tardé à vous remercier des expressions bienveillantes de la lettre que vous m'avez fait l'honneur de m'écrire à l'occasion de ma nomination aux fonctions de directeur général des postes.

J'ai la ferme confiance que ma nouvelle situation ne m'enlèvera aucune facilité pour m'occuper des besoins des établissements charitables de l'arrondissement de Castelnaudary et faire prévaloir leurs intérêts.

Agréez, madame la Supérieure, avec l'expression de mes remerciements pour les vœux que ma promotion vous suggère, celle de mes sentiments respectueux.

B. DEJEAN.

LETTRE

De M. le comte Benjamin Dejean à la Mère Élisabeth de Brugelles, à Castelnaudary.

Paris, 14 février 1863.

Madame la Supérieure,

Vous avez bien voulu, à différentes époques, me permettre de m'associer, pour une bien faible part il est vrai, à toutes les entreprises que vous ont suggérées votre piété, votre zèle et votre charité. La dernière fois que j'ai visité le magnifique établissement transformé par vous, j'ai admiré la magnificence de votre chapelle, et il m'a fallu une grande attention pour trouver quelque chose qui ne répondît pas à la beauté de l'ensemble ; cependant j'ai cru remarquer que le tapis de l'autel était bien restreint et bien peu orné, et je me suis cru autorisé, par votre constante bonté pour moi, à attendre une occasion favorable de faire disparaître cette imperfection. Une dame de mes amies a bien voulu se charger de prendre les dimensions ; elle m'a fait savoir qu'il était nécessaire d'avoir un tapis de six mètres sur quatre. Dans cette dimension, j'ai dû le commander. Le fabricant m'a fait beaucoup attendre. J'avais l'année dernière l'espoir de vous faire expédier ce tapis pendant mon séjour dans les environs de Castelnaudary, et il aurait pu parer votre chœur pour la fête de la Toussaint ou celle de Noël. Mais de délai en délai, le fabricant ne s'est trouvé prêt que ces jours derniers, au moment de mon retour à Paris. Il a dû vous faire expédier le tapis *franco*, il y a quelques jours, par la petite vitesse. Il est un peu plus long et un peu plus large que je ne l'avais commandé, et si la mesure était rigoureuse, il faudra le couper tout autour. C'est pour cela que je ne l'ai fait ni doubler ni border. Pour la doublure, une simple toile suffira et pourra être posée dans votre maison. Pour la bordure, il faut un galon que le fabricant n'a pas eu le soin d'expédier avec le tapis, mais qu'il doit expédier quelques jours après par la grande vitesse. J'espère que ces petits détails d'arrangement ne donneront à vos sœurs aucun soin pénible, et que vous voudrez bien être satisfaite du choix que j'ai fait.

Agréez, madame la Supérieure, l'expression de mes vœux bien sincères pour la conservation de votre précieuse santé, et l'hommage de mon profond respect.

B. Dejean.

LETTRES

DE

L'ÉMINENTISSIME CARDINAL DE BONNECHOSE

Archevêque de Rouen,

A LA MÈRE ÉLISABETH DE BRUGELLES

Ainsi que nous l'avons annoncé, nous couronnerons ce chapitre par les lettres de Son Éminence le cardinal de Bonnechose, archevêque de Rouen, à la Mère Élisabeth de Brugelles. Ces lettres montreront l'estime et la vénération de ce prince de l'Église pour la servante de Dieu.

De son côté, la vénérable Mère de Brugelles, fidèle dans ses saintes amitiés, ne cessait de prier pour son ancien évêque et le nouveau prince de l'Église. Nous allons voir combien son dévouement était profond, son affection intime et sincère, puisque ce fut par une fausse nouvelle de l'incendie de Rouen par les Prussiens et de la mort du saint archevêque qu'elle reçut le coup mortel qui l'emporta en peu de jours.

LETTRE

De Monseigneur de Bonnechose, à la Mère Élisabeth de Brugelles, à Castelnaudary.

Évreux, 3 février 1857.

Ma chère Mère supérieure,

Je suis bien consolé de voir que Dieu continue à bénir votre maison et vos œuvres. J'aurais été certainement heureux de vous revoir à Toulouse ou à Castelnaudary ; mais des obstacles indépendants de votre volonté et de la mienne s'y sont opposés. Je me souviens toujours avec attendrissement des moments trop courts que j'ai passés avec vous dans l'asile des pauvres. J'y étais si bien ! Vous et vos filles vous mettiez dans cette hospitalité tant de cœur, de dévouement et d'attentions délicates ! Je vous prie de les en remercier encore pour moi. Je me rappelle surtout avec bonheur, mais en même temps avec tristesse (car ce temps ne reviendra plus), ma visite de 1850 dans les paroisses de votre arrondissement, quand je revenais chaque soir souper et coucher à l'hôpital. Déjà sept ans se sont écoulés depuis ! Avec quelle rapidité nous sommes entraînés dans l'éternité ! Prions donc les uns pour les autres, afin que Dieu ait pitié de nous et nous fasse miséricorde. Je lui demande de vouloir bien vous bénir, et vous renouvelle l'assurance de mes sentiments tout dévoués en Notre-Seigneur Jésus-Christ.

† Henri,

Evéque d'Évreux et ci-devant de Carcassonne.

LETTRE

De Son Éminence le cardinal de Bonnechose, archevêque de Rouen, à la Mère Élisabeth de Brugelles, à Castelnaudary.

Rouen, le 5 juillet 1860.

Ma chère fille,

J'ai reçu avec une bien douce satisfaction la lettre que vous m'avez écrite, à la suite de votre entretien avec l'excellent M. Baby. Croyez que j'en aurais beaucoup plus encore à vous revoir, vous et vos sœurs, dans cette pieuse maison, où vous m'avez tant de fois donné une si cordiale hospitalité. Mais, depuis 1856, je ne suis pas retourné dans votre voisinage ; et, depuis 1854, je ne suis allé prendre les eaux nulle part. Dieu, en multipliant mon travail, a daigné assez affermir ma santé pour que j'aie pu y suffire sans avoir recours à ces remèdes. Vous pouvez être certaine que si, cette année, j'étais allé dans le Midi, j'aurais été vous voir à Castelnaudary. J'aurais trouvé une grande consolation à voir par moi-même, à l'usage des malades et de vos pauvres, ces belles salles que je vous ai vue commencer, et à célébrer le saint Sacrifice dans cette chapelle, dont je n'ai vu que les fondements et les premières assises.

Mais ce voyage du Midi doit être encore un peu différé ; j'espère toujours cependant qu'un peu plus tôt ou un peu plus tard il aura lieu, et qu'il me sera donné de vous revoir encore sur cette terre. En attendant, je prie Dieu de vous conserver en santé et de vous donner abondamment sa paix et sa grâce. Je le prie de daigner bénir toute la communauté ; et je me recommande particulièrement à ses prières et aux vôtres.

Recevez, ma chère fille, l'assurance de mes sentiments tout dévoués en Notre-Seigneur Jésus-Christ.

† Henri, *archevêque de Rouen.*

BILLET

De Son Éminence le cardinal de Bonnechose, archevêque de Rouen, à la Mère Élisabeth de Brugelles, à Castelnaudary.

Rouen, le 31 août 1861.

Ma chère fille,

Ne pouvant encore cette année avoir la consolation de vous voir, je vous envoie ma photographie.

† Henri, *archevêque de Rouen.*

LETTRE

Du Secrétaire du cardinal de Bonnechose, archevêque de Rouen, à la Mère Élisabeth de Bruyelles, à Castelnaudary.

Rouen, le 17 novembre 1863.

Madame la Supérieure,

Monseigneur l'archevêque a reçu votre bonne lettre, et me charge de vous en remercier. Sa Grandeur a toujours l'espoir et le désir de vous revoir. Au mois de septembre dernier, elle avait encore tout préparé pour faire le voyage de Carcassonne, mais un obstacle imprévu et tout à fait indépendant de sa volonté est venu l'arrêter au moment où elle allait se mettre en route. Malgré cela, elle ne désespère pas cependant de pouvoir faire un jour cette visite. En attendant, elle se recommande plus que jamais à vos prières et à celles de vos bonnes religieuses.

Veuillez agréer, madame la Supérieure, l'assurance du profond respect avec lequel j'ai l'honneur d'être,

Votre très humble serviteur,

Le Secrétaire particulier de Monseigneur.

CHAPITRE XXVI

Derniers jours de la mère de Brugelles. — Joie que lui cause le triomphe de l'Église au concile du Vatican.— Sa douleur à la vue de l'abandon de Pie IX et des désastres de la France. — Les soldats blessés ou malades encombrant l'hôpital de Castelnaudary; admirable charité de la servante de Dieu. — Fausse nouvelle de l'incendie de Rouen et de la mort du cardinal de Bonnechose; douleur dont elle est saisie; cette douleur, se joignant à celle que lui causent l'abandon du Pape et les malheurs de la France, détermine la maladie qui l'enlève en cinq semaines. — Comment elle fait à Dieu le sacrifice de sa vie; sa résignation, son abandon filial, sa patience et son courage au milieu des souffrances. — Épreuves intérieures; sublimité de sa foi dans ses luttes contre le démon. — Édification qu'elle donne. — Comment elle console ses filles. — Souvenir laissé à la famille de Tréville. — Saints adieux aux membres de sa famille.

Nous avons maintenant à raconter les derniers actes de la vie de notre sainte héroïne.

Avant de mourir, elle devait être témoin de deux des plus grands événements de ce siècle : le triomphe de l'Église au concile du Vatican, et les désastres de la France qui suivirent ce triomphe.

La Mère Élisabeth de Brugelles avait une dévotion spéciale à saint Pierre et à ses successeurs. Pie VII, comme nous l'avons vu, lui avait imprimé le signe de la croix sur le front. Un des effets de cette grâce était un attachement filial au Saint-Siège. Ce qu'était Pie IX pour elle peut plutôt se sentir que se dire. La définition du dogme de l'Immaculée Conception lui avait rendu ce Pontife cher au delà de toute expression. Cette suprême couronne, posée par lui sur la tête de la très sainte Vierge, avait causé à Élisabeth de Brugelles une de ces joies qui sont en cet exil un suave avant-goût des joies de la céleste patrie. A partir de cette époque, l'amour filial de cette vierge chrétienne pour Pie IX croissait avec les épreuves du Pontife. Ses prières pour lui étaient incessantes. Pendant le concile œcuménique du Vatican, elle priait avec toute l'Église, demandant, du fond du cœur, le triomphe de la vérité. Lorsque le dogme de l'infaillibilité du Pape fut défini, le premier mouvement de son âme fut celui du vieillard Siméon tenant l'Enfant-Dieu dans ses bras : « Maintenant, Seigneur, vous renvoyez en paix votre servante ; j'ai vu le triomphe de l'Église ; je vais descendre en paix au tombeau de mes pères. »

Mais, ô secrets de la justice de Dieu ! à peine le concile a-t-il achevé l'hymne du triomphe, que tout change de face : la guerre est déclarée ; le Pape est abandonné ; la France est envahie ; ce sont des désastres tels que nos pères n'en avaient jamais vu.

La grande âme de la Mère Élisabeth de Brugelles était accablée. L'abandon du Pape la rendait inconsolable. Les abaissements de la France achevaient de combler son deuil et sa douleur. Elle ne cessait de répéter : « Pauvre France ! pauvre France ! Elle s'est rendue bien coupable par son impiété et en abandonnant le Saint-Siège. Prions, prions beaucoup pour fléchir la justice divine, si justement irritée contre nous. »

Tandis que l'humiliation de la France et l'abandon du Pape abreuvent son âme d'une immense douleur, la guerre ouvre le plus vaste champ à sa charité. Élisabeth de Brugelles se montre plus grande encore que les infortunes qu'elle a à secourir : elle déploie un héroïsme qui couronnera d'un éclat éternel la fin de sa carrière.

Ici, nous laisserons parler ses filles, témoins oculaires de ce qu'elles racontent :

« On nous envoya cent cinquante militaires, parmi lesquels plusieurs blessés; mais la plupart avaient tellement souffert qu'ils avaient plus besoin d'une bonne nourriture que de remèdes. C'est alors qu'il fallait voir notre sainte Mère déployer sa charité envers ces pauvres soldats, allant les voir plusieurs fois dans la journée, descendant à la cuisine deux fois pour goûter ce qu'on leur préparait, disant continuellement aux sœurs :
« Servez-les généreusement, donnez-leur du pain tant « qu'ils en voudront, ne les laissez souffrir de rien. » Elle demandait aux plus malades ce qui pouvait leur faire plaisir; elle allait elle-même à la cuisine le faire préparer. Deux fois des dépêches adressées au trésorier de l'hospice le prévenaient qu'il eût à faire préparer près de soixante lits, que les militaires arrivaient à onze heures de la nuit. Notre digne Mère donna aussitôt des ordres non seulement pour qu'on tînt prêt un bon souper, mais encore pour que tous les lits fussent chauffés.

« Un général, étant venu faire sa visite, s'exprima en

ces termes : « Ma Mère, vous soignez si bien nos mili-
« taires, que nous ne pouvons les arracher d'auprès de
« vous, et ceux de nos hommes que nous dirigeons sur
« d'autres hôpitaux demandent tous à venir ici. » Et notre
digne Mère de répondre : « C'est le bon Dieu qui fait
« cela ! »

Quand la vénérable Mère Élisabeth de Brugelles dé-
ployait une charité si maternelle et si héroïque envers
ces soldats blessés, elle était déjà entrée dans sa quatre-
vingt-septième année. Malgré ce grand âge, elle était
encore forte, et elle aurait pu prolonger sa carrière s'il
n'eût fallu vaincre d'autre ennemi que la fatigue. Mais
les désastres de la France, l'abandon du Pape, la fausse
nouvelle de la mort d'un prince de l'Église, Mgr de
Bonnechose, avec qui elle était étroitement liée, lui
portèrent le coup mortel qui l'enleva après quelques
semaines de souffrance. Nous laissons encore parler ses
filles :

« Le jour que notre digne Mère fit la fondation de
deux lits à perpétuité pour les pauvres de la commune
de Villepinte, on eut l'imprudence de lui dire que Rouen
était en feu et que Mgr le cardinal de Bonnechose avait
été tué. Cette nouvelle atterra cette digne Mère, qui
avait toujours eu une vénération profonde pour ce prélat. Mgr de Bonnechose, pendant qu'il était évêque de
Carcassonne, faisant ses tournées pastorales, aimait à
venir se reposer quelques jours à l'hospice ; de là venait
cette mutuelle estime que ces deux grandes âmes avaient
l'une pour l'autre.

« Notre Mère portait depuis longues années un germe

de maladie au cœur qui cependant n'avait jamais pris d'accroissement ; mais, dès l'instant qu'elle eut appris la nouvelle de la mort du cardinal, ce fut un coup mortel pour elle, la maladie fit des progrès effrayants.

« Comme nous cherchions à lui persuader que la nouvelle qu'on lui avait donnée n'était pas fondée : « Hélas ! répondait-elle, croyez que cela n'est que trop « vrai ; les mauvaises nouvelles arrivent plus tôt que les « bonnes. » Et elle répétait sans cesse, pénétrée de cette pensée : « Mon Dieu ! quelle perte pour l'Église ! »

« Notre Saint-Père Pie IX la préoccupait continuellement ; elle demandait très souvent des nouvelles de Rome ; elle ne cessait de dire : « Le Pape est un grand « saint : voilà pourquoi il est tant persécuté ! »

« Dès le début de sa maladie, se sentant frappée mortellement, elle sollicita comme une grâce d'aller mourir à l'infirmerie, disant que la règle l'ordonnait ainsi et qu'elle ne voulait pas être traitée différemment que les sœurs. Mais, quand le médecin et son confesseur lui eurent dit qu'on ne pouvait pas l'y transporter : « Alors, « par obéissance, répondit-elle, je resterai ici. »

« Elle montra alors ce courage invincible qu'on avait admiré en elle toute sa vie. Quoique très souffrante, elle assistait à tous les exercices de la communauté. Elle voulut aussi assister à la messe de minuit, disant que c'était la dernière fois. Le lendemain, fête de saint Étienne, premier martyr, malgré ses grandes souffrances et nos plus vives instances, elle voulut encore entendre la sainte messe et dans la soirée recevoir la bénédiction. Elle se coucha ensuite pour ne plus se relever. »

Ainsi que nous l'avons annoncé plus haut, la Mère Élisabeth de Brugelles, aux derniers jours de sa vie, devait être purifiée dans le creuset des peines intérieures. Ce fut là une des plus grandes grâces qu'elle ait reçues en cette vie, parce que ce fut un des plus grands traits de ressemblance avec Jésus-Christ. Il faut expliquer cette vérité, une des plus hautes et des plus consolantes du christianisme.

Jésus-Christ est le modèle divin. La sainteté consiste à lui ressembler, c'est-à-dire à passer par les états par lesquels il a passé en cette vie. Or, cet adorable Maître, comme nous le voyons dans l'Évangile, a voulu boire le calice de son agonie dans le jardin des Oliviers ; là, portant le poids des iniquités du genre humain tout entier, il nous dit : *Mon âme est triste jusqu'à la mort*, Et cette tristesse est si grande, qu'il en sue une sueur de sang qui coule sur la terre.

Sur la croix, il dit à son Père : *Mon Dieu, mon Dieu, pourquoi m'avez-vous abandonné?* c'est-à-dire pourquoi m'avez-vous délaissé, sans consolation, dans cet océan de douleurs, livré à toute la cruauté de mes ennemis, et sous les coups de votre colère que méritent les péchés du monde, dont je me suis volontairement chargé?

Cette agonie du jardin et cet abandon sur la croix sont deux ineffables mystères de douleur.

Mais plus ce double océan s'élève jusqu'au trône de Dieu, plus il désarme sa colère. Plus Jésus-Christ souffre, plus il nous rachète. Comme il est Dieu de Dieu et égal à son Père, chacune de ses souffrances est d'un prix infini. Un seul de ses actes réparateurs, étant d'un prix infini, eût suffi pour nous racheter. Et il les multiplie pendant tout le cours de sa vie et de sa passion. Ainsi, il ne paye pas seulement la dette de la justice, il paye infiniment au delà. « *La rédemption*, comme David le chante, *est divinement abondante :* Copiosa apud eum redemptio. »

Ces excès de souffrances en Jésus-Christ sont des excès d'amour pour son Père et pour nous. Pendant toute l'éternité ils rendront à Dieu une gloire infinie et ils allumeront dans nos cœurs un embrasement éternel d'amour pour cet adorable Sauveur, parce que nous verrons pendant toute l'éternité les richesses infinies de sa rédemption et de son amour.

Nous comprenons maintenant pourquoi Jésus-Christ associe à son agonie du jardin et à son abandon sur la croix les âmes qui lui sont les plus chères : c'est qu'il leur donne par là une marque suprême de son amour. Il imprime en elles le cachet de sa divine ressemblance. Le docteur Séraphique, saint Bonaventure, nous enseigne que ces crucifiements intérieurs sont souvent le partage des âmes les plus pures. Ainsi les Catherine de Sienne, les Térèse, les sainte Chantal, les Magdeleine de Pazzi, ont connu les délaissements, les abandons intérieurs, les assauts des esprits de ténèbres, les agonies de l'âme. Sainte Angèle de Foligny a souffert un véritable martyre. Saint François de Sales dit qu'il est difficile de lire ses peines sans en avoir pitié. Elle dit d'elle-même « qu'elle était comme un corps pendu qui ne peut mourir ni se soutenir, mais qui est comme étouffé sans perdre la vie. » Elle était tellement tourmentée, qu'elle se croyait privée de la grâce et abandonnée de Dieu. Mais tout ce martyre, le plus délicat qu'on puisse éprouver en ce monde, ne se passait que dans la partie inférieure de son âme, la partie supérieure demeurant étroitement unie à Dieu.

La Mère Élisabeth de Brugelles était une âme grande, une âme forte, très chère à Jésus-Christ. Cet adorable Maître voulut lui donner un souverain témoignage de son amour, en la traitant à l'égal de ces grandes saintes, si chères à son cœur. Élisabeth de Brugelles eut donc, dans ses derniers jours, son agonie du jardin des Olives et son abandon sur la croix.

« Cette sainte Mère, nous disent ses filles, malgré son grand amour pour Dieu, avait toujours eu une vive crainte de ses jugements. Les plus petites imperfections lui paraissaient de grandes fautes. Pendant sa dernière maladie, le démon se servait de cette délicatesse de conscience pour la torturer presque sans relâche. Au plus fort du combat, elle répétait sans cesse : « Mon « Dieu, ayez pitié de moi, selon l'étendue de votre misé- « ricorde ! » Elle voulait qu'on lui fît boire fréquemment quelques gouttes d'eau de Notre-Dame de Lourdes. Elle souhaitait aussi qu'on jetât souvent de l'eau bénite sur son lit et dans la chambre. Elle baisait à chaque instant son crucifix, le tenant constamment entre ses mains, ainsi que la relique de la vraie croix et celles de plusieurs saints. « Nos sœurs, disait-elle sans cesse, « priez et faites prier pour moi. » Car les assauts que lui livrait le démon ne lui laissaient de repos ni jour ni nuit. Au plus fort de ses tentations et de ses souffrances,

elle disait : « Mon Dieu, je crois, j'espère, j'aime, je
« m'abandonne à vous. »

C'est ainsi que Dieu se plaisait à purifier cette belle
âme avant de l'appeler à lui. En la faisant passer par
ce creuset, il multipliait ses mérites et il embellissait sa
couronne. Ces actes incessants de résignation, d'abandon filial, de confiance et d'amour étaient d'autant plus
agréables à Dieu qu'ils partaient d'un cœur plus crucifié.
Durant ce combat de près de cinq semaines, notre
héroïne, malgré ses terreurs intérieures et son martyre,
ne céda pas une seule fois à l'ennemi. Chacune de ses
attaques était une victoire pour elle et une défaite pour
lui. En la torturant, il travaillait à sa félicité et augmentait sa gloire. Elle allait remporter un triomphe
final sur lui, à la face du ciel et de la terre, et lui laisser
une confusion éternelle.

Après lui avoir fait partager son crucifiement, Jésus-Christ allait donner à son épouse privilégiée les plus
tendres démonstrations de son amour. Dissipant de son
regard ces longs orages, il allait faire pénétrer la paix
du ciel dans les plus intimes profondeurs de son âme.
Ainsi que nous le verrons bientôt, Élisabeth de Brugelles, la fidèle épouse de Jésus-Christ, commencera
dès l'exil à éprouver les premiers tressaillements de la
joie des saints dans le ciel.

Pendant qu'elle s'acheminait vers cette sainte patrie,
portant la croix avec Jésus-Christ, elle donnait l'exemple
de toutes les vertus et une édification continuelle. Nous
empruntons les détails qu'on va lire au *Journal* rédigé
par ses filles :

« Cette vénérable Mère a voulu pratiquer la règle jusqu'au dernier moment de sa vie. Malgré ses souffrances parfois intolérables et de très mauvaises nuits, elle se faisait lire chaque matin le Nouveau Testament. En outre, elle se faisait faire chaque jour un peu de lecture spirituelle. Elle voulait qu'on gardât le silence autant que possible.

« Son obéissance envers la sœur qui la servait était admirable ; il suffisait qu'elle lui dît : « Ma chère Mère, « il le faut ! » pour qu'aussitôt elle obéît.

« C'est pendant ces cinq semaines de souffrance que nous avons pu admirer la pureté de cette belle âme. Quelle peine n'était-ce pas pour elle quand, son pauvre corps étant meurtri, déchiré, il fallait lui rendre certains soins ! Ce n'était point la souffrance qui l'effrayait, mais bien d'être soumise à une pareille humiliation. Pendant toute la durée du pansement, elle ne cessait de répéter : « O mon Dieu, à quelle épreuve vous me « soumettez ! je vous l'offre en expiation de mes péchés. »

« Cette vénérable Mère a conservé ses facultés intellectuelles jusqu'au dernier moment ; elle se rappelait tout.

« Elle avait un tel dégoût pour les aliments, qu'il fallait qu'elle se fît des violences extrêmes pour prendre ce qu'on lui présentait. Et quand la sœur lui avait dit : « Ma chère Mère, il faut vous fortifier pour souffrir davan- « tage afin de multiplier vos actes d'amour de Dieu. « — C'est bien vrai, répondait-elle ; puissent mes souf- « frances et le sacrifice de ma vie apaiser la justice de « Dieu, si justement irritée contre notre chère patrie ! »

« Au milieu des tentations et des souffrances, elle faisait éclater sa piété ; elle montrait le grand amour qui consumait son âme. Ainsi, elle aimait qu'on lui lût souvent la consécration suivante au sacré Cœur de Jésus :

« Je donne et consacre au sacré Cœur de Jésus ma
« personne, ma vie, mes pensées, mes paroles, mes
« actions et mes peines ; je ne veux plus me servir d'au-
« cune partie de mon être que pour l'aimer, l'honorer
« et le glorifier. Je vous prends donc, ô sacré Cœur
« de Jésus, pour l'unique objet de mon amour, le pro-
« tecteur de ma vie, l'assurance de mon salut, le
« remède à mes inconstances, le réparateur de tous les
« défauts de ma vie et mon asile assuré à l'heure de
« ma mort.

« Soyez, ô Cœur plein de bonté, ma justification
« auprès de Dieu le Père, et détournez de moi les
« traits de sa juste colère. Je mets toute ma confiance
« en vous, car je crains tout de ma faiblesse comme
« j'espère tout de vos bontés.

« Anéantissez donc en moi tout ce qui peut vous
« déplaire et vous résister. Imprimez-vous comme un
« divin cachet sur mon cœur, afin que jamais je ne
« puisse vous oublier ni être séparée de vous. Je vous
« conjure par toutes vos bontés, que mon nom soit
« écrit en vous, qui êtes le livre de vie, et que vous
« fassiez de moi une victime toute consacrée à votre
« gloire, qui soit dès ce moment embrasée des flammes
« de votre pur amour pour en être entièrement con-
« sumée dans le temps et dans l'éternité ; c'est en

« quoi j'établis tout mon bonheur, n'ayant plus d'autre
« ambition que celle de vivre et de mourir en qualité
« de votre esclave. Ainsi soit-il. »

« Pendant la lecture de cet acte, notre sainte Mère disait de temps en temps : *Oui, mon Dieu, vous savez que mon unique désir est d'être à vous sans réserve et pour toute l'éternité.*

« Malgré ce qu'elle souffrait et les combats qu'elle soutenait, elle ne laissait pas de consoler les autres, ce qui montre la grandeur de sa charité. Quelques jours avant sa mort, elle nous dit : *Pourquoi vous désoler? Si le bon Dieu me fait miséricorde, comme je l'espère, je vous serai plus utile au ciel que sur la terre. Ayez beaucoup de courage, et soyez de ferventes religieuses.*

« Comme nous l'avons vu, elle avait accueilli les soldats blessés avec un cœur de mère. Quand ces pauvres militaires ne la virent plus paraître et qu'ils apprirent qu'elle était dangereusement malade, ils en éprouvèrent une indicible douleur. Ils commencèrent aussitôt une neuvaine pour conjurer Notre-Seigneur de prolonger les jours de cette chère et sainte Mère. Touchée de ces sentiments de foi et d'affection, la Mère Élisabeth de Brugelles fit dire aux militaires qu'elle les remerciait de leur neuvaine, que de son côté elle priait pour eux, qu'elle demandait leur guérison et par-dessus tout le salut éternel de leurs âmes.

« Sa charité, dominant les souffrances et les combats, fut toujours noble, attentive, pleine de délicatesse. La famille de Tréville lui était particulièrement chère, à cause du bien spirituel que l'abbé Raymond de Tréville avait fait à son âme. Il avait été pour elle un guide selon le cœur de Dieu : il avait prononcé sur sa vocation, il l'avait encore dirigée quand elle était revenue, comme religieuse, à Castelnaudary ; il l'avait affermie dans les voies de la perfection chrétienne. La Mère Élisabeth de Brugelles gardait très précieusement deux petits tableaux en miniature qui lui avaient été donnés par l'abbé Raymond de Tréville. Quelques jours avant sa mort, cette digne Mère nous pria de les faire remettre à la famille, disant qu'*ils venaient d'un saint.* »

Les pauvres étaient l'objet de sa plus tendre sollicitude. C'est Jésus-Christ qu'elle avait aimé en eux, qu'elle avait servi en eux depuis sa jeunesse et son entrée dans la vie religieuse. Aussi elle les recommandait à ses filles. Ces paroles, qu'elle leur avait tant de fois adressées et qu'elle leur répétait sur son lit de mort, furent le testament de sa charité : « Soignez-les comme les membres souffrants de Jésus-Christ ; faites en vue de Jésus-Christ et par amour pour Jésus-Christ tout ce que vous faites pour eux. Vous gagnerez ainsi leurs âmes à Dieu, et Jésus-Christ tiendra fait à lui-même tout ce que vous ferez pour eux. »

Elle disait à l'un des médecins qui la voyaient : « Je « vous recommande nos pauvres, prodiguez-leur les « soins les plus assidus. » Et, femme toujours apostolique, toujours embrasée du zèle du salut des âmes, elle saisissait cette occasion pour dire au docteur : « Je vous en conjure, soyez fidèle à vos devoirs religieux. »

L'ordonnateur de l'hospice et le trésorier avaient

demandé la faveur de la voir une dernière fois avant sa mort. Elle les accueillit avec le cœur d'une mère. Son amour pour Dieu, sa soif du salut des âmes, lui dictèrent alors les paroles les plus touchantes.

Plusieurs jours avant sa mort, elle fit les plus saints adieux aux membres de sa famille, à M. Prosper Alquier, à Mme Prosper Alquier, à leurs enfants et à Mme Fabre Saint-Félix. Comme nous l'avons vu, elle leur avait inspiré la crainte du Seigneur dès leur plus tendre enfance. Nous laisserons parler M. Prosper Alquier :

« Nous voyant réunis autour d'elle, elle nous dit combien elle nous avait affectionnés ; qu'elle espérait, avec la grâce de Dieu, avoir une place au ciel ; qu'elle nous conjurait de devenir des saints, afin que nous puissions la rejoindre.

« Elle nous dit d'enseigner à nos enfants la connaissance de Dieu et la pratique de la charité. *Celui*, dit-elle, *qui n'est bon que pour lui, n'est bon à rien. Soyez serviables pour tout le monde et surtout pour ceux qui se conduisent en ennemis à votre égard. Dieu vous en tiendra compte.*

« Elle nous embrassa en nous bénissant, et elle nous fit ses adieux. *La vie est courte*, nous dit-elle ; *nous nous retrouverons bientôt. Maintenant j'ai à me préparer à rendre mes comptes à Dieu. Ne venez plus me voir, la vue de mes souffrances vous ferait de la peine.*

« On conçoit qu'il ne nous fut pas possible de déférer à cette dernière recommandation. Nous vînmes souvent la voir, et nous reçûmes toujours de précieux conseils.

« Ce fut dans une de ces visites qu'elle me promit,

comme souvenir, son couteau et son couvert, me disant : *C'est pour t'indemniser de la première demande que je t'ai refusée* (je lui avais demandé sa photographie, qu'elle n'a jamais consenti à laisser faire). *Je désire que tu te serves de ce couvert à tous tes repas ; ainsi je serai sûre que tu ne m'oublieras point. Ce couvert a été pris chez mon père, quand je suis partie pour Nevers, et depuis je n'en ai pas eu d'autre.* »

C'est ainsi que la foi, la simplicité antique, la tendresse, la sainteté, éclataient dans les adieux d'Élisabeth de Brugelles aux membres de sa famille. Nous achèverons de la peindre en disant qu'à l'exemple du divin Maître, *ayant aimé les siens qui étaient en ce monde, elle les aima jusqu'à la fin.*

De leur côté, M. et Mme Prosper Alquier et Mme Fabre Saint-Félix ne cessèrent de la payer de retour. Ils furent tendrement assidus auprès d'elle jusqu'à la dernière heure. Nous dirons, dès ce moment, que tous les trois eurent le bonheur de recevoir son dernier soupir. Quant à Mme Fabre Saint-Félix, elle eut le privilège d'être la dépositaire d'une confidence intime : sa sainte tante lui fit connaître une faveur d'un inestimable prix qu'elle avait reçue du divin Maître et dont nous parlerons à la fin du chapitre suivant.

Après ces adieux, sa mission envers le prochain était accomplie en ce monde. Le temps finissait pour elle : elle touchait à l'éternité ; elle n'en était plus séparée que par quelques jours. Une si belle et si sainte vie allait se clore ; et c'est ce suave et céleste tableau que nous avons maintenant à contempler.

CHAPITRE XXVII

La vénérable Mère demande et reçoit les derniers sacrements. — La sérénité succède aux épreuves. — Faveur du divin Maître : elle entend une parole qui est pour elle le gage d'une sainte mort. — Ses avant-goûts du ciel. — Elle s'endort dans le Seigneur le 1er février 1871, dix minutes après minuit. — Changement qui s'opère dans son corps : les traits de son visage se transfigurent; éclat de sainteté qui y brille. — Vénération universelle, douleur filiale des religieuses, des pauvres, de toute la ville. — Ses funérailles. — Une médiatrice de plus au ciel pour Castelnaudary, la France et l'Église.

Dans la vie des justes et des saints, tout est coordonné par la Providence. La sagesse de Dieu y brille dans les moindres circonstances. Mais, dans les actes solennels qui marquent cette vie, la sagesse divine se révèle avec un incomparable éclat. On dirait des attentions délicates de Dieu envers ses serviteurs, des distinctions qu'il leur réserve, des gages d'amour qu'il veut leur donner à la face du ciel et de la terre. Parmi les actes de la vie chrétienne, il en est deux qui sont exceptionnellement solennels et augustes. Le premier est celui où le chrétien reçoit les secours suprêmes de l'Église, le saint viatique et l'extrême-onction. Le second est celui où le chrétien, à l'exemple de Jésus-Christ sur la croix, remet son âme entre les mains du Père céleste. C'est pour ces deux actes surtout que Dieu déploie à l'égard de ses serviteurs les munificences de sa grâces et les délicatesses de son amour. Il veut qu'on dise d'eux : « *Vos amis, ô Dieu, sont honorés avec excès :* Nimis honorati sunt amici tui, Deus ! » Élisabeth de Brugelles a été une de ses plus fidèles et de ses plus illustres servantes en ce siècle. Aussi Dieu lui réserve-t-il ces précieux *excès d'honneur* dans les derniers actes de sa vie.

Il veut que le jour où elle recevra les derniers sacrements de l'Église soit celui de la fête de la Chaire de Saint-Pierre à Rome. C'est le jour qu'il a choisi pour elle de toute éternité, et ce choix est une distinction, une récompense. Elisabeth de Brugelles était attachée du fond du cœur à la foi de ses pères. Comme sainte Térèse, c'était avec un transport de bonheur qu'elle disait : « Je suis fille de l'Église catholique ! » Elle avait un sublime sentiment de ces paroles : « Là où est Pierre, là est l'Église. » Le signe de la croix imprimé sur son front par Pie VII opérait une grâce incessante dans son âme. Elle aimait le vicaire de Jésus-Christ, elle ne respirait que les intérêts de l'Église. Pour la foi, elle eût été prête à verser son sang. Persécutée, elle eût parlé devant ses juges comme les Catherine, les Agnès, les Lucie. Pendant le concile œcuménique du Vatican, unie aux évêques et aux fidèles les plus dévoués au Saint-Siège, elle n'avait cessé de faire monter vers Dieu les plus ferventes prières, demandant le triomphe de l'Église. Ensuite, quand Pie IX est abandonné et qu'il est prisonnier, on peut dire qu'elle boit avec lui tout le calice de sa douleur et qu'elle porte tout le poids de ses chaînes. Elle ne cesse de redire : « Pie IX est un grand saint, voilà pourquoi il est tant persécuté. »

Un tel amour filial pour saint Pierre et l'Église appelle de la part de Dieu des distinctions spéciales et des récompenses privilégiées. Aussi c'est le jour de la fête de la Chaire de Saint-Pierre à Rome que Dieu choisit pour consommer son alliance avec cette vierge bien-aimée et se la consacrer pour l'éternité, comme un temple vivant, par les derniers sacrements de l'Église. Dès la matinée du jour de cette grande fête, Élisabeth de Brugelles avait été occupée des prérogatives du prince des apôtres. Elle s'était inclinée avec foi et amour devant cette chaire de Saint-Pierre, dont les enseignements illuminent le monde et d'où émane sur l'Église entière la lumière infaillible de la vérité. Vers les trois heures de l'après-midi, sentant ses souffrances s'accroître, la servante de Dieu, la fille dévouée à saint Pierre, juge qu'elle ne peut demander en meilleur jour les derniers sacrements de l'Église. Elle demande donc cette faveur suprême, et elle prépare son âme. La scène dont nous allons être témoins est si auguste, que les termes nous manquent pour la peindre.

Il y avait soixante-quinze ans qu'elle avait reçu pour la première fois le pain des anges. L'innocence et l'amour étaient la parure de son âme. Jésus-Christ en prenait possession à jamais. De communion en communion, il devait la conduire au ciel. Elle soupirait avec ardeur après ce pain des anges, et Jésus-Christ se plaisait de plus en plus dans la demeure de son âme.

Chaque fois qu'elle était admise au banquet, le divin Maître resserrait les nœuds d'une union qui devait être éternelle. Il accroissait la beauté intérieure de cette âme ; il y allumait un amour plus ardent. C'est ainsi que depuis plus de soixante ans il préparait cette épouse au jour des noces éternelles. Le saint viatique sera l'alliance consommée en ce monde ; l'extrême-onction sera un cachet de la puissance et de la sainteté divines imprimé au corps de cette vierge. Mais que le moment où Jésus-Christ lui accorde ces deux gages suprêmes de son amour est solennel ! Comme il la traite en épouse privilégiée !

Avec quelles richesses de grâces il arrive ! Il est le Dieu fidèle, et il aime la fidélité dans les âmes ; or, il trouve dans cette vierge une fidélité héroïque depuis son enfance. Élisabeth de Brugelles n'a vécu que pour lui.

Il a solennellement promis dans son Évangile de récompenser comme fait à sa personne ce qu'on ferait pour les pauvres ; et il a à récompenser dans Élisabeth de Brugelles presque un siècle de services.

Cet admirable Maître a fait les plus magnifiques promesses aux âmes qui honoreraient son divin Cœur ; et Élisabeth de Brugelles, émule et imitatrice de la bienheureuse Marguerite-Marie, s'est consumée d'amour pour le Cœur de son divin Maître et a déployé un zèle incessant pour le faire honorer. C'est cet amour et ce zèle que Jésus-Christ va récompenser !

Notre faible regard entrevoit maintenant tant soit peu les trésors de grâces que le divin Maître apporte à sa fidèle servante.

Par un secret de sa sagesse infinie, il ne permet pas qu'Élisabeth de Brugelles sente, dans cette visite, les transports du divin amour. Il se plaît à la maintenir dans l'épreuve, pour la maintenir dans l'humilité : il veut accroître ainsi ses mérites. Mais dès ce moment, et dans cette communion, il lui accorde cette grâce extraordinaire dont il ne lui donnera l'assurance que trois jours avant sa mort : « qu'elle entrerait dans le Cœur de Jésus par le saint Cœur de Marie. »

Un amour de Dieu qui a pris de perpétuels accroissements depuis son enfance, voilà l'ornement par excellence de l'âme de cette vierge au moment de recevoir les derniers sacrements. Une humilité profonde rehausse encore cette parure intérieure. Par cette humilité, le Saint-Esprit achève de préparer son âme. C'est dans ces dispositions que, entourée de ses filles, cette vénérable Mère reçoit des mains du prêtre le saint viatique et l'extrême-onction, le 18 janvier 1871, fête de la Chaire de Saint-Pierre à Rome. La foi, l'humilité, l'amour qu'elle fait éclater, ravissent tous les assistants. Quant à elle, possédant ces deux gages de l'amour infini de son Dieu, elle se retire tout entière de ce monde créé et se recueille en Celui qu'elle sent présent au plus intime de son âme. Sortant un moment de cet entretien sacré, elle bénit ses filles, et ensuite elle se réfugie de nouveau dans le sein de son Dieu.

Désormais elle ne s'entretiendra plus qu'avec lui. Elle n'est plus du temps, elle est déjà toute de l'éternité. Tous ses moments sont à Dieu. Elle prie, elle souffre, elle combat. Elle s'unit à Jésus-Christ sur la croix, elle lui offre le sacrifice de sa vie. Elle s'unit à Marie au pied de la croix et la supplie de lui faire partager les sentiments de son cœur. Elle a recours à saint Joseph comme à un père. Elle s'adresse à son bon ange, le priant de la soutenir. Elle invoque saint Michel et toutes les milices célestes, les saints et les saintes du paradis, implorant leur crédit auprès de Dieu. Se renfermant dans ce monde de la foi, elle ne veut plus accorder un instant à la terre.

Plusieurs supérieures des maisons voisines viennent pour lui exprimer une dernière fois leurs sentiments de vénération et de filial amour. Mais cette Mère, si aimante, ne leur donne pas la plus petite marque d'affection, et cela pour ne pas ravir un instant à son Dieu. « Maintenant, dit-elle, c'est fini ! qu'on me laisse seule avec Dieu seul ! »

Quelques jours avant sa mort, les sœurs veulent lui soumettre certaines choses sur leurs emplois. « Non, non, répond-elle, c'est fini; laissez-moi les quelques instants qui me restent pour aller paraître devant Dieu. »

Elle donne une grande leçon. Elle nous dit que quand l'âme est près d'entrer dans l'éternité et va paraître devant Dieu, elle ne doit pas perdre un seul instant avec les créatures.

Ainsi, cette âme forte s'élève au-dessus d'elle-même, cette vierge de Jésus-Christ refuse de détourner un seul moment son regard de son divin Epoux crucifié. Ses actes intérieurs se multiplient, ses mérites s'accroissent. Le divin Époux, tout en habitant dans la partie supérieure de son âme, lui laisse éprouver dans la partie inférieure les délaissements et sentir les assauts du démon. C'est là le dernier creuset où il la purifie, et le dernier émail qu'il imprimera à ses vertus ; c'est dans ce combat qu'il lui fera moissonner les plus belles palmes de sa vie. Il grave en elle les derniers traits de la ressemblance divine. Jamais Jésus-Christ n'a été plus agréable à son Père et ne lui a témoigné plus d'amour qu'au jardin des Oliviers, quand il dit : « Mon âme est triste jusqu'à la mort ; » et sur la croix, quand il dit : « Pourquoi m'avez-vous abandonné ? » Jamais son Père n'a mis en lui d'une manière plus divinement souveraine ses complaisances infinies. Il en est de même d'Élisabeth de Brugelles. Jamais elle n'a été plus chère à Jésus-Christ que dans ces combats contre le démon et dans ces délaissements intérieurs ; et par conséquent jamais le divin Maître n'avait fait déborder de son cœur dans celui de cette épouse crucifiée une plus riche effusion de grâces, car c'est sur son amour pour nous qu'il mesure la magnificence de ses dons.

Le divin Maître la fait participer à ses états de souffrance durant sa passion : les tristesses du jardin des Oliviers, les agonies de l'âme, les délaissements de sa croix, la couronne d'épines s'enfonçant non dans sa tête, mais dans son cœur. Il n'est rien de plus déchirant, de plus douloureux que le martyre d'une âme qui aime Dieu de l'amour le plus ardent, à la seule pensée qu'elle peut être séparée de lui. Par ces craintes qui transpercent l'âme, Dieu la purifie. Il abrège son séjour en purgatoire et hâte le moment de son entrée au ciel. On peut dire que le divin Maître applique alors à l'âme les mystères de sa passion. Plus il aime une âme, plus il l'associe à ses souffrances. Sa divine Mère était aimée par lui d'un amour qu'aucune intelligence créée ne peut comprendre, et cependant il la voulut debout auprès de sa croix, crucifiée dans son âme de tous les crucifiements qu'il endurait en lui-même.

Cet état de désolations intérieures, ce martyre prolongé près de cinq semaines est maintenant compris. C'est la plus haute marque d'amour de Jésus-Christ envers sa fidèle servante.

Mais une fois ce cachet de la croix imprimé à l'âme de cette vierge, Jésus-Christ la fait participer aux mystères de sa résurrection. Il la console, comme il consola Madeleine et les saintes femmes. Il choisit le beau jour de la fête de saint François de Sales pour commencer à l'enrichir de ce nouvel ordre de grâces.

Ce grand saint avait connu dans sa vie ce martyre de la Mère de Brugelles, et ce martyre lui avait arraché cette parole sublime : « O Dieu, mon unique amour, si dans le monde futur je suis condamné à ne vous point aimer, je veux du moins en cette vie vous aimer jusqu'au dernier soupir. » Ce fut sous la protection de ce saint et le jour de sa fête que Dieu voulut dissiper les angoisses d'Élisabeth de Brugelles. Mais il veut que cette âme si héroïque engage auparavant une lutte suprême avec le démon. La nuit du 28 au 29 janvier 1871 fut témoin de ce combat : il semblait que le démon employât toutes les forces de l'enfer pour porter cette âme pure à désespérer de son salut. Il lui représentait la sainteté infinie de Dieu et sa justice infinie ; il lui disait que le ciel n'était pas fait pour elle, et faisait pénétrer d'indicibles flots de tristesse dans son âme, et des terreurs qui la transperçaient comme autant de glaives. Toutes les anxiétés de l'âme, tous les martyres intérieurs, se reflétaient sur la figure de la vierge ; l'orage intérieur éclatait au dehors. Elle poussait de profonds soupirs. Les sœurs qui la veillaient en étaient dans la consternation. Dans cette lutte à outrance, la foi était son arme. Elle prenait son crucifix, elle l'opposait à l'ennemi, comme sa défense ; elle l'approchait de ses lèvres, puis le mettait sur sa poitrine. S'en couvrant comme d'un bouclier, elle disait avec Job : « Quand bien même il me tuerait, j'espérerais en lui. » — « O mon Sauveur et mon unique amour, qui êtes mort pour moi, non, vous ne m'abandonnerez pas, vous ne me rejetterez pas de votre face. Soutenez-moi, cachez-moi dans vos plaies, faites-moi grâce et miséricorde, défendez-moi contre l'ennemi de mon salut. »

Elle recourait à la très sainte Vierge : « Marie, refuge des pécheurs, soyez ma mère ! — O saint Joseph, protecteur de la bonne mort, assistez-moi ! — Saint Michel et mon bon ange, combattez avec moi ! — Saints et saintes du paradis, intercédez pour moi !... Fléchissez la justice de mon Dieu, obtenez-moi miséricorde !... »

Ainsi se passa cette mémorable nuit du 28 au 29 janvier. Ce furent des assauts incessants de l'enfer et des résistances héroïques de la foi.

C'était la fête de saint François de Sales. Sous la protection de ce grand saint, tout allait changer de face.

A sept heures du matin, elle tomba dans un état de

prostration complet. Le corps était brisé par le combat, et les sens semblaient ensevelis dans la lassitude. Voilà ce qui paraissait à l'extérieur. Mais tout porte à croire que son âme, victorieuse de l'ennemi, entra alors dans une extase et qu'elle commença à goûter une paix toute divine, et que Jésus-Christ la consolait par sa présence. Deux heures se passèrent dans cet état. De grandes choses s'étaient opérées dans son âme; car, vers les neuf heures, sortant comme d'un songe ou plutôt d'un recueillement surnaturel, elle dit à la sœur qui était près d'elle : « Mais enfin, pourquoi ne m'apporte-t-on pas le bon Dieu? Je désire tant de le recevoir! »

On se hâta de lui accorder cette consolation, et à partir de ce moment elle jouit d'un calme parfait, et toutes ses craintes cessèrent. On l'entendait répéter sans cesse : « Cœur sacré de Jésus, ayez pitié de moi! Cœur immaculé de Marie, priez pour moi! »

Le jour de saint François de Sales et les deux jours suivants, c'est-à-dire le 30 et le 31 janvier, on vit en elle la même sérénité.

Le divin Maître, avant d'appeler à lui les âmes privilégiées, se plaît à leur donner des arrhes et des avant-goûts de la félicité du ciel. Ainsi, pour son premier martyr saint Étienne il entr'ouvre le séjour de la gloire, en sorte qu'il s'écrie dans un transport : « Je vois les cieux ouverts et Jésus-Christ debout à la droite de son Père. »

Il fait entrer sainte Térèse dans une extase qui commence à sept heures du matin et se termine à neuf heures du soir. Pendant ces heures, il lui fait faire comme l'essai de la vie du ciel, soit par les lumières communiquées, soit par les torrents de délices dont il inonde son âme.

Quant à Élisabeth de Brugelles, il lui accorda pendant trois jours une dilatation de cœur qui lui faisait dire avec l'Apôtre : « Je surabonde de joie. » Le divin Maître se plut, dès ce jour même de saint François de Sales, à lui donner non seulement l'avant-goût, mais l'assurance du bonheur éternel. Il a voulu qu'une grâce si extraordinaire fût connue ; car la Mère Élisabeth de Brugelles se sentit intérieurement portée à en faire la confidence à sa digne nièce, Mme Fabre Saint-Félix, qui lui prodigua ses soins avec une tendresse toute filiale. S'assurant qu'elle était bien seule avec elle, elle lui dit : « Oh ! si tu savais comme je suis contente ! Je viens d'entendre une parole intérieure qui m'a dit que j'entrerai dans le Cœur de Jésus par le saint Cœur de Marie. Oh ! quel bonheur ! comme je serai bien là ! Je suis bien tranquille. »

Ces paroles nous ont été attestées de vive voix par Mme Fabre Saint-Félix, et elle nous les a laissées par écrit.

Pendant les trois derniers jours de sa vie, Élisabeth de Brugelles reçoit des arrhes du ciel : ce sont de saintes lumières et des avant-goûts de la félicité céleste.

Au sein d'une paix profonde et d'une sérénité sans nuage, entièrement livrée au Saint-Esprit, elle commence à voir le dessein des miséricordes infinies de Dieu sur elle. Dans le passé, elle découvre ce magnifique enchaînement de grâces qui l'ont investie dès le berceau, les grâces reçues dès son enfance, les grâces reçues dans la jeunesse, dans l'âge mûr et la vieillesse ; et, par suite de ces grâces, le monde à jamais vaincu, l'enfer vaincu pour l'éternité. Elle voit toute la dignité de sa vocation à la vie religieuse : élue du milieu du siècle pour être l'épouse de Jésus-Christ, et dans les pauvres servant Jésus-Christ lui-même. Elle voit le mérite de ses œuvres, Jésus-Christ voulant récompenser comme fait à lui-même tout ce qui a été fait pour ses membres souffrants.

Elle saisit alors la vérité de ces paroles de saint Paul : *Le moment si court et les tribulations si légères de cette vie opèrent en nous un poids éternel de gloire.* La vie, eût-elle duré un siècle, n'est plus qu'un moment, qu'un éclair, en face de l'éternité. Les tribulations passées sont des tribulations d'un jour, et leur récompense est un poids éternel de gloire. Les siècles couleront, et cette éternité de saintes et divines extases sera toujours à son principe, à son point de départ.

L'heureuse vierge s'élève par un élan de son cœur vers la société céleste qui lui tend les bras et l'appelle dans ses rangs. Cette société a deux grands traits distincts : chacun de ses membres est embrasé de l'amour de Dieu et ne respire que la gloire de Dieu. Le cri de saint Michel : « *Qui est comme Dieu?* Quis ut Deus? » est le cri de toute cette société céleste. Ils adorent dans un saint tremblement d'amour toutes les perfections de Dieu, qu'ils contémplent face à face ; ils l'aiment de toutes les flammes d'amour dont ils sont embrasés, et chacun, possédant le Saint-Esprit, a en lui-même un éternel foyer d'amour. Élisabeth de Brugelles soupire après le moment de se voir admise dans cette société sainte. Ses désirs vont enfin être exaucés.

Sa mort est souverainement précieuse devant Dieu. Une vierge chrétienne ne peut mourir avec plus de majesté et plus d'humilité. La noble fille du chevalier de Brugelles, la servante des pauvres, l'épouse de Jésus-Christ, révèle à ses derniers moments tout ce qu'il y avait de beau, de grand dans son caractère. Cette héroïne chrétienne, qui avait montré toute sa vie un invincible courage, semble maîtriser l'action de la mort. Elle lui désigne en quelque sorte le moment où elle peut approcher.

Le 31 janvier, à cinq heures du soir, elle sent que son âme va prendre le chemin de la bienheureuse patrie ; elle demande son confesseur et reste quelques instants avec lui. Les sœurs rentrent. La Mère, se tournant alors du côté du confesseur, lui dit d'une voix ferme et assurée : *Maintenant il est temps de me faire la recommandation de l'âme ; hâtez-vous.* La communauté est aussitôt convoquée, et la Mère se voit entourée de ses filles. Elle leur fait ses adieux et les bénit, puis elle se recueille. Le prêtre commence la recommandation de l'âme, et elle répond elle-même à toutes les prières. Quand tout est fini, elle bénit tendrement ses filles, elle fait le signe de la croix et dit le *De profundis*. Remettant ensuite son esprit, avec plénitude de lumière, entre les mains de son Dieu, elle entre en agonie et rend sa belle âme à son Créateur, à minuit et dix minutes, le 1er février 1871.

Nous laissons maintenant parler ses filles :

« Une heure après sa mort, le visage de notre vénérée Mère est devenu radieux, les rides disparurent, ses lèvres sont redevenues vermeilles. Étant morte d'une maladie de cœur, elle était très enflée : l'enflure disparut subitement ; il faisait alors un vent marin terrible, et la température s'était considérablement adoucie ; malgré cela, son corps n'a exhalé aucune odeur. Elle n'avait jamais voulu laisser tirer son portrait de son vivant ; tout le monde tenant à avoir sa photographie, on la fit tirer sur son lit de mort ; pour réussir à la tirer, le jour de la chambre n'étant point favorable, on dut la mettre sur un autre lit. Cependant, quoiqu'on l'ait beaucoup remuée, son corps n'a pas eu la moindre décomposition. Vingt-quatre heures après sa mort, le médecin vint la voir ; en voyant son visage sans rides et ses lèvres vermeilles, il en fut ému jusqu'aux larmes ; son étonnement alla croissant quand, après l'avoir examinée, il s'aperçut que l'enflure avait disparu, que les membres étaient souples et que le corps avait conservé sa chaleur. « Voilà « une chose tout à fait extraordinaire, dit-il ; cela « tient du prodige, surtout avec le vent qu'il fait. »

« Nous avons gardé ce saint corps quarante-huit heures, et lorsqu'on le mit dans le cercueil, il avait conservé sa souplesse et un peu de chaleur. Le lit sur lequel il était exposé était intact, quoique l'enflure eût disparu.

« Pendant la sépulture, le corps est demeuré découvert jusqu'au cimetière ; le concours des fidèles qui avaient tenu à accompagner la dépouille de cette sainte Mère ne se lassait pas de contempler ses traits vénérés.

« Dire la douleur générale et le deuil universel est chose impossible : depuis le plus petit jusqu'au plus grand, tout le monde pleurait. »

Par ce récit simple et fidèle de ce qui a suivi la mort de cette illustre vierge, nous voyons que Dieu a voulu montrer aux habitants de Castelnaudary un rayon de la gloire dont il la couronne dans le ciel. Tandis que l'on pleurait sur sa tombe, Élisabeth de Brugelles entonnait, au milieu du chœur des vierges, le *Magnificat* éternel du triomphe. Castelnaudary, la France et l'Église avaient au ciel une médiatrice de plus.

O

VÉNÉRABLE ET SAINTE MÈRE

ÉLISABETH DE BRUGELLES

Bienheureuse servante de Dieu et des pauvres, mon travail est maintenant terminé. Pendant deux ans, vous avez été présente à mon âme ; et, à la lumière du ciel, je dessinais votre portrait ; j'écrivais votre vie.

Je dépose aujourd'hui ma plume, non sur votre tombe, mais au pied du trône éclatant de blancheur où vous êtes assise au milieu des vierges, trône enlacé de guirlandes de lis et de roses, symboles de l'amour et de la virginité. Daignez agréer mon œuvre et l'honorer d'un regard maternel. Pour vous léguer à la postérité selon votre mérite, il eût fallu la plume d'un saint Jérôme ou d'un saint Ambroise. Le génie uni à la sainteté nous eût laissé une œuvre complète. Quant à moi, je n'ai pu mettre à votre service qu'un désir sincère de vous glorifier. Au sein de la vision béatifique, souvenez-vous de l'humble instrument que Jésus-Christ a daigné choisir pour léguer votre nom, vos actes, votre sainte figure aux âges futurs. Couronnez toutes vos intercessions en venant m'assister à la dernière heure avec la très sainte Vierge, saint Joseph, l'archange saint Michel, saint Pierre, saint Ignace, saint François-Xavier, sainte Térèse et la bienheureuse Marguerite-Marie, afin *qu'entrant*, comme vous, *dans le Cœur de Jésus par le saint Cœur de Marie*, je chante éternellement, au ciel, avec tous les saints, toutes les saintes et tous les bienheureux esprits, les miséricordes infinies du Seigneur.

L'inscription suivante, où nous avons résumé la vie de notre sainte héroïne, est destinée à être gravée en lettres d'or sur le marbre blanc qui doit couvrir la tombe où repose, jusqu'au jour de la résurrection, la dépouille virginale de la vénérable Mère Élisabeth de Brugelles :

ICI REPOSE

DANS LA PAIX DU SEIGNEUR

LA VÉNÉRABLE MÈRE ÉLISABETH DE BRUGELLES

DE LA CONGRÉGATION DES SŒURS DE NEVERS

NÉE A CASTELNAUDARY LE 15 MAI 1784

REÇUE EN RELIGION LE 26 SEPTEMBRE 1803

SUPÉRIEURE DE L'HOSPICE DE CASTELNAUDARY

EN L'ANNÉE 1823

ÉLUE GÉNÉRALE DE SA CONGRÉGATION

LE 12 MARS 1839

SUPÉRIEURE POUR LA SECONDE FOIS DE L'HOSPICE

DE SA VILLE NATALE EN 1841

UNE DES PLUS GRANDES SERVANTES DE DIEU EN CE SIÈCLE

HÉROÏQUE PAR SA MORTIFICATION ET PAR SA CHARITÉ

PENDANT PLUS DE SOIXANTE ANS LA MÈRE DES PAUVRES

ET MORTE AU MILIEU D'EUX EN ODEUR DE SAINTETÉ

LE 1er FÉVRIER 1871

PLUS PLEINE DE MÉRITES QUE DE JOURS

LA PIÉTÉ FILIALE A ÉRIGÉ CE MONUMENT

A SA MÉMOIRE

LA SŒUR ROSALIE RENDU

ET

LA SŒUR

NATALIE NARISCHKIN

CHAPITRE XXVIII

Deux des plus célèbres et des plus saintes filles de Saint-Vincent de Paul, au XIXe siècle, la sœur Rosalie Rendu et la sœur Natalie Narischkin.

La sœur Rosalie figure à la première page de ce livre ; le tableau de ses funérailles, ainsi que nous l'avons annoncé dans la Préface, en sera le couronnement. Pendant un demi-siècle, elle a été, à Paris, la providence visible des pauvres et des malheureux. Son cœur était rempli de la charité de Jésus-Christ. Il renfermait toute l'Église. Tous les ordres religieux lui étaient chers. Elle a aimé du fond du cœur la compagnie de Jésus. Elle n'a cessé de lui donner des témoignages de sa charité. Elle avait des attentions maternelles pour ces religieux. Que de services et de bons offices rendus aux Pères de Ravignan et Jennesseaux ! Et elle tenait à ce que ses sentiments pour la compagnie fussent bien connus. De leur côté, les Jésuites secondaient avec bonheur le zèle de cette femme vraiment apostolique. Pendant que le choléra sévissait à Paris et en particulier au faubourg Saint-Marceau, le supérieur de la rue des Postes, le Père Renault, ancien provincial, vint se mettre à sa disposition ; car elle dirigeait tout et signalait à chaque prêtre les numéros des maisons où il devait se rendre. Rien de plus touchant que la manière dont le Père Renault prit sa détermination. Le docteur Dominique Bouix, notre frère, était allé se confesser à lui, car il était son directeur. Après la confession, il lui dit : « Mon Père, désirant mourir martyr de la charité, je vais m'offrir à la sœur Rosalie pour les cholériques. » Touché de ces paroles et attendri jusqu'aux larmes, le Père Renault lui répondit : « J'y vais avec vous ! » L'un et l'autre se dévouèrent sans mesure ; mais en leur donnant le mérite du martyre de la charité, Dieu les réserva pour servir sa cause par un autre genre de sacrifice.

Trouvant ses journées trop courtes pour ses œuvres, la sœur Rosalie souhaitait avoir une messe à cinq heures du matin. Elle fit part de son désir au supérieur des Jésuites de la rue des Postes. Le Père Olivaint, qui habitait alors cette maison, s'offrit avec bonheur pour ce ministère de charité.

Au cœur de l'hiver, il partait à quatre heures et demie accompagné du frère Merlin, son serveur de messe, et à cinq heures sonnant il était à l'autel. Ainsi le futur martyr a souvent communié de sa main la sainte sœur de la Charité. Elle disait : « Avec une messe à cinq heures du matin, nous avons, mes sœurs et moi, une heure et demie de plus par jour à consacrer à nos chers pauvres. »

Avant de mettre sous les yeux du lecteur le tableau des funérailles de la sœur Rosalie, nous lui ferons connaître une autre fille de Saint-Vincent de Paul digne de figurer à côté d'elle, et qui s'est sanctifiée, comme elle, dans la capitale. Cette héroïne est la sœur Natalie Narischkin.

Ces deux vierges sont deux grands miroirs de perfection en ce siècle. Elles ne sont pas seulement des modèles accomplis pour les filles de Saint-Vincent de Paul, mais pour toutes les religieuses, pour tous les chrétiens, pour les religieux, et pour les hommes apostoliques.

En quoi sont-elles des miroirs de perfection? En ce qu'elles ont uni dans un très haut degré la vie intérieure et la vie extérieure; s'étant consacrées à Jésus-Christ, elles n'ont vécu que pour lui, elles n'ont cherché que sa gloire. Elles étaient embrasées du feu de son amour. Vivant au milieu du monde, et dans la vie la plus active, elles ne vivaient qu'en Jésus-Christ. De là, ce grand amour pour les pauvres qui sont ses membres souffrants; de là, les miracles de leur charité; de là, le parfum d'édification qu'elles ont répandu jusqu'au dernier moment de leur existence.

La mémoire de ces deux vierges sera éternelle; leurs *Vies* si noblement écrites [1] seront lues de siècle en siècle. Du haut du ciel, et du sein de la vision béatifique, ces deux filles de Saint-Vincent de Paul continueront d'allumer dans les âmes l'amour de Jésus-Christ et l'amour des pauvres.

1. La *Vie* de la sœur Rosalie est écrite par le vicomte de Melun. (Librairie Poussielgue, rue Cassette, Paris.)
La *Vie* de la sœur Natalie est écrite par Mme Craven, née de la Ferronnays. (Librairie académique Didier, 35, quai des Augustins, Paris.)

CHAPITRE XXIX

Natalie Narischkin, fille de la Charité de Saint-Vincent de Paul, saintement décédée à Paris, le 5 août 1874.

Natalie Narischkin est en ce siècle une des plus belles conquêtes de la grâce divine sur le schisme russe. Elle naquit le 6 mai 1820, à Saint-Pétersbourg. Elle était fille de M. Grégoire Narischkin et de la princesse Anne Mestcherski. Ils eurent cinq enfants, un fils et quatre filles, dont Natalie était la troisième. Par l'ancienneté et la noblesse, cette famille est une des premières de la Russie. « Personne n'ignore, en effet, que la mère de Pierre le Grand était de leur sang ; dans un pays où les titres sont estimés, aussi bien que prodigués, les Narischkin ont toujours dédaigné d'en porter aucun, estimant l'illustration de leur nom suffisante, et trouvant superflu d'y rien ajouter [1]. »

Ainsi, du côté du rang social, la Russie ne pouvait rien donner de plus élevé à l'Église catholique.

Les chefs-d'œuvre de la grâce de Dieu ont une variété infinie. Natalie Narischkin, née dans le schisme russe,

1. *Vie de Natalie Narischkin*, par Mme Craven, chapitre 1er.

ensuite catholique et sœur de la Charité de Saint-Vincent de Paul, est un de ces chefs-d'œuvre les plus ravissants. Quelle en est la nuance distinctive ? Cette nuance est celle qui doit resplendir dans une âme que Dieu s'est fiancée dès son baptême, dont il se réserve les affections, qu'il élèvera au rang des épouses de Jésus-Christ, et par laquelle il veut s'attacher un très grand nombre de cœurs. Natalie, au milieu du monde, est toujours sous la main de Dieu. Tant de qualités, tous les dons de la nature réunis en elle, la font admirer. Mais durant les années qu'elle passe dans le siècle, la grâce divine opère en sa faveur un double miracle : elle conserve son âme pure, et elle imprime dans tous ceux qui l'approchent ou vivent dans son intimité un sentiment de profond respect. Dieu, qui est dans son âme comme dans son temple, laisse échapper un rayon de sa majesté, qui brille sur le front de celle qu'il s'est choisie, et qui transforme l'affection qu'elle inspire en un culte de respect.

Merveilleuse puissance de la grâce! et merveilleux ascendant exercé par Natalie! Tout ce qui était en elle faisait aimer Dieu, parce qu'elle aimait Dieu de toutes les puissances de son âme. C'est là le cachet spécial, le privilège distinctif de toute cette existence, qui a été comme un printemps continuel de la grâce divine. Saint François d'Assise dit un jour à un frère du couvent : « Sortons, allons prêcher. » Il parcourt les rues de la ville, et rentre sans avoir dit un mot. Sa vue avait prêché. Ainsi en est-il de Natalie Narischkin. Toute sa vie, sa vue a prêché : elle a élevé les âmes à Dieu. Nul sur cette terre n'a eu la grâce de la voir sans que son aspect ne lui ait laissé un salutaire souvenir.

Dans la fleur de sa jeunesse, quand par position de famille elle était le plus dans le monde, elle inspirait ces sentiments. Quelqu'un la voyant un jour passer dans un bal ne put s'empêcher de s'écrier tout haut : « En vérité, cette jeune fille a la physionomie et le maintien d'un jour de première communion ! »

Cette physionomie et ce maintien, elle eut le bonheur de les conserver toute sa vie.

Née sur le sol schismatique de la Russie, comment Natalie est-elle transplantée dans le jardin de l'Église catholique ? La Providence emploie un double moyen. D'abord dans sa famille la religion est en honneur ; la princesse sa mère est rigide observatrice de tout ce qui regarde le culte de Dieu. Ainsi Natalie, dès sa plus tendre enfance, est formée à la piété ; et avec les premières élévations de son cœur à Dieu, commencent les premières effusions de sa tendresse filiale envers la très sainte Vierge, qu'elle devait tant aimer, et qui devait un jour l'abriter dans un de ses plus chers sanctuaires, celui du noviciat des filles de Saint-Vincent de Paul, à Paris, où elle avait apparu à une des sœurs de la Charité.

Le second moyen dont Dieu se sert pour faire passer sa chère Natalie du schisme russe dans le sein de la véritable Église, c'est une série de relations intimes qu'il lui ménage avec des familles catholiques de la plus éminente piété.

La première de ces familles à qui Natalie sera éternellement redevable est celle de la Ferronnays. Le comte de la Ferronnays, sous la Restauration, était ambassadeur de France à Saint-Pétersbourg. Nul ambassadeur à cette cour n'a mieux rappelé le comte Joseph de Maistre : c'est le plus bel éloge que nous puissions faire de lui. Quant à la comtesse son épouse, elle se montra la femme forte de l'Écriture : l'éducation qu'elle donna à ses filles en fut la preuve éclatante. Un jour, Natalie exprimera sa vénération pour elle en l'appelant du nom de sainte.

Ce fut en 1835 que se formèrent, à Naples, entre Natalie et cette famille des liens que le temps devait resserrer, et que plus tard la même religion devait rendre éternels. Natalie n'avait alors que quinze ans, son père venait de mourir à Sorrento, près de Naples, et elle était en grand deuil. La famille de la Ferronnays lui fit, ainsi qu'à ses sœurs, l'accueil le plus tendre et le plus affectueux : toutes les filles de l'ancien ambassadeur lui vouèrent une cordiale amitié. Parmi elles, Dieu en avait choisi une qui devait un jour écrire sa vie. Mais celle qui dès lors commença à exercer plus d'empire sur son âme, fut Olga[1], âgée de quinze ans comme Natalie. Olga était un ange, elle se lia de la plus étroite amitié avec sa jeune compagne. Bientôt elles durent se séparer, mais leurs cœurs restèrent unis, et par une correspondance soutenue elles se faisaient part de leurs sentiments.

1. Nom de la première souveraine catholique de la Russie, au x° siècle.

Le premier vœu d'Olga pour sa jeune amie était qu'elle passât du schisme russe à la religion catholique. Elle le demandait à Dieu, et elle conjurait la très sainte Vierge de lui obtenir cette grâce.

Environ cinq ans après, elles se retrouvent à Naples, avec leurs familles. Le zèle d'Olga avait grandi avec son amour pour Dieu ; elle souhaitait plus ardemment que son amie fût catholique.

La belle âme d'Olga se révèle dans une page qu'elle écrivit alors dans son journal. Nous la citons :

« Dimanche de Pâques, 19 avril 1840.

« J'ai eu aujourd'hui une bien bonne journée : ce matin d'abord, nous avons tous communié ensemble ; rentrés ensuite pour déjeuner, nous sommes retournés à la messe à la chapelle de la cour, et Natalie y est venue avec nous. Là j'ai eu un moment délicieux, comme je n'en ai pas eu depuis longtemps. Je me sentais une joie extrême de la fête de ce jour ; si j'avais pu écrire, il me semble que j'aurais été inspirée. J'étais transportée, et ensuite je suis restée calme. Dieu est bien bon, voilà tout ce que je puis dire. »

On peut juger par ces paroles combien dut être ardente la prière qu'elle adressa à Dieu pour sa chère Natalie, agenouillée à côté d'elle.

Olga partit avec sa mère pour Goritz, où était la famille royale exilée. Comme la famille de la Ferronnays et la famille Narischkin espéraient se revoir à Paris, vers la fin de cette année 1840, l'adieu d'Olga à Natalie fut souriant et plein d'espérance.

Quelques mois après, la famille de la Ferronnays se trouvait à Bruxelles, tandis que Mme Narischkin était à Paris avec ses filles. Olga tombe malade, et l'on ne tarde pas à se convaincre qu'elle va prendre son essor vers le ciel. Avant de quitter l'exil elle voudrait voir une dernière fois sa chère amie, et lui faire une dernière confidence. On fait connaître ce désir d'Olga, et Mme Narischkin consent à ce que Natalie et une de ses sœurs partent pour Bruxelles. Hélas! elles arrivent une heure trop tard. Olga n'habitait plus cette terre, le ciel était devenu sa patrie. Natalie la trouve « étendue sur un lit mortuaire, couronnée de roses blanches, et portant encore sur ses traits l'expression sereine et triomphante que son âme y avait empreinte en s'envolant [1]. »

Natalie demeure longtemps immobile et absorbée auprès de ce lit funèbre ; elle y passe le reste de ce jour, elle y passe la nuit suivante tout entière. Ce qu'elle voit demeure peint à jamais dans son âme.

Olga du haut du ciel ne cessera de suivre du regard sa chère amie, elle ne cessera de prier pour elle.

La seconde famille avec laquelle Natalie, pendant plus de quatre années, eut des relations intimes, fut celle des Massa, de Naples.

Ces relations commencèrent en 1835, lorsque Natalie venait de se séparer pour la première fois de sa jeune amie Olga de la Ferronnays. La famille Massa et

---

[1]. *Vie de Natalie Narischkin*, chapitre 1er.

Mme Narischkin habitaient à Sorrento, près de Naples, et se voyaient tous les jours. Natalie ne pouvait se trouver en contact avec une famille plus chrétienne. Quelle foi de la primitive Église ! Le père et la mère ont conçu le projet de faire de leurs enfants des saints qui s'immolent à la plus grande gloire de Dieu. Dans ce but, ils quittent Naples et s'établissent dans leur vaste villa de Sorrento. Là, ils les élèvent si chrétiennement, que leurs cinq fils entrent dans la compagnie de Jésus, et se dévouent aux missions de la Chine. Un d'entre eux a le bonheur de verser son sang pour Dieu. Plus tard la mère, devenue veuve, entre avec la dernière de ses filles au monastère de la Visitation.

L'âme si droite et si pure de Natalie s'embaumait du parfum qu'elle respirait au milieu de cette sainte famille.

L'angélique vie des cinq futurs apôtres de la Chine était pour Natalie une prédication éloquente. Elle était surtout émue lorsque, le dimanche et les grands jours de fête, elle les voyait tous les cinq à la sainte Table, à côté de leur père et de leur mère. Dans l'ardeur de leur zèle, ces jeunes gens entreprirent plus d'une fois de démontrer à Natalie qu'elle devait renoncer au schisme russe et embrasser la religion catholique : Dieu se servait de leurs langues pour faire connaître la vérité à Natalie. Ce n'étaient là que les premières lueurs, mais elles devaient amener la plénitude de la lumière.

Quel bonheur pour les jeunes Massa, déjà en Chine, quand ils apprirent que leurs vœux étaient exaucés, et que Natalie Narischkin était non seulement catholique, mais encore fille de Saint-Vincent de Paul! L'un d'eux, le Père Gaëtano, revenu pour quelque temps en Europe, eut la joie de retrouver sa compagne d'enfance revêtue de l'habit de sœur de la Charité. Après cette entrevue, il retourna à son poste et mourut martyr de sa charité en défendant l'horphelinat confié à ses soins. Et maintenant, ils sont tous au ciel avec Natalie!

Avant de quitter l'Italie pour se rendre en France, Natalie fit un séjour prolongé à Nice, chez le comte Rodolphe de Maistre, alors gouverneur de cette ville. Ces nouvelles relations furent pour elle une des plus grandes grâces qu'elle pût recevoir à cette époque de sa vie. Le comte Rodolphe, par l'élévation de son caractère, par la vigueur de sa foi, par son dévouement à l'Église catholique, était le digne fils du comte Joseph de Maistre, l'immortel écrivain. Rien de plus grave, de plus noble, de plus chrétien que l'intérieur de cette famille. On peut dire que Dieu y régnait en souverain et en père. Le comte Rodolphe avait fait donner une instruction profonde à ses filles. De temps en temps les soirées étaient des séances académiques, qu'il présidait, et chacune de ses filles devait lire le travail qui lui avait été imposé. Par cette éducation et par de tels exercices, le comte Rodolphe de Maistre voulait faire de ses filles des femmes fortes, dévouées à la cause de Dieu, capables de la défendre, et ayant en mépris les vanités du monde. Une ambition si chrétienne fut couronnée du plus beau succès.

Les relations de Natalie avec les filles du comte Rodolphe entraient dans le plan de la Providence.

Natalie, liée de la plus étroite amitié avec elles, ne pouvait s'empêcher de voir que l'idéal de la vertu et de la piété se trouvait dans ses nouvelles compagnes; et l'Église catholique commençait à lui apparaître comme étant seule en possession de la vérité. Ainsi la lumière croissait.

Natalie Narischkin, par ses rares qualités, inspira aux filles du comte Rodolphe de Maistre une profonde estime, et leur fut extrêmement chère. Voici comment une d'entre elles, devenue la marquise Fassati, évoque quelques années plus tard ses souvenirs de Nice et sous quelles couleurs elle nous peint Natalie :

« J'étais frappée de l'expression modeste et recueillie qu'elle portait partout, même au bal. Souvent, au milieu des fêtes qui se donnaient chez mon père, elle quittait le salon avec ma sœur, et toutes deux allaient dans la chapelle donner quelques instants au recueillement et à la prière. Son image est toujours restée dans ma mémoire, rayonnante de pureté, de simplicité et d'humilité. »

Laissons maintenant Natalie, déjà fille de la Charité et supérieure du couvent Saint-Guillaume, à Paris, nous exprimer ses sentiments de tendre et fidèle amitié pour la famille du comte Rodolphe de Maistre :

« Françoise de Maistre a rendu sa belle âme à Dieu le 29 juillet, à Beaumesnil, où ils sont établis. Chaque année, j'ai le bonheur de voir l'un ou l'autre des membres de cette chère et sainte famille : tantôt le comte, tantôt un des frères; Mme de Terray est celle qui vient le plus souvent; avant-hier, c'était la chère Marie, qui continue à devenir de plus en plus sainte, et qui chaque fois est pour moi un nouveau sujet d'édification. Par elle, j'ai su les détails de la pieuse mort de Françoise, car elle était arrivée douze jours auparavant à Beaumesnil. Comme il est donc bon de vivre en sainte, puisqu'on meurt toujours comme on a vécu ! Marie m'a aussi raconté sur Xavérine des détails bien édifiants. Toute jeune comme elle l'est et habituellement souffrante, elle exerce un véritable apostolat par son exemple et ses paroles. Elle est comme une petite Catherine de Sienne par sa ferveur et par le zèle pour la gloire de Dieu, qui la dévore. La famille de Maistre a établi depuis plusieurs années à Beaumesnil une maison de nos sœurs; j'en connais quelques-unes, et quand elles viennent à Paris, je suis tout émerveillée par ce qu'elles racontent de cette chère famille avec laquelle elles sont en relation constante. »

En 1862, Natalie écrivait :

« Xavérine de Maistre vient d'entrer au Carmel. Ses généreux parents ont fait ce sacrifice, comme tous les autres, avec courage. Ils sont seuls, maintenant, mais ils attendent le ciel pour prix de tout ce qu'ils ont donné. »

Dieu conduit les pas de Natalie. Dès le début de 1842, Mme Narischkin était à Paris avec ses quatre filles. Là, Natalie trouva dans la famille du duc de Serra Capriola, ambassadeur de Naples à Paris, le même accueil et les mêmes relations que chez le comte Rodolphe de Maistre, à Nice. Les filles de l'ambassadeur deviennent ses compagnes, comme à Nice les filles du comte Rodolphe.

Il lui est permis, ainsi qu'à ses sœurs, de suivre leurs jeunes amies napolitaines dans toutes les églises et même dans tous les couvents où il leur plaît de les conduire.

Elle visite la chapelle du noviciat des filles de Saint-Vincent de Paul, elle apprend que c'est là que la très sainte Vierge est apparue à une sœur et lui a montré la médaille miraculeuse qu'elle devait propager dans l'Église. Ce sanctuaire parle au cœur de Natalie, son âme s'y affectionne, c'est le germe de sa vocation. La lumière ne tarde pas à se lever dans sa plénitude; Natalie reconnaît enfin l'Église catholique comme la seule vraie. Elle eût voulu à l'instant lui appartenir, et abjurer le schisme russe. Des obstacles invincibles la forcent à différer, mais dans son cœur elle est devant Dieu fille de l'Église catholique. Dès ce moment commencent pour elle les relations les plus intimes avec les filles de Saint-Vincent de Paul; celles-ci lui promettent l'appui le plus dévoué de leurs prières. Et l'on peut croire que déjà du haut du ciel saint Vincent de Paul abaissait un regard de père sur cette noble et courageuse vierge, qui sera une de ses plus saintes filles.

Trois années s'écoulent. En 1844 Mme Narischkin meurt à Venise, entourée de son fils et de ses quatre filles. Le frère aîné de leur père les appelle en Russie. Natalie juge devant Dieu qu'elle ne doit plus retarder son abjuration. Elle confie son dessein au Père Ferrari, supérieur des Jésuites de Venise. Celui-ci se hâte de l'instruire et de la préparer à un acte si solennel. Le 15 août 1844, Natalie Narischkin fait abjuration entre les mains du père Jésuite, en présence du comte et de la comtesse Revicki, qui lui servaient de témoins.

C'était le plus beau jour de sa vie. Ce jour-là même elle écrit aux sœurs de Saint-Vincent de Paul de la rue du Bac, à Paris, pour leur faire part de son bonheur :

« Venise, 15 août, jour de l'Assomption, 1844.

« ... Date à jamais mémorable pour moi! Réjouissez-vous, mes chers amis, mes sœurs chéries... Oui je puis vous nommer ainsi, je suis catholique! Mes amies, mon Père Aladel, mes bonnes amies de la rue du Bac, vous toutes enfin que Dieu et la sainte Vierge ont chargées de veiller sur moi, réjouissez-vous aujourd'hui, car vous êtes exaucées! Je suis heureuse enfin! oui, heureuse d'être rentrée au bercail, mais triste d'en être si indigne. Ce matin, à 8 heures, j'ai abjuré le schisme. Pouvez-vous concevoir que Dieu m'ait fait cette grâce?... Oui, vous le pouvez, parce que vous avez, hélas! trop bonne opinion de moi; mais moi qui sais ce que je vaux, et à quel point je suis misérable et ingrate, je ne puis comprendre une telle miséricorde... Mes amis, quel souvenir je conserverai de ce jour! il ne me semble pas encore en être assez reconnaissante. Mais Dieu a eu et aura encore pitié de moi.

« Comment vous remercier, vous toutes à qui je dois mon bonheur? Les circonstances ont toujours retardé ma conversion jusqu'à ce jour consacré à la très sainte Vierge. Puisse-t-elle me protéger toute ma vie, comme en ce jour glorieux de son Assomption !

« Je suis entourée et surveillée : je ne puis vous en dire davantage. J'ai voulu seulement vous annoncer mon bonheur... Remerciez, tous, le bon Dieu pour moi ! »

Natalie Narischkin était catholique, et déjà, par le désir, fille de Saint-Vincent de Paul. Mais elle devait acheter par quatre ans de constance et de fidélité le bonheur de se consacrer entièrement à Dieu. Enfin, en 1848, son noble frère la conduit à Paris, et ayant reconnu que Dieu l'appelait à être sœur de la Charité, il y consent et se sépare avec courage d'une sœur si tendrement aimée.

Le 21 janvier de cette année, Natalie commence son postulat à l'hospice de La Rochefaucauld, à Montrouge ; elle est au comble du bonheur. Deux mois après, le 24 mars, elle entre comme novice à la grande communauté de la rue du Bac, et le 15 janvier 1849 elle fait profession. C'est pour elle un avant-goût du paradis.

Dès son entrée chez les filles de Saint-Vincent de Paul, Natalie Narischkin ne cesse dans toutes ses lettres de dire qu'elle est heureuse et souverainement heureuse. Quel est ce bonheur ? C'est celui qu'éprouvait saint Paul quand il disait : « Je vis, non ce n'est plus moi qui vis, c'est Jésus-Christ qui vit en moi ! » C'est le bonheur qu'ont éprouvé tous les saints.

Plus l'âme se donne en don absolu à Notre-Seigneur, plus le divin Maître lui fait sentir qu'il vit en elle. Or, Natalie avait tout quitté pour lui, elle avait foulé aux pieds ce que le monde appelle brillantes espérances. Transfuge du siècle qu'elle méprisait, elle apportait un cœur pur à Jésus-Christ, un cœur qui ne souhaitait que son divin amour. Jésus-Christ lui rendait le centuple de tout, dès cette vie, par les joies célestes qu'il versait incessamment dans son âme. Il lui donna cette foi vive qui fit dire à l'apôtre saint Thomas : « Mon Seigneur et mon Dieu ! » Toute sa vie, elle sentit croître en elle cette foi, et avec elle son bonheur. Pour Natalie, le tabernacle était parlant. Par la vivacité de sa foi, elle voyait Jésus-Christ, son divin cœur ouvert, et dans ce cœur un amour infini. Elle l'adorait dans l'attitude d'un séraphin, elle se fondait d'amour. Quand elle avait le bonheur de communier, elle resserrait les liens qui l'enchaînaient à son cher Maître, et chaque fois, avec un nouveau bonheur, elle pouvait dire : « Je vis, non ce n'est plus moi qui vis, c'est Jésus-Christ qui vit en moi ! »

Jésus-Christ était l'objet de toutes ses pensées, de toutes ses affections : lui plaire en tout, lui faire plaisir en tout, s'immoler pour lui, le soigner dans ses membres souffrants, le faire régner dans les cœurs, c'était l'unique aspiration de cette belle âme.

Par cette union avec Jésus-Christ elle garda une paix inaltérable, une sérénité qu'aucun événement de cette terre ne put troubler. On peut dire qu'elle habitait une citadelle inaccessible, sa demeure étant dans le cœur de Jésus, son époux et son Dieu. Comme sa fidélité alla toujours croissant, toujours aussi la munificence du Seigneur alla croissant à son égard.

Écoutons-la elle-même :

« Aimer Jésus-Christ, disait-elle, c'est déjà le ciel sur la terre; le posséder, l'adorer, reposer sur son cœur, tout cela se peut ici-bas au pied du tabernacle, mais cela est trop imparfait : il me faut le ciel avec sa clarté, le cœur de Jésus pour ne m'en séparer jamais ! »

Cet amour de Jésus-Christ s'alluma dans son cœur avec une telle intensité, qu'elle souhaitait ardemment voir se briser ses liens, afin d'être avec lui dans le ciel. Natalie a dit avec la séraphique Térèse : « Je me meurs de ne point mourir ! »

Après cet aperçu de sa vie intérieure, voyons à l'œuvre la nouvelle fille de Saint-Vincent de Paul.

Natalie se voit exaucée dans le plus cher de ses désirs : elle a prononcé ses vœux, elle est enchaînée à Jésus-Christ pour l'éternité. Dieu, qui a de grands desseins sur elle, inspire aux supérieurs de la fixer dans la capitale : nulle part elle ne peut faire plus de bien, ni mieux remplir la mission que Dieu lui destine. Elle est d'abord employée au secrétariat de la maison mère. C'est la première communauté de la congrégation : elle se compose de la supérieure générale, de ses assistantes, d'un grand personnel de sœurs, et du noviciat, qui compte d'ordinaire de trois à quatre cents novices. C'est là que s'écoulent les dix premières années de la vie religieuse de Natalie Narischkin, elles sont un véritable apostolat. Sa régularité, sa douceur, son humilité, sa tendre charité, sa foi au pied des saints autels, l'amour de Dieu qui respire sur ses traits et qui éclate en tous ses actes, produisent la plus profonde et la plus salutaire impression. Elle est vénérée et chérie de toutes ses compagnes, parce qu'elles voient qu'elle est aimée de Dieu, et qu'elle est tout amour de Dieu. Et dans ce monde, rien ne touche plus les cœurs que de voir une personne embrasée de l'amour de Dieu. L'édification que donne Natalie ne se concentre pas dans la capitale de la France, elle arrive jusqu'à ses compagnes dispersées dans les divers pays du monde. Ses lettres leur apportent ce parfum de vertu et de charité qui s'exhale de son âme. Écrites par un cœur qui est tout amour pour Jésus-Christ, ou plutôt inspirées, dictées par le cœur même de Jésus-Christ, elles consolent, réjouissent, encouragent, enflamment ses chères sœurs qui sont si loin d'elle, leur rendent la maison mère présente, les y transportent par les récits, resserrent les liens de la charité, et leur font chérir de plus en plus leur sainte vocation.

Après ces dix années écoulées au secrétariat de la maison mère, Dieu la veut à la tête de la communauté de Saint-Guillaume, sa volonté s'exprime par un ordre des supérieurs. Natalie, si profondément humble, est consternée ; d'autre part, la maison mère voudrait retenir celle qu'elle nomme la petite sainte. Dieu le veut, et Natalie, conduite par sa main, se rend au couvent de Saint-Guillaume, à Paris.

Cette maison contenait non seulement des classes d'externes, mais encore un orphelinat, une crèche et un asile de vieilles femmes ; elle était en outre le siège du bureau de bienfaisance du quartier et de plusieurs autres œuvres paroissiales, dont chacune avait son administration et sa comptabilité distinctes; et parmi elles quelques-unes ne subsistant que par les efforts de la charité privée.

Tout prospéra sous le sage gouvernement de la sœur Natalie.

Quant à ses compagnes, elle leur fit faire un essai de la vie sociale du ciel. Elles étaient au comble du bonheur d'avoir à leur tête cette aimable et sainte supérieure : ce bonheur intime ne fut jamais troublé. Mais à l'heure marquée dans les desseins de sa providence, Dieu leur fit part de la croix de son divin Fils. Elles souffrirent héroïquement ensemble, et ensemble acquirent une riche moisson de mérites pour le ciel.

Dieu a mis ses éternelles complaisances en son Fils crucifié pour le salut du monde. Ainsi, plus il aime les âmes, plus il imprime en elles la ressemblance avec Jésus-Christ crucifié. Sur ce principe on peut pressentir le partage qui sera fait à Natalie. Jésus-Christ lui avait donné son cœur, il faut qu'il lui donne sa croix. Jean, le plus aimé des disciples et qui avait reposé sur le cœur du divin Maître, est le seul qui se trouve à côté de lui au Calvaire, et Jésus-Christ veut qu'avec la très sainte Vierge il soit crucifié dans son âme, tandis qu'il est crucifié dans son corps pour le salut des hommes. Natalie, tant aimée du cœur de Jésus, devait comme Jean être crucifiée dans son âme. Ce que Jésus-Christ, après sa résurrection, dit de lui-même : « Ne fallait-il pas que le Christ souffrît et qu'il entrât ainsi dans la gloire? » il le veut voir accompli dans sa fidèle servante. Comment le divin Maître la fait-il participer à sa croix? Par une effrayante série de souffrances et d'angoisses pendant le siège de Paris et pendant la Commune.

Natalie, supérieure du couvent de Saint-Guillaume, resta à son poste avec ses sœurs. Nous n'avons pas à redire ici ce qui est présent à tous les souvenirs.

Les derniers jours de la Commune, Natalie et ses compagnes virent l'incendie s'avancer vers leur couvent et miraculeusement arrêté à la muraille de la maison voisine. Elles virent leur couvent environné de trois barricades, et par le fait au pouvoir des insurgés. En vraies filles de Saint-Vincent de Paul et comme des anges de charité, elles prodiguent leurs soins à ceux d'entre eux qui tombent blessés. Et jusqu'à la fin, grâce à un si héroïque dévouement, leur maison est respectée.

Mais que de tribulations! que de périls! que de nuits sans sommeil! que de privations! et souvent que de difficultés pour se procurer ce qui était nécessaire à la conservation de la vie! et en même temps, quelle foi dans la sainte supérieure! Elle voulut que le saint Sacrement restât à la chapelle tant que le péril ne serait pas imminent. Les derniers jours de la lutte, elle plaça une sentinelle sur le toit de la maison afin d'être avertie à temps des progrès de l'incendie, aussi bien que de ceux de l'insurrection. Elle avait pris toutes ses mesures pour sauver la sainte Eucharistie du sacrilège et de la profanation.

Pendant ces jours de la Commune, Natalie montra ce qu'est une âme qui s'appuie sur Jésus-Christ. Jamais un instant de trouble, jamais elle ne perdit la paix de son intérieur ou celle de son maintien, et elle la communiquait à ses compagnes. Elle se peint dans ces paroles écrites le 4 avril 1871 : « Il règne partout une espèce de terreur. Le sacré Cœur de Jésus nous a protégées jusqu'ici. Si nous n'avions pas ce divin Cœur pour nous mettre à l'abri, que deviendrions-nous ? Pour moi, je suis fort tranquille et en paix. Je ne puis croire qu'il nous arrive aucun mal, Jésus-Christ est trop bon ! »

Une confiance si vive, si filiale en Notre-Seigneur suffisait pour obtenir des miracles, et le divin Maître s'en montra prodigue. Il fit voir qu'il veillait, non seulement sur Natalie et ses compagnes, mais encore sur toutes les sœurs de la Charité dispersées dans la capitale. Quelques supérieures furent arrêtées, mais presque aussitôt mises en liberté. La maison mère, où se trouvent le noviciat et un très grand nombre de sœurs, fut miraculeusement protégée.

Ainsi Natalie vit toute la famille de Saint-Vincent de Paul soustraite au péril par la main du divin Maître. Ni parmi les sœurs, ni parmi les Lazaristes, elle n'eut à pleurer une seule victime !

Après les longues souffrances du siège, après les scènes de la Commune, Natalie, par ordre de ses supérieurs, va passer un mois à Dax, près du berceau de saint Vincent de Paul. C'est pour son âme une région de paix et une source d'ineffables consolations. Le saint fondateur lui fait sentir qu'elle est sa fille chérie. Elle revient donc heureuse à son couvent de Saint-Guillaume. Mais sa santé avait subi une si profonde secousse, que rien ne devait la relever désormais. La souffrance resta sa compagne jusqu'à la fin. Une toux opiniâtre, des crachements de sang, la fièvre, l'insomnie, l'acheminaient lentement à son dernier terme. Malgré cette complication de maux, elle conservait une sérénité et une lucidité d'esprit que rien n'altéra un seul instant : elle s'occupait, comme à l'ordinaire, du gouvernement de sa maison, elle en régla les comptes le samedi même qui précéda sa mort.

Ces années de souffrances firent éclater les trésors de grâce dont son âme était enrichie. Ses vertus brillaient au grand jour. La conformité à la très sainte volonté de Dieu, cette vertu fondamentale dans le christianisme, Natalie la possédait à un degré sublime. Elle ne se lassait pas de redire : « Que la volonté de Dieu s'accomplisse ! Je veux tout ce qu'il veut, veiller ou dormir, guérir ou souffrir, vivre ou mourir, je ne veux, je ne peux plus rien demander ! »

Un jour qu'on la plaignait de ses violents accès de toux : « Oh ! ne me plaignez pas, répondit-elle avec un aimable sourire, j'ai fait un pacte avec Notre-Seigneur : autant de quintes, autant d'actes d'amour ! »

Natalie avait pris pour elle le conseil du divin Maître : « Apprenez de moi que je suis doux et humble de cœur. » Elle ravissait par sa douceur et par son humilité. Avec quelle sincérité elle demandait pardon à ses sœurs des peines qu'elle pouvait leur avoir causées ! Quelle tendre charité pour elles ! Elle leur en donna des témoignages jusqu'à la fin.

Elle avait un ardent désir du ciel. Ce qui allumait ce désir c'était, comme nous l'avons vu plus haut, son grand amour pour Notre-Seigneur. Il lui tardait de le voir et de le posséder. Elle le suppliait d'agréer ses souffrances comme un petit acompte du purgatoire, afin de lui être un peu plus tôt réunie. Elle conjurait ses sœurs de prier et de faire prier pour elle après sa mort, et de ne pas la laisser longtemps languir en purgatoire. « Oh ! disait-elle, comment pourra-t-on supporter la privation de cette beauté de Dieu Notre-Seigneur, une fois qu'on l'aura aperçu ! Et pourtant on sera heureux d'être en purgatoire. Mais priez pour que ce ne soit pas long. » Enfin, elle prenait le moyen, de tous le plus efficace, pour abréger son purgatoire : outre l'offrande de ses souffrances, elle multipliait, autant qu'il était en elle, ses actes d'amour de Dieu ; c'était son exercice dominant. Comme la charité divine avait pris de perpétuels accroissements dans son âme, et avait été la vie de sa vie, le feu de l'amour divin la consumait ; les actes qu'elle en produisait étaient empreints de cette ardeur, et Dieu seul sait avec quelle rapidité se succèdent ces actes dans une âme embrasée de ce feu.

Elle sentait que la mort approchait. « Je serai bientôt achevée, disait-elle un soir, vers les derniers jours de juillet 1874. Mes sœurs, aidez-moi à bien mourir. On ne meurt qu'une fois », et elle serrait amoureusement son crucifix et le collait sur ses lèvres : « Oh ! je vous en conjure, répétait-elle, priez beaucoup et faites prier pour moi quand je serai en purgatoire, ne m'y faites pas languir longtemps. »

Au milieu de si vives souffrances, on vit toujours en elle une paix inaltérable, une conformité absolue au bon plaisir de Dieu, et un ardent désir du ciel, une humilité profonde et la plus tendre charité pour ses sœurs.

Enfin le ciel va s'ouvrir pour elle; voyons comme elle en prend le chemin.

Le 2 août 1874, son mal s'aggrave, elle reçoit les derniers sacrements, avec quelle foi et quel amour ! Avec quelle humilité elle demande pardon à ses filles ! Combien elle était heureuse de posséder Celui sur les bras duquel elle allait s'appuyer pour monter à la céleste patrie ! Le jour suivant, le 3, elle eut la consolation de s'entretenir une dernière fois des intérêts catholiques de la Russie avec un de ses compatriotes, le Père Gagarin de la compagnie de Jésus : à l'exemple du divin Maître, *ayant aimé les siens, elle les aima jusqu'à la fin !* Et de quel poids ne seront pas dans la balance des miséricordes divines ses prières pour la conversion de la Russie !

Dans la soirée du 4, une consolation inespérée lui est accordée : la bénédiction du Pape, qui avait été demandée pour elle, lui est apportée par le nonce apostolique ; elle était transmise par une dépêche ainsi conçue :

« Le Saint-Père bénit la malade et prie le Seigneur de lui accorder une résignation parfaite, et toutes les consolations qui lui sont nécessaires. »

Natalie, les mains jointes, écoute avec une émotion et une joie visibles ces paternelles et augustes paroles. Elle voulut les baiser et se les fit relire plusieurs fois.

La nuit du 4 au 5, une forte crise fait craindre que la dernière heure ne soit venue. Mais elle se calme encore, et vers quatre heures elle se prépare à recevoir la sainte Eucharistie, qu'on lui apportait tous les matins depuis que le danger était devenu imminent.

Ce fut le 5 août, à cinq heures, qu'elle reçut pour la dernière fois la sainte communion sur la terre.

Ses dernières paroles révèlent la paix du ciel qui était dans son âme et exhalent un parfum d'humilité.

Vers sept heures, le guide spirituel qui l'avait si admirablement conduite dans les voies de Dieu, le Père Chinchon, lazariste, vient pour l'assister. Les sœurs lui demandent si elle veut rester seule avec lui : elle se tourne vers lui en souriant et lui dit : « Mon Père, je n'ai plus rien à vous dire. » Il lui dit qu'il allait prier pour elle dans la chapelle. « Je vous remercie, répondit-elle, cela me fera grand plaisir. » Il sortit, mais il revint bientôt. En le voyant, elle dit : « O mon Père, vous êtes là !... C'est encore une consolation de la terre ! » puis elle ajouta avec l'humilité qui l'a suivie jusque dans les bras de la mort : « Mais je vous prends trop de temps, je n'en vaux pas la peine. » Elle se fit relire encore une fois les paroles de la bénédiction du Pape, puis elle joignit les mains et ne parla plus. Son regard profond et expressif, attaché sur ses compagnes jusqu'à la fin, semblait seulement leur dire : « Au ciel nous nous reverrons, et priez pour moi. » Toutes ses filles entouraient son lit, et elles commencèrent les dernières prières. Avant qu'elles fussent finies, l'âme bienheureuse avait pris son vol.

Dieu se plaît à faire briller aussitôt un rayon de sa gloire sur la dépouille mortelle de Natalie Narischkin. Son visage se colore, ses mains deviennent souples, ainsi que tout son corps. Une beauté surhumaine se répand sur ses traits. La sainteté de l'âme se réfléchit sur son front et sur sa céleste figure.

Elle demeure deux jours exposée à la vénération publique. On ne cesse de l'entourer, de la prier, et de faire toucher des objets à son corps. On la contemple, on l'invoque comme une sainte qui est au ciel.

Ses funérailles sont un triomphe. Le vendredi 7 août, à neuf heures, toutes les classes de la société parisienne se joignent aux sœurs de Saint-Vincent de Paul et aux pauvres, pour l'accompagner au cimetière Montparnasse. L'émotion était universelle. On voyait s'avancer lentement à travers les rues de la capitale, sur la voiture des pauvres, et enfermée dans un modeste cercueil, une fille des Narischkin, qui avait immolé à Jésus-Christ toute la gloire de ses liens de parenté avec Pierre Ier, le fondateur de l'empire russe, et foulé aux pieds toutes les grandeurs du siècle, pour devenir une sœur de la Charité, une fille de Saint-Vincent de Paul !

Son modeste tombeau est à peu de distance de celui de la sœur Rosalie.

CHAPITRE XXX

Funérailles de la sœur Rosalie, morte le 7 février 1856, à Paris.

Le bruit de sa mort se répandit dans son quartier, et bientôt dans tout Paris, avec le saisissement et les émotions de l'inattendu. Alors seulement on put savoir ce qu'était la vie qui venait de finir; car, à mesure que la triste nouvelle entrait dans une famille, on entendait des regrets, des gémissements; des hommes de toutes classes, de toutes conditions, habitant les quartiers les plus éloignés, et qu'on n'aurait pas soupçonnés de savoir le nom de la sœur Rosalie, s'arrêtaient pour pleurer en apprenant dans la rue qu'elle était morte, et répondaient à ceux qui s'étonnaient de leur douleur :

« Ah ! nous lui devions tant ! elle nous a fait tant de bien ! »

La consternation était autour de son lit funèbre : les sœurs pleuraient et priaient; ses amis, à peine instruits de sa maladie, qu'ils croyaient légère, et dont ils ne s'étaient pas inquiétés, apprenaient, en entrant dans la maison, que cette maladie l'avait tuée; d'autres la trouvèrent morte sans avoir su qu'elle était malade. Ils étaient venus, selon leur habitude, chercher près d'elle un moment de consolation et de joie, ils y rencontraient le désespoir. Rien ne saurait peindre leurs cris, leurs sanglots, leurs lamentations. Il fallait les arracher de cette chambre où la sœur venait d'expirer.

Le lendemain, on exposa son corps dans une chapelle ardente : il était revêtu du costume de la sœur de la Charité, le chapelet au bras, le crucifix entre les mains croisées sur sa poitrine. Ses traits avaient repris leur expression habituelle ; sa figure était belle de sérénité et de calme ; la mort y avait seulement apporté ce qu'elle ajoute ordinairement de grandeur et de majesté à la physionomie de ceux qui ont saintement vécu. Dès que les portes furent ouvertes, il se forma dans le quartier une longue procession qui ne finit qu'à la nuit pour recommencer le jour suivant. Le faubourg Saint-Marceau se dirigea tout entier vers la maison si connue de l'Épée-de-Bois ; les ouvriers quittèrent leur travail pour se mettre à la file, les mères y conduisirent leurs petits enfants, les vieillards et les malades s'y firent porter : on voulait voir encore une fois celle dont la vie avait été la protection de toutes les familles, et la remercier par une prière. On embrassait ses mains, ses pieds ; on approchait de son corps des livres, des chapelets, des mouchoirs ; on se disputait comme des reliques les morceaux de ses vêtements, les parcelles de son linge : chacun désirait emporter dans sa maison, comme une bénédiction et une sauvegarde, quelque chose qui lui eût servi ou qu'eût touché ce qui restait encore d'elle sur la terre.

Dans ce quartier ordinairement si bruyant régnait

un religieux silence; il n'y avait plus pour tous qu'une affaire, qu'un besoin, rendre un dernier hommage à leur bienfaitrice; ce besoin faisait oublier tous les autres, et pendant ces deux journées, dans cette foule innombrable qui se rendit à la maison des sœurs, personne ne songea à leur demander un secours. Un grand nombre de personnes accoururent de toutes les parties de Paris et de la banlieue, firent le pèlerinage de la rue de l'Épée-de-Bois, et passèrent devant la sœur Rosalie avec le même respect et le même attendrissement; tous ceux qui avaient été ses élèves et ses auxiliaires, qui avaient coutume de répondre à sa voix, s'empressèrent à ce dernier appel; des prêtres de toutes les paroisses, des religieux de tous les ordres, demandèrent à dire la messe dans la chapelle ardente; des prélats vénérables, se mêlèrent à la foule pour bénir ses restes; le cardinal de Bonald vint prier auprès d'elle en regrettant qu'un devoir impérieux l'empêchât le lendemain de présider à ses obsèques, et l'archevêque de Rouen, un de ses plus anciens et plus chers amis, fit toucher sa croix pectorale au corps de la sœur, comme aux reliques d'une sainte.

Le jour des funérailles fut un de ces jours qui ne s'oublient pas, et qui dans la vie d'un peuple rachètent bien des mauvais jours. A onze heures, le convoi sortit de la maison funèbre; le clergé de Saint-Médard, auquel s'étaient joints un grand nombre d'ecclésiastiques, marchait en tête, précédé de la croix; les jeunes filles de l'école et du patronage rappelaient les œuvres de leur Mère. Les sœurs de la Charité entouraient le cercueil, placé dans le corbillard des pauvres, comme l'avait demandé la sœur Rosalie, afin que saint Vincent de Paul pût la reconnaître jusqu'à la fin pour une de ses filles; l'administration municipale et le bureau de bienfaisance du douzième arrondissement venaient ensuite; puis derrière eux se pressait une de ces multitudes que l'on ne peut ni compter ni décrire, de tout rang, de tout âge, de toute profession; un peuple entier, avec ses grands et ses petits, ses riches et ses pauvres, ses savants et ses ouvriers, avec ce qu'il y a de plus illustre et de plus obscur, tous mêlés, confondus, exprimant, sous des formes et des paroles diverses, les mêmes regrets, la même admiration; tous ayant à remercier d'un service, ou à louer d'une bonne action celle à qui ils venaient rendre les derniers devoirs. On eût dit que la sainte morte avait donné rendez-vous autour de son cercueil à tous ceux qu'elle avait visités, secourus, conseillés pendant les longues années de sa vie, et qu'elle exerçait encore sur eux l'ascendant de sa présence et de sa parole : car ces hommes, partis des extrémités les plus opposées de la société, séparés par leur éducation, leurs idées, leurs positions, qui peut-être ne s'étaient rencontrés jusque-là que pour se combattre, étaient réunis en ce jour dans une même pensée, dans un même recueillement.

Les partis s'étaient effacés, les haines s'apaisaient, les passions faisaient silence; il n'y avait plus que des frères et des enfants qui accompagnaient jusqu'à sa dernière demeure leur sœur et leur mère.

Au lieu de prendre la route directe de l'église, le convoi fit un long détour dans le quartier appelé autrefois son diocèse, comme pour lui faire faire un dernier adieu à ces rues qu'elle avait si souvent parcourues, à ce faubourg qu'elle avait tant aimé; sur son passage, les femmes, les petits enfants, tous ceux qui n'avaient pu se mettre du cortège, s'inclinaient, faisaient un signe de croix et murmuraient une prière; à la vue des boutiques fermées, de la suspension du travail, de la foule dans les rues, sur les portes, aux fenêtres, de l'attention fixée sur un seul point, le petit nombre de ceux qui n'en connaissaient pas la cause se demandait quelle fête, quel grand événement, quelle magnifique cérémonie agitait ce faubourg et tenait tout ce peuple en émoi : si c'étaient les funérailles d'un prince, ou l'entrée d'un triomphateur. Seul le cercueil des pauvres leur annonçait qu'il ne s'agissait pas d'une gloire humaine, d'un triomphe de la terre, et qu'il se passait là quelque chose que les idées de ce monde n'expliquent pas.

La messe fut dite par le curé de Saint-Médard, l'absoute prononcée par M. l'abbé Surat, vicaire général, envoyé par l'archevêque de Paris pour le représenter. Le catafalque était entouré par un piquet de soldats, pour rendre un honneur militaire à la décoration de la sœur Rosalie. Une croix d'honneur brillait sur son cercueil. Ce n'était pas la sienne; les sœurs n'avaient pas voulu la donner, en souvenir de son humilité; mais un des administrateurs du bureau de bienfaisance avait attaché sa croix au drap mortuaire, en pensant qu'après avoir occupé cette place elle serait encore plus honorable à porter.

Après le service, le convoi se rendit au cimetière Montparnasse, accompagné, jusqu'à la fin, du même concours; une fosse était ouverte dans la partie réservée aux sœurs de la Charité, où reposent, en attendant la résurrection, tant de corps usés par de saintes fatigues. On y descendit le corps de la sœur Rosalie, on récita sur lui les dernières prières, on la recouvrit d'un peu de terre, une croix de bois fut placée sur sa tombe. Après la dernière bénédiction, le maire du douzième arrondissement prononça de belles et touchantes paroles, qui parurent l'expression de la pensée de tous; quelques jeunes filles suspendirent à la croix des couronnes d'immortelles; puis chacun retourna en silence aux tristesses et aux distractions de la vie, et bientôt, de toute cette foule, il ne resta plus que deux ou trois pauvres qui prièrent jusqu'à la nuit, appuyés sur la grille du cimetière des sœurs.

Quelques mois plus tard, les amis de la sœur Rosalie voulurent que l'on pût toujours reconnaître la place où reposait son corps; ils le firent transporter à une des extrémités du cimetière, contre la grille qui sépare l'enceinte du chemin, afin qu'il fût plus près de ceux qui venaient prier. Une pierre fut placée sur la tombe, surmontée d'une grande croix avec cette inscription :

A SŒUR ROSALIE

SES AMIS RECONNAISSANTS

LES RICHES ET LES PAUVRES

Tous les jours, surtout les dimanches, les jours du repos et de la prière, de pauvres gens viennent s'agenouiller auprès de ce tombeau ; beaucoup en emportent, en se retirant, un caillou, un peu de poussière, comme si cette terre avait été sanctifiée et imprégnée d'une vertu surnaturelle par le corps qu'elle a reçu en dépôt.

La presse fut unanime pour exprimer les regrets et l'admiration publics. Les partis, si **ardents dans leurs** luttes, si divisés dans leurs nuances, se trouvèrent d'accord. Il y eut un point sur lequel tous les journaux tinrent le même langage, portèrent le même jugement. Ceux-là mêmes qui chaque jour se combattent, et n'ont sur aucun sujet la même manière de voir, s'entendirent sur l'étendue de la perte que la charité venait de faire, et sur les hommages que méritaient les vertus de la sœur Rosalie.

La veille du jour où la sœur Rosalie était tombée malade, sa mère s'était éteinte sans maladie, sans douleur, à l'âge de quatre-vingt-huit ans. Après avoir élevé tous ses enfants dans la crainte de Dieu et l'amour de sa loi, elle avait consacré de longues heures à la méditation et à la prière ; entourée des soins pieux de sa famille, du respect, de l'affection de tout le voisinage, l'exemple et l'édification du pays qu'elle habitait, elle avait conservé jusqu'à son extrême vieillesse, exempte d'infirmités, toute la lucidité de son esprit et toute la vigueur de son âme.

Sa fille aînée seule lui manquait. En 1814, elle avait été à Paris passer quelques semaines avec la sœur Rosalie ; elle lui demandait dans toutes ses lettres de venir la voir à son tour. A ses instances répétées la bonne sœur avait toujours répondu qu'elle partirait immédiatement, si elle pouvait conduire tous ses enfants avec elle. Sa mère ne renonça à l'espérance de sa visite que le jour où elle apprit qu'elle était aveugle.

Les sœurs de la rue de l'Epée-de-Bois avaient envoyé à Mme Rendu un portrait très ressemblant de la sœur Rosalie. Pour obtenir de leur supérieure qu'elle posât, il fallut lui prouver qu'en sacrifiant à ses pauvres la joie que sa présence aurait faite à sa mère, elle devait au moins lui envoyer en compensation son image.

Mme Rendu avait toujours ce portrait devant les yeux, et trompait, en le regardant, les douleurs de la séparation. Elle était heureuse des vertus de sa fille, fière de sa sainteté, et pleurait de joie toutes les fois qu'un habitant du pays de Gex, revenu de Paris, racontait le bon accueil, les services qu'il avait reçus de la supérieure de la rue de l'Épée-de-Bois, les bonnes œuvres dont il avait été témoin, les bénédictions qu'il avait entendu accumuler sur sa tête.

Le 2 février, quoique rien n'indiquât sa fin prochaine, Mme Rendu demanda à recevoir les derniers sacrements ; elle dit au curé de sa paroisse :

« C'est demain que vous célébrez la fête de saint François de Sales ; ce sera, je le sais, le jour de ma mort. »

Le lendemain, elle rassembla sa famille autour de son lit, lui fit ses adieux sans trouble, sans faiblesse, parla de sa dernière heure comme d'un événement auquel elle était depuis longtemps préparée, et s'endormit doucement dans le Seigneur, en prononçant le nom de la sœur Rosalie.

La nouvelle de sa mort arriva à Paris le matin même de l'enterrement de sa fille, et ajouta encore à l'émotion de la journée. En les rappelant en même temps, Dieu a voulu épargner à chacune le chagrin de survivre à l'autre sur la terre, et donner à toutes deux la joie d'entrer en même temps dans le ciel [1].

1. *Vie de la sœur Rosalie*, par le vicomte de Melun. Chapitre xive.

PIÈCES JUSTIFICATIVES

N° I

Recherches historiques sur la famille de Brugelles[1]

1689, 30 décembre. — Mort de *Charlotte* de Brugelles, femme de messire François d'Auriol; cinquante ans.

1691, 15 janvier. — Mort de M° *Gabriel* de Brugelles, avocat en la cour.

1694, 2 mars. — *Éléonore* de Brugelles, veuve du sieur Jean Dat, morte à l'âge de soixante ans.

1710, 16 mars. — *Éléonore* de Brugelles, morte à trente-quatre ans.

---

1. Nous devons ces *Recherches historiques* à l'obligeance d'un de nos plus honorables amis, M. Louis de Bonnefoy, qui a bien voulu concourir à notre travail en compulsant les archives de Castelnaudary. Ces *Recherches,* avec les *Pièces* que nous citons nous-même, suffisent pour établir l'ancienneté et la noblesse de la maison des Brugelles.

Pour le nom des Brugelles, nous avons adopté l'orthographe constamment suivie dans les actes publics. Nous ferons néanmoins observer, avec M. de Bonnefoy, que l'on trouve de ces actes publics où les membres de cette famille signent Brugèles au lieu de Brugelles.

Ce nom s'est éteint dans la personne de la Mère Élisabeth de Brugelles, qui le transmet si glorieux à la postérité.

1722, 9 octobre. Mort de *François* de Brugelles, à l'âge de soixante ans.

1737, 29 août. — Naissance de *Pierre* de Brugelles, fils de Pierre de Brugelles et de demoiselle Marie-Anne de Faure.

1743, 27 janvier. — Naissance de *Marie* de Brugelles, fille de Pierre de Brugelles et de Marie-Anne de Faure.

1747, 7 octobre. — Naissance de *Claude* de Brugelles, fils de Pierre de Brugelles et de Marie-Anne de Faure.

1749, 2 avril. — Naissance de *Jean-Louis* de Brugelles, fils de Pierre de Brugelles et de Marie-Anne de Faure.

1752, 24 juillet. — Naissance de *Raymond-Aldon* de Brugelles, fils de Pierre de Brugelles et de Marie-Anne de Faure.

1758, 28 septembre. — Mort d'*Anne*, fille de Pierre de Brugelles et de Marie-Anne de Faure, à l'âge de treize ans.

1768, 5 octobre. — Mort de *Pierre* de Brugelles, à l'âge de soixante ans, *enterré aux Carmes*, où paraît avoir été le tombeau de la famille de Brugelles au XVIIIe siècle.

1778, 11 août. — Mariage de *Jean-Baptiste*, fils de Pierre et de Marie-Anne de Faure, et de Jeanne Solier, fille de Me Gabriel Solier et de dame Catherine Alibert.

1784, 15 mai. — Est née Catherine-Clotilde-Jeanne-Marie de Brugelles, fille de Jean-Baptiste de Brugelles et de Jeanne Solier, et a été baptisée le 20 mai ;

parrain, M. Claude de Brugelles, prêtre, son oncle paternel; marraine, Catherine Alibert, veuve de Gabriel Solier, garde du corps du roi.

1786, 29 juin. — « L'an mil sept cent quatre-vingt-six et le vingt-neuvième jour du mois de juin, est née et a été baptisée Jeanne-Marie de Brugelles, fille de monsieur Jean-Baptiste de Brugelle , citoyen de cette ville, et de dame Jeanne Solier, mariés. Parrain, monsieur Jean Solier, licencié ès droit, oncle; marraine, dame Marie de Brugelles, épouse de monsieur Jean-François de Labessière, tante. Tous signé avec nous : BRUGÈLES, M° BRUGÈLES DE LABESSIÈRE, SOLIER, BRUGÈLES, vicaire. »

1788, 19 août. — Naissance de *Françoise-Marie-Rose-Térèse* de Brugelles, fille de Jean-Baptiste de Brugelles et de Jeanne Solier.

1792, 22 mars. — Naissance de *Jean-Pierre-Louis-Marguerite* de Brugelles, fils de Jean-Baptiste de Brugelles et de Jeanne Solier.

1563. — Jean de Brugelles, 4ᵉ consul.
1572. — Jean de Brugelles, 3ᵉ consul.
1577. — Jean de Brugelles, 3ᵉ consul.
1602. — Jean-Jacques de Brugelles, 3ᵉ consul.
1608. — Jean-Jacques de Brugelles, 3ᵉ consul.
1623. — Pierre de Brugelles, docteur et avocat, 1ᵉʳ consul.
1634. —   —   —   —
1656. —   —   —   —
1675. — François de Brugelles, 2ᵉ consul.

On trouve, dans les registres des délibérations du conseil de la ville, des Brugelles membres du conseil général en 1667, 1669 et années suivantes, jusqu'en 1684 ; et plus tard, en 1711, 1712, 1715.

N° II

Contrat de mariage[1].

L'an mil sept cens soixante-dix-huit et le dixième jour du mois d'aoust après midy, à Castelnaudary, par devant nous, notaire royal de ladite ville soussigné, et témoins bas nommés, ont été en leur personne M. Jean-Baptiste de Brugelles, citoyen dudit Castelnaudary, fils légitime et naturel de défunts M. Pierre de Brugelles et dame Marianne de Faure, mariés, assisté de MM. Pierre de Brugelles, curé de Villepinte, et Claude de Brugelles, bénéficier au chapitre de cette ville, ses frères, de M. Jean-Baptiste Faure de la Souque, son oncle, de MM. Jean-Baptiste-Anne-Michel Faure, officier d'infanterie, Jean-Guillaume Faure, avocat en parlement, Pierre Roux, et Jean-Pierre Roux, chanoine, ses cousins, d'une part ; et demoiselle Jeanne Solier, fille légitime et naturelle de M. Gabriel Solier, citoyen de ladite ville, et de dame Catherine Alibert, mariés, assistée desdits sieur et dame

1. L'acte authentique, écrit sur parchemin, est entre les mains de M. Prosper Alquier, neveu de la Mère Élisabeth de Brugelles. Il possède également le texte authentique du diplôme qu'on va lire sous le n° IV.

ses père et mère, de MM. Jean-Louis Solier, bachelier ez droits, Jean Solier et Jean-Louis Solier, ses frères, de M. Louis Solier, son oncle, avocat en parlement, de M. Jean-Jacques de Lauret, ancien officier d'infanterie, et de M. François-André Dejean, prêtre bénéficier au chapitre de cette ville, ses couzins, d'autre part; lequel dit sieur de Brugelles et ladite demoiselle Solier ont réciproquement promis de se prendre et épouser en légitime mariage, en face de l'Église, les bans ayant été à cet effet déjà publiés.

Suivent les clauses.

Fait et baillé; présents : M. François-Henri-Auguste de Catellan, chevalier commandeur de l'ordre de Malte, MM. Jean Borrel, Vivier, conseiller du roy, lieutenant particulier en cette sénéchaussée de Lauraguais, noble Jean-Baptiste de Reynes de Glatens, et noble Pierre-Étienne de Villeroux, écuyer, habitants dudit Castelnaudary, soussignés, avec parties et assistants et autres parents des futurs époux icy présents, et nous notaire, sauf ladite dame Catherine Alibert, qui par nous de ce requise a dit ne savoir: ainsy être au registre, à la marge duquel est écrit : Contrôlé et insinué à l'insinuation laïque. A Castelnaudary, le vingt et un aoust dix sept cent soixante-dix-huit. Reçu : deux cents vingt-quatre livres. Gaubert, signé.

CASTEL, *notaire*.

N° III

Extrait du registre des actes de naissance de la paroisse Saint-Michel de la ville de Castelnaudary.

L'an mil sept cent quatre-vingt-quatre et le quinze de mai, est née et a été baptisée le vingt du même mois Catherine-Clotilde-Jeanne-Marie Brugelles, fille de M. Jean-Baptiste Brugelles et de dame Jeanne Solier, mariés; parrain, M. Claude Brugelles, prêtre, oncle de la baptisée; marraine, dame Catherine Alibert, veuve de M. Gabriel Solier, garde du corps du roi, laquelle n'a su signer. Le parrain et le père, signé : Brugelles; Brugelles, vicaire, parrain.

Pour extrait conforme au registre déposé au secrétariat de la mairie de Castelnaudary, *y ayant omis, conformément à la loi, quelques mots de nobilité.*

COMBETES, *prêtre.*

Vu à la mairie de Castelnaudary pour la vérification de la signature du sieur Combetes.

Ce 6ᵉ messidor an XII.

SOLIER, *adjoint.*

No IV

*Diplôme délivré par l'Académie de Toulouse
à Pierre de Brugelles.*

JOANNES . DE . CAIROL

Presbyter, doctor Sorbonicus, ecclesiæ Tolosanæ canonicus, illustrissimi Dñi Dñi Archiepiscopi Tolosani vicarius generalis et ejusdem ecclesiæ et academiæ cancellarius, universis et singulis ad quos hæ litteræ pervenerint, salutem. Quando par est omnes qui virtutis et litterarum amore incensi, diu, multumque sudarunt in eorum studiis, insigni præmio decorare, ut et ipsi sentiant laborum suorum fructus, alii eorum exemplo excitentur ad similia studia; nos idcirco cum *discretus vir Petrus Brugelles*, clericus et præbendatus Castronovodariensis diœcesis S^{ti} Papuli, egregia eruditione, bonis moribus, honesta existimatione et fama præditus, liberalium artium et philosophiæ baccalaureus, infracto animo studiorum cursum tenuit ut in illarum cognitione tandem excellat, et in publico artium auditorio auspiciis *R. P. Poncet* doctoris regentis, et ordinariè legentis in scholis Societatis Jesu, et artium facultate habita ex legibus academiæ coram gravissimis disciplinarum et scientiarum omnium censoribus publica disputatione, et severiore examine strenuè se gesserit et prolixe omnibus satisfecerit : cupientes liberali et publica testificatione tantam ingenii virtutisque laudem a silentio et hominum oblivione vindicare, præfatum virum ante meridiem in cancellaria nostra, *in qua præfuimus* exacto priùs juramento cæterisque pro academiæ more rite habitis, auctoritate qua fungimur apostolica, summo ómnium doctorum ac magistrorum qui aderant assensu, *Licentiatum in artibus tanquam optimè meritum nemine prorsus discrepante creavimus* et mox insignibus magisteriis a prædicto R. P. Poncet instructum, magistri in eadem facultate nomine et titulo ornari fecimus, ut fruatur deinceps et gaudeat omnibus et singulis privilegiis quibus magistri in philosophia et artibus hujus academiæ et reliquarum ubique universitatum gaudere solent. In quorum fidem has litteras manu nostra subscriptas ac sigillo nostro munitas per secretarium infra scriptum publicari et dari jussimus. Tolosæ, die vigesima prima mensis julii, *Anno Dñi millesimo septingentesimo quinquagesimo nono.*

   CAIROL, *cancellarius tolosanus;*
   PONCET, *Soc. Jes. liberal. art. profess. reg. et acad.*

       Mandavit D. Cancellarius.

          FONDE, *Sec.*

N° V

Acte de suscription à la suite du testament de Mgr Daniel-Bertrand de Langle, évêque et seigneur de Saint-Papoul.

L'an mil sept cent soixante-douze, et le vingt-deuxième juillet, avant midi, dans la ville de Saint-Papoul, devant nous, notaire royal en la sénéchaussée de Lauraguais, de résidence à Castelnaudary, et en présence pour témoins de M. Guillaume-Louis de Gauzy, doyen du chapitre collégial dudit Castelnaudary, de M. Jean-Antoine Barre, curé et habitant dudit Saint-Papoul, de MM. Jean-Paul Tholozé et Antoine Martin, avocats en parlement, de M. Pierre-Louis Courtiade, docteur en médecine, et de M. François Soulier Foncouverte, ancien officier d'infanterie, habitants de Castelnaudary, a été en personne illustrissime et révérendissime seigneur Monseigneur Daniel-Bertrand de Langle, évêque et seigneur de Saint-Papoul, conseiller du roi en tous ses conseils, résidant audit Saint-Papoul, lequel se trouvant grâces à Dieu en bonne santé, sain d'esprit et de corps, voyant, oyant, parlant et parfaitement connoissant, comme il a aparu à nous notaire et témoins, a dit et déclaré que le contenu en ce papier timbré, clos par trois attaches en ruban bleu, cachetées de l'empreinte de son cachet ordinaire, sur de la cire rouge d'Espagne, qu'il nous a représenté et remis, est son testament secret qu'il a écrit et signé, voulant qu'il soit bon et valable par la meilleure forme que de droit pourra valoir, comme contenant sa dernière disposition et libre volonté, pour après son décès être ouvert par nous notaire, à la première réquisition, sans formalité de justice ; et de tout ce dessus mondit seigneur évêque testateur a requis acte concédé.

Fait et lu présents les susdits témoins soussignés avec mondit seigneur testateur, et nousdit notaire.

Daniel B., évêque de Saint-Papoul, Gauzy, doyen, Barre, curé, Tholozé, Martin, Courtiade, docteur en médecine, Soulier Fontcouverte, Bauzit, notaire. Signés.

FIN

TABLE DES MATIÈRES

Préface. 1

CHAPITRE PREMIER

Coup d'œil général sur les congrégations hospitalières et enseignantes, et sur les congrégations uniquement vouées aux œuvres de charité, dans ces derniers siècles. — Sublimité et sainteté de leur mission. — Charité héroïque des religieuses de ces divers instituts. — Jésus-Christ source unique de cet héroïsme, et son éternelle récompense dans le ciel 1

CHAPITRE II

La famille des Brugelles. — Leur noblesse et leur attachement à la foi catholique. 26

CHAPITRE III

Naissance de Catherine-Clotilde-Jeanne-Marie de Brugelles, le 15 mai 1784. — Sa première éducation dans sa famille. — Sa piété précoce. — Épreuves en 93, martyre de son cœur. — Fidélité à la grâce ; elle se sanctifie au milieu de la souffrance 31

CHAPITRE IV

Après les jours de la Terreur, Catherine-Clotilde de Brugelles a pour institutrice une sainte religieuse, Louise de Latour. — Elle fait sa première communion. — Marie Driget, compagne de Catherine-Clotilde 41

CHAPITRE V

Catherine-Clotilde de Brugelles au pensionnat des religieuses Ursulines de Saint-Papoul 46

CHAPITRE VI

Catherine-Clotilde de Brugelles à Castelnaudary. — Elle est dans sa dix-septième année. — Mérites déjà acquis dès cet âge. — Portrait de cette vierge chrétienne. 54

CHAPITRE VII

Édification que donne Catherine-Clotilde dans sa famille et dans la ville de Castelnaudary. — Elle se sent portée à entrer dans la congrégation des sœurs de Nevers. — Appui et lumières qu'elle trouve dans son directeur, l'abbé Raymond de Tréville. 62

CHAPITRE VIII

De la congrégation des sœurs de la Charité et de l'Instruction chrétienne de Nevers. Ses origines, ses progrès. — Fidélité héroïque des sœurs pendant la Révolution française. — Réorganisation de l'institut au commencement de ce siècle. — Sa rapide propagation. — Entrée de Bernadette de Lourdes en 1866. — Approbation de l'institut par Pie IX, en 1870. . . 72

CHAPITRE IX

Noviciat de Catherine-Clotilde de Brugelles. — Profession religieuse, où elle prend le nom d'Élisabeth. — Séjour à Bordeaux. Retour à Castelnaudary. — Elle assiste son père à ses derniers moments. — Mort de Victoire, sa jeune sœur 91

CHAPITRE X

Mgr de Langle, évêque de Saint-Papoul, un des plus insignes bienfaiteurs de l'hôpital de Castelnaudary. — Il appelle les sœurs de Nevers. — Premières sœurs. — Leur fidélité pendant la Révolution. — Elles reviennent à l'hôpital après la tempête. — Emplois de la Mère Élisabeth. — Paroles écrites par elle à la mort de l'abbé de Tréville. 100

CHAPITRE XI

Passage de Pie VII à Castelnaudary en 1814. — Bénédiction particulière qu'il donne à Élisabeth de Brugelles, et paroles prophétiques qu'il prononce. — Délivrance du saint Pontife prisonnier et triomphe de l'Église 112

CHAPITRE XII

Élisabeth de Brugelles au milieu des soldats blessés qui, après la bataille de Toulouse livrée le 10 avril 1814, remplissent l'hôpital de Castelnaudary. — Soins que sa charité leur prodigue. — Elle tombe dangereusement malade ; son bonheur à la perspective de la mort ; Dieu la ramène des portes du tombeau. — Sa charité n'a plus de bornes. — Comment elle la fait paraître à l'égard d'une de ses compagnes. 122

CHAPITRE XIII

En 1823, Élisabeth de Brugelles est nommée supérieure de l'hôpital de Castelnaudary. — Bienfaits de sa famille et des habitants de la ville. — 1824. Trait sublime de courage. — 1827. Soins prodigués à M. de Chièze à ses derniers moments. — Elle reçoit le dernier soupir de sa sœur, Mme Laquière. — Son zèle pour le bien spirituel des membres de sa famille et de ses parents. 130

CHAPITRE XIV

En 1830, M. Casimir Redon, aumônier de l'hôpital ; piété et dévouement de ce prêtre. — En 1835, le choléra à Castelnaudary ; Élisabeth de Brugelles l'ange de toute la ville. 145

CHAPITRE XV

Le 12 mars 1839, elle est élue supérieure générale de la congrégation et succède à la Mère Émilienne Pelras. — Estime et affection des religieuses pour elle. — Sa charité maternelle envers les sœurs malades. — Son esprit de foi, sa droiture dans le gouvernement ; sa régularité, ses vertus, l'ascendant de ses exemples. — Maison des orphelins fondée à Castelnaudary par Mlle Joséphine Gardelle. — Le 1er juin 1841, son humilité la porte à abdiquer sa charge. 151

CHAPITRE XVI

Marie de Charmasson, assistante de la Mère Élisabeth de Brugelles, gouverne l'institut jusqu'à l'élection de la Mère Éléonore Salgues. — Notice sur Marie de Charmasson 161

CHAPITRE XVII

Bénédictions qu'attire sur l'institut l'humilité de la Mère de Brugelles. — Éléonore Salgues élue supérieure générale en 1842 ;

son portrait historique. — En quittant Nevers, la Mère Élisabeth visite plusieurs maisons du Midi. — Entrevue avec la Mère Basile Tixier. — Joie de la ville de Castelnaudary au retour de la servante de Dieu. — Son zèle plus grand que jamais pour le bien des pauvres. — Le 14 mai 1846, elle reçoit le dernier soupir de Mme de Brugelles, sa mère. — Vie édifiante et sainte mort de M. Louis de Brugelles, son frère   173

CHAPITRE XVIII

Les vastes plans de la charité d'Élisabeth de Brugelles en faveur des pauvres. — Agrandissements successifs de l'hôpital. — Le 2 juillet 1848, premiers fondements de l'édifice qui comprend les salles dédiées à la très sainte Vierge et à saint Joseph. — Le 20 avril 1853, pose de la première pierre de l'église. — Le 25 juillet 1856, bénédiction de l'église par Mgr l'évêque de Carcassonne. 192

CHAPITRE XIX

Joie de la Mère Élisabeth de Brugelles après la bénédiction de l'église. — L'idéal de la charité chrétienne réalisée par elle dans l'hospice de Castelnaudary. Ce que les pauvres sont à ses yeux ; sa manière de les traiter ; sa soif ardente de leur salut. — De l'hôpital, sa charité s'étend à toutes les infortunes et à toutes les souffrances. — Ses rapports avec les habitants de la ville ; son ascendant sur les âmes ; conversion de M. Roussille.   202

CHAPITRE XX

Sa manière de gouverner les sœurs ; charité sans bornes, cachet dominant de sa conduite. — Son zèle pour le bien de la congrégation ; comment elle travaille à fonder une maison à Toulouse. — Noms des religieuses qui vécurent avec elle à Castelnaudary. 246

CHAPITRE XXI

Élisabeth de Brugelles, une des vierges les plus mortifiées de son siècle. — Deux degrés dans la mortification : la mortification nécessaire au salut et la mortification de conseil. — Dans ce second degré, les mortifications héroïques : leur principe, l'amour de Jésus-Christ crucifié. — Effet de cet amour dans la Mère Élisabeth de Brugelles ; ses jeûnes, ses austérités, sa manière de faire le carême ; son héroïsme à panser les plaies les plus affreuses; visites quotidiennes, à jeun, aux malades; soins donnés à un homme dont la figure était dévorée par un cancer 226

CHAPITRE XXII

Vie intérieure de la Mère Élisabeth de Brugelles. — Ses sentiments pour Notre-Seigneur; son culte pour sa parole et son Évangile. — Son amour pour l'Eucharistie. — Sa dévotion à la très sainte Vierge et à saint Joseph. — Son zèle pour la délivrance des âmes du purgatoire. — Son recours aux saints anges. — Sa dévotion au sacré Cœur de Jésus. — Amour de son saint état; régularité exemplaire; ses recommandations à ses filles 240

CHAPITRE XXIII

Coup d'œil général sur la vie d'Élisabeth de Brugelles : quatre privilèges et quatre faces ravissantes de cette vie. 248

CHAPITRE XXIV

Estime générale et vénération que l'on avait pour la Mère Élisabeth de Brugelles. — Les évêques de Carcassonne, et en particulier Mgr de Bonnechose, aujourd'hui cardinal et archevêque de Rouen. — Les vicaires généraux, le clergé du diocèse. — Les curés et les prêtres de Castelnaudary; les autorités civiles, les ministres, préfets, sous-préfets; les maires et les magistrats de Castelnaudary; tous les administrateurs de l'hospice; les plus anciens habitants de la ville. 261

CHAPITRE XXV

Nouveaux témoignages de haute estime et de profonde vénération pour la Mère Élisabeth de Brugelles. — Mlle Jeanne Dejean; le comte B. Dejean. — Correspondance entre le comte B. Dejean et la Mère Élisabeth de Brugelles. — Lettres de Son Éminence le cardinal de Bonnechose, archevêque de Rouen, à la servante de Dieu. 283

CHAPITRE XXVI

Derniers jours de la Mère de Brugelles. — Joie que lui cause le triomphe de l'Église au concile du Vatican. — Sa douleur à la vue de l'abandon de Pie IX et des désastres de la France. — Les soldats blessés ou malades encombrant l'hôpital de Castelnaudary;

admirable charité de la servante de Dieu. — Fausse nouvelle de l'incendie de Rouen et de la mort du cardinal de Bonnechose ; douleur dont elle est saisie ; cette douleur, se joignant à celle que lui causent l'abandon du Pape et les malheurs de la France, détermine la maladie qui l'enlève en cinq semaines. — Comment elle fait à Dieu le sacrifice de sa vie ; sa résignation, son abandon filial, sa patience et son courage au milieu des souffrances. — Épreuves intérieures ; sublimité de sa foi dans ses luttes contre le démon. — Édification qu'elle donne. — Comment elle console ses filles. — Souvenirs laissés à la famille de Tréville. — Saints adieux aux membres de sa famille 308

CHAPITRE XXVII

La vénérable Mère demande et reçoit les derniers sacrements. — La sérénité succède aux épreuves. — Faveur du divin Maître : elle entend une parole qui est pour elle le gage d'une sainte mort. — Ses avant-goûts du ciel. — Elle s'endort dans le Seigneur le 1er février 1871, dix minutes après minuit. — Changement qui s'opère dans son corps : les traits de son visage se transfigurent ; éclat de sainteté qui y brille. — Vénération universelle, douleur filiale des religieuses, des pauvres, de toute la ville. — Ses funérailles. — Une médiatrice de plus au ciel pour Castelnaudary, la France et l'Église 323

CHAPITRE XXVIII

Deux des plus célèbres et des plus saintes filles de Saint-Vincent de Paul, au xixe siècle, la sœur Rosalie Rendu et la sœur Natalie Narischkin. 345

CHAPITRE XXIX

Natalie Narischkin, fille de la Charité de Saint-Vincent de Paul, saintement décédée à Paris, le 5 août 1874. 348

CHAPITRE XXX

Funérailles de la sœur Rosalie, morte le 7 février 1856, à Paris. 372

Pièces justificatives. 381

FIN DE LA TABLE DES MATIÈRES.

Sceaux. — Imp. Charaire et Fils.

MÊME LIBRAIRIE

ŒUVRES DE SAINTE TÉRÈSE, traduites d'après les manuscrits originaux, par le P. Marcel Bouix, de la Compagnie de Jésus. 6 beaux volumes in-8, papier glacé.

Cette publication se divise en deux parties :
— **Œuvres.** *Quatrième édition.* 3 volumes.
— **Lettres,** traduites selon l'ordre chronologique. Édition enrichie de lettres inédites, de notes et de biographies. *Deuxième édition.* 3 volumes.

ŒUVRES DE SAINTE TÉRÈSE, traduites d'après les manuscrits originaux, par le P. Marcel Bouix. 6 beaux volumes in-12.

Cette édition, comme la précédente, se divise en deux parties :
— **Œuvres.** *Cinquième édition.* 3 volumes.

Seul, le premier volume, contenant la *Vie de sainte Térèse écrite par elle-même*, se vend séparément.

— **Lettres.** *Troisième édition.* 3 volumes.

LE CHEMIN DE LA PERFECTION, par sainte Térèse, traduit d'après les manuscrits originaux par le P. Marcel Bouix, de la Compagnie de Jésus. 1 volume in-12.

VIE DE SAINTE TÉRÈSE, par le P. François de Ribera, de la Compagnie de Jésus; traduite de l'espagnol par le P. Marcel Bouix, de la même Compagnie. 1 volume in-8.

VIE DE LA VÉNÉRABLE MÈRE ANNE DE SAINT-BARTHELEMY, compagne inséparable de sainte Térèse, par le P. Marcel Bouix, de la Compagnie de Jésus. *Deuxième édition,* augmentée de quelques écrits de la Vénérable. 1 volume in-12.

APPARITIONS DE NOTRE-DAME DE LOURDES et particularités de la vie de Bernadette et du pèlerinage, depuis les apparitions jusqu'à nos jours, par le P. Marcel Bouix. *Troisième édition.* 1 volume in-8.

LETTRES DE SAINT IGNACE DE LOYOLA, fondateur de la Compagnie de Jésus, traduites en français par le P. Marcel Bouix, de la même Compagnie. 1 volume in-8.

VIE DE MARCELINE PAUPER, de la Congrégation des Sœurs de la Charité de Nevers; écrite par elle-même, précédée d'une Introduction du docteur Dominique Bouix, et publiée par son frère le P. Marcel Bouix, de la Compagnie de Jésus. 1 volume in-8.

www.ingramcontent.com/pod-product-compliance
Lightning Source LLC
Chambersburg PA
CBHW072215240426
43670CB00038B/1500